高等职业教育精品规划教材

汽 车 文 化

主编 卢晓峰

应急管理出版社

·北 京·

图书在版编目（CIP）数据

汽车文化／卢晓峰主编．--北京：应急管理出版社，2023
高等职业教育精品规划教材
ISBN 978-7-5020-9589-5

Ⅰ.①汽… Ⅱ.①卢… Ⅲ.①汽车—文化—高等职业教育—教材 Ⅳ.①U46-05

中国版本图书馆 CIP 数据核字（2022）第 206617 号

汽车文化（高等职业教育精品规划教材）

主　　编	卢晓峰
责任编辑	闫　非
编　　辑	王雪莹
责任校对	李新荣
封面设计	王　滨

出版发行	应急管理出版社（北京市朝阳区芍药居 35 号　100029）
电　　话	010-84657898（总编室）　010-84657880（读者服务部）
网　　址	www.cciph.com.cn
印　　刷	北京地大彩印有限公司
经　　销	全国新华书店

开　　本	787mm×1092mm $1/16$	印张	$12\frac{3}{4}$	字数	272 千字
版　　次	2023 年 4 月第 1 版　2023 年 4 月第 1 次印刷				
社内编号	20221497		定价	32.00 元	

版权所有　违者必究

本书如有缺页、倒页、脱页等质量问题，本社负责调换，电话:010-84657880

编委会

主　任　蒲金龙　刘　忠
副主任　王　晖　李　燕　魏孔明
委　员（按姓氏笔画为序）

丁兆栋　马瑞山　王文革　王多荣　牛鹏程
兰聘文　卢建兵　刘志平　刘国强　刘　荣
朱启进　孙庆唐　吴森福　李志明　李　学
张宏升　何沛锋　杨　桢　陈　彦　胡贵祥
侯　侠　南永新　南有禄　赵澍民　黄少华
焦　健　梁珠擎　程来胜

本书编写人员

主　编　卢晓峰
副主编　韩永生　牛泽菁　王百合

序

  改革开放以来，我国职业教育迅速发展。2019年国务院印发《国家职业教育改革实施方案》，进一步肯定了职业教育的作用及现实意义，要求要牢固树立新发展理念，服务建设现代化经济体系和实现更高质量更充分就业需要，对接科技发展趋势和市场需求，完善职业教育和培训体系，优化学校、专业布局，深化办学体制改革和育人机制改革，以促进就业和适应产业发展需求为导向，鼓励和支持社会各界特别是企业积极支持职业教育，着力培养高素质劳动者和技术技能人才。2020年《教育部 甘肃省人民政府关于整省推进职业教育发展打造"技能甘肃"的意见》出台，明确提出了部省合作推进甘肃职业教育发展，聚焦打造"技能甘肃"，树立西部职业教育发展示范，全面推进本科职业教育改革试点工作。甘肃高等职业教育发展迎来了新机遇、踏上了新征程。为了实施科教兴国战略，发展职业教育，提高劳动者素质，促进社会主义现代化建设，2022年国家颁布了《中华人民共和国职业教育法》，鼓励并组织职业教育的科学研究。

  在此关键时期，恰逢世行贷款甘肃职业教育发展项目助推甘肃省职业教育发展。世行贷款甘肃职业教育发展项目，是经国务院批准，由甘肃省人民政府担保，借用世界银行贷款以提高甘肃省职业院校开展职业教育与培训整体能力的改革创新项目；是全面贯彻全国职教工作会议精神，落实《甘肃省人民政府关于贯彻落实国务院加快发展现代职业教育决定的实施意见》，针对甘肃省经济产业发展战略中技能型人才不足的实际，通过利用外资，同时引进国际先进的职业教育发展理念和经验，进一步促进甘肃省现代职业教育体系建设的重要支撑项目。

  甘肃能源化工职业学院子项目是该项目的重要组成部分。项目的实施，为学校引智引资，改善办学条件，改革教育教学方法，推进课程体系建设，提升人才培养质量，促进学校高质量发展奠定了基础。学校以此为契机，积极推进职业教育教材编写工作，遴选资深教师和企业专家组成编委会，编写了这套

▶ 汽车文化

"高等职业教育精品规划教材"。在此过程中,我们始终得到了世行专家团队、教育主管部门和相关院校的大力支持和积极参与,对此深表感谢。

我们要抢抓"一带一路"建设和新一轮西部大开发的历史机遇,探索经济欠发达地区职业教育与区域产业互动发展、融合发展、高质量发展的路径,推动高等职业教育发展,打造"技能甘肃"职业教育高地,为新时代甘肃融入"一带一路"建设培养技术技能型人才。

高等职业教育精品规划教材编委会

2022年9月

前　言

汽车被称为"改变世界的机器"。1886年，世界上的第一辆汽车诞生。这标志着人类社会结束了仅依靠人力、畜力或是借助有限工具进行最原始运输的阶段。汽车的诞生对人类文明产生了巨大的影响，人们对它的认识也在不断地变化着。一百多年来，汽车工业发生了巨大的变化，并已成为很多国家的支柱产业。

近年来，汽车专业学生希望能够对汽车及汽车工业有较为全面的了解，因而我们编写本书。在编写上，本书结合教学实际，选取学生感兴趣的内容，力求将知识和兴趣相统一，使学生在快乐中学习汽车文化知识。

本书共有六个章节，由卢晓峰担任主编，并负责编写第一章；由韩永生、牛泽菁、王百合担任副主编，并负责编写第二章至第六章。

在本书的编写过程中，编者查阅了大量相关的著作、论文，在此一并向原作者表示真诚的感谢！

由于编者水平有限，汽车文化涉及领域较广，书中难免存在疏漏之处，恳请读者批评指正。

编　者

2022年8月

目 录

项目一　汽车与生活 1
　　任务一　汽车概述 1
　　任务二　汽车对世界发展和社会进步的作用与影响 17

项目二　汽车发展简史 30
　　任务一　汽车的诞生 30
　　任务二　汽车发展历程 40
　　任务三　汽车工业发展历程 44

项目三　汽车外形、色彩及改装 56
　　任务一　汽车外形 56
　　任务二　汽车色彩 63
　　任务三　汽车改装 69

项目四　著名汽车公司与汽车名人趣事 74
　　任务一　著名汽车公司发展历史 74
　　任务二　汽车名人趣事 104

项目五　汽车运动与展览 118
　　任务一　汽车与经济 118
　　任务二　汽车运动 128
　　任务三　著名汽车赛事 136

项目六　汽车新技术与未来汽车 144
　　任务一　汽车新技术 144
　　任务二　新能源汽车 158

▶汽车文化

  任务三 其他新能源汽车 ……………………………………………………… 170
  任务四 全球汽车行业分析 ……………………………………………………… 182

参考文献 ……………………………………………………………………………… 194

项目一　汽　车　与　生　活

汽车是重要的陆路交通工具。自 1886 年第一辆汽车诞生以来，汽车为人类的文明和发展做出了巨大的贡献，并已深入到社会生活的各个领域。汽车不仅是一种运输工具或代步方式，还是一种文化、一种时尚。

任务一　汽　车　概　述

【任务目标】

1. 阐述汽车的定义。
2. 说明汽车的分类。
3. 熟知"汽车身份证"。
4. 掌握汽车对世界发展和社会进步的作用与影响。

【任务描述】

自从卡尔·本茨发明了第一辆金属车身三轮车，汽车便来到了人们的生活当中。自从福特发明了流水线生产模式，汽车就从上层阶级来到了普通人的身边，来到了千家万户。如今，汽车在我们的生活中有着非常重要的作用，它是我们出行的必要交通工具，是消费产业的一大亮点。有关汽车的研发、生产等职业更是许多人的就业方向。

【任务知识】

一、汽车的定义

"车"泛指用轮子转动的器具和机器。在人类发展史上，"车"最广泛、最普遍的意义还在于它是一种交通运输工具或专门作业工具。广义地讲，大凡借助于轮，可以在地面上行走或移动的人造物件，都可以称之为"车"或"车辆"。狭义地讲，"车"特指道路交通工具或道路运输工具。

《辞海》："汽车是一种能自行驱动，主要供运输用的无轨车辆。原称'自动车'，因多装用汽油机，故简称汽车。"

《现代汉语词典》："汽车是用内燃机做动力，主要在公路或马路上行驶的交通工具，通常有 4 个或 4 个以上的橡胶轮胎，用来运载人或货物。"

《汽车、挂车及汽车列车的术语和定义　第 1 部分：类型》（GB/T 3730.1—2022）对汽车的定义为：由动力驱动、具有 4 个或 4 个以上车轮的非轨道承载的车辆，包括与电力

▶汽车文化

线相联的车辆（如无轨电车），主要用于载运人员和（或）货物（物品）；牵引载运人员和（或）货物（物品）的车辆或特殊用途的车辆；专项作业或专门用途。

汽车原指以可燃气体作动力的运输车辆，也指由自身装备动力驱动的车辆，一般为具有4个或4个以上车轮，不依靠轨道或架线而在陆地行驶的车辆。汽车通常被用作载运客、货和牵引客、货挂车，也有为完成特定运输任务或作业任务而被改装或装配了专用设备，成为专用车辆。全挂车和半挂车并不自带动力装置，当它们与牵引汽车组成汽车列车时，才属于汽车的范畴。

【知识拓展】

国外对汽车是如何定义的呢？

美国汽车工程师学会标准SAEJ687C中对汽车的定义是：由本身动力驱动，装有驾驶装置，能在固定轨道以外的道路或地面上运送客货或牵引车辆的车辆。

日本工业标准J1SK0101中对汽车的定义是：自身装有发动机和操纵装置，不依靠固定轨道和架线，仍能在陆上行驶的车辆。

德国对汽车的定义是：使用液体燃料，由内燃机驱动，具有3个或3个以上车轮，用于载运乘员或货物的车辆。

汽车的身份证明主要有车辆识别代码（VIN码）和发动机代码两种。

1. 车辆识别代码（VIN码）

VIN码是Veterinary Information Network的缩写，译为车辆识别代码，又称车辆识别码。VIN码由17位字符（英文字母和数字）组成，俗称17位码。它是制造厂为了识别而给每一辆车制定的一组字码。该号码的生成有着特定的规律，每个码对应一辆车，并能保证50年内在世界范围内不重复出现，如图1-1所示。因此，又有人将其称为"汽车身份证"。

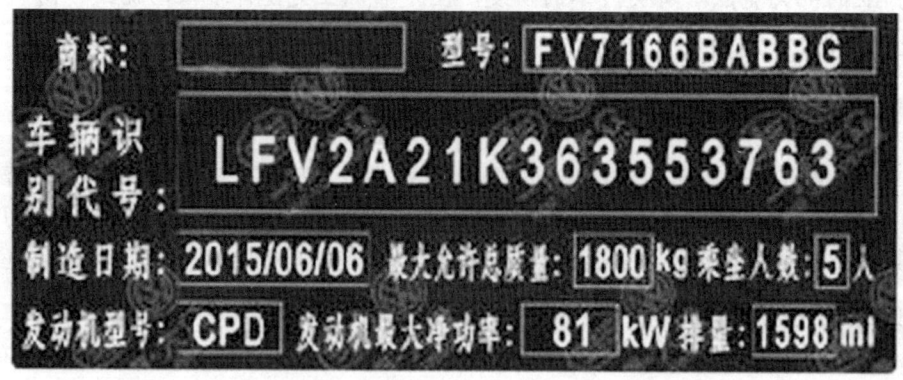

图1-1　车辆识别代码（VIN码）示意图

17位VIN码的各位说明如下：

第1位是生产国家代码，如J代表日本，S代表英国，K代表韩国，W代表德国，L代表中国等。

第 2 位是汽车制造商代码：B 代表 BMW，M 代表 Hyundai，A 代表 Audi，J 代表 Jeep，Z 代表 Mazda 等。

第 3 位是汽车类型代码，不同的厂商对此有不同的解释。

第 4~8 位（VDS）是车辆特征。

第 9 位是校验位，按标准加权计算。

第 10 位是车型年款。

第 11 位是装配厂代码。

第 12~17 位是顺序号。

W	B	W	PR13C	6	A	E	170920
生产国家代码	汽车制造商代码	汽车类型代码	车辆特征	校验位	车型年款	装配厂代码	顺序号

车辆识别码（VIN 码）一般在前挡风玻璃的左下角，或者在主驾驶车门的铰链柱、门锁柱、门边上，还有位于发动机舱内或者尾箱内的，如图 1-2 所示。

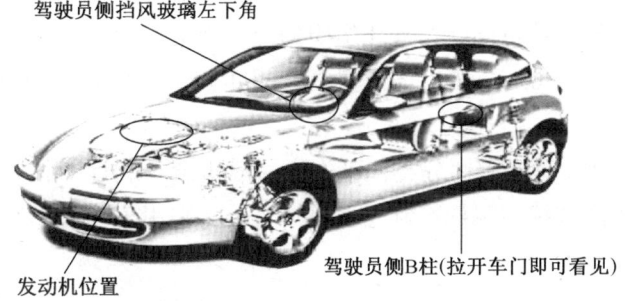

图 1-2 车辆识别代码（VIN 码）位置图

2. 发动机代码

发动机代码是汽车的重要标志之一。按规定，发动机代码应打印在汽缸缸体易见且易拓印的部位，两端应打印起止标记。新车登记时，应将发动机代码用复写纸拓印下来，交车辆管理部门存档，如图 1-3 所示。

图 1-3 发动机代码示意图

车辆识别代码（VIN 码）和发动机代码都是汽车的身份证明，在中华人民共和国机动

▶ 汽 车 文 化

车行驶证上都必须清楚地标注出来，如图 1-4 所示。

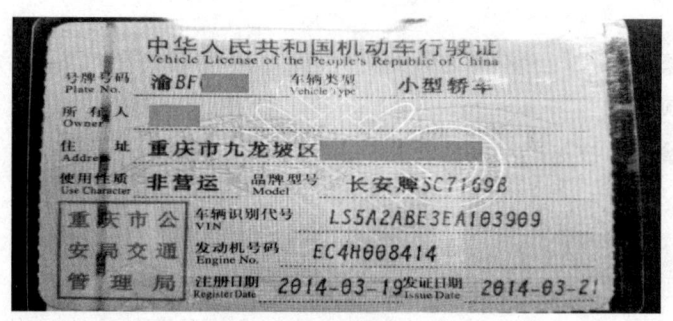

图 1-4　中华人民共和国机动车行驶证示意图

二、汽车的分类

　　早在 1988 年，为便于汽车的生产、使用和管理，由中国汽车工业联合会提出并颁布了《汽车和半挂车的术语和定义车辆类型》（GB/T 3730.1—1988）标准。该标准规定按照用途把汽车分为普通运输汽车和专业汽车两大类，并按照汽车的主要参数分级。由于使用时间较长，这种分类尽管已被广大群众接受，但随着改革开放的不断深入和发展，为便于开展国际交流与贸易，特将国际标准化组织的统一规定作为我国国家标准。我国汽车分类的国家新标准 GB/T 3730.1—2022（依据国际标准 ISO 3833 制定）自 2023 年 7 月 1 日起正式实施。

　　GB/T 3730.1—2023 是通用性分类，可作为一般概念、统计、牌照、保险、政府政策和管理的依据。该标准依据国际标准制定，将汽车分为乘用车和商用车两大类，并且按照不同的车身形式分为多种类型。

（一）按用途分类

根据用途，汽车可分为乘用车和商用车两大类。

1. 乘用车

　　乘用车是在其设计和技术特性上主要用于载运乘客及其随身行李或临时物品的汽车，包括驾驶员座位在内最多不超过 9 个座位。

　　乘用车分为普通乘用车、活顶乘用车、高级乘用车、小型乘用车、敞篷车、舱背乘用车、旅行车、多用途乘用车、短头乘用车、越野乘用车、专用乘用车等，其中一部分乘用车示意图如图 1-5 所示。

（1）普通乘用车。

①车身为封闭式，侧窗中柱可有可无。

②车顶（顶盖）为固定式，硬顶。有的顶盖一部分可以开启。

③有 4 个或 4 个以上的座位，至少有两排。后排座椅可折叠或移动，以形成装载空间。

④车门为 2 个或 4 个侧门，设有一个后开启门。

(a) 普通乘用车

(b) 活顶乘用车

(c) 高级乘用车

(d) 小型乘用车

(e) 敞篷车

(f) 舱背乘用车

图1-5 乘用车示意图

⑤车窗为4个或4个以上侧窗。

（2）活顶乘用车。

①车身具有固定侧围框架，可开启。

②车顶（顶盖）为硬顶或软顶，至少有两个位置（封闭，开启或拆除）。

③有4个或4个以上的座位，至少有两排。

④车门为2个或4个侧门。

⑤车窗为4个或4个以上侧窗。

（3）高级乘用车。

①车身为封闭式，前后座之间可设隔板。

②车顶（顶盖）为固定式，硬顶。有的顶盖一部分可以开启。

③有4个或4个以上的座位，至少有两排。后排座椅前方可安装折叠式座椅。

④车门为4个或6个侧门，设有一个后开启门。

⑤车窗为6个或6个以上侧窗。

（4）小型乘用车。

①车身为封闭式，通常后部空间较小。

②车顶（顶盖）为固定式，硬顶。有的顶盖一部分可以开启。

③有2个或2个以上的座位，至少有一排。

④车门为2个侧门，设有一个后开启门。

⑤车窗为2个或2个以上侧窗。

（5）敞篷车。

①车身为可开启式。

②车顶（顶盖）为软顶或硬顶，至少有两个位置（第一个位置遮覆车身；第二个位置可卷收或可拆除）。

③有2个或2个以上的座位，至少有一排。

④车门为2个或4个侧门。

⑤车窗为2个或2个以上侧窗。

（6）舱背乘用车。

①车身为封闭式，侧窗中柱可有可无。

②车顶（顶盖）为固定式，硬顶。有的顶盖一部分可以开启。

③有4个或4个以上的座位，至少有两排。后排座椅可折叠或移动，以形成一个装载空间。

④车门为2个或4个侧门，车身后部有一舱门。

（7）旅行车。

①车身为封闭式。

②车顶（顶盖）为固定式，硬顶。有的顶盖一部分可以开启。

③有4个或4个以上的座位，至少有两排。座椅的一排或多排可拆除，或装有向前翻倒的座椅靠背，以提供装载平台。

④车门为2个或4个侧门，设有一个后开启门。

⑤车窗为4个或4个以上侧窗。

（8）多用途乘用车。

上述7种车辆以外的，只有单一车室载运乘客及其行李或物品的乘用车为多用途乘用车。

(9) 短头乘用车。

一半以上的发动机长度位于车辆前风窗玻璃最前点以后，并且方向盘的中心位于车辆总长的前 1/4 部分之内。

(10) 越野乘用车。

在其设计上，所有车轮同时驱动（包括一个驱动轴可以脱开的车辆）或其几何特性（接近角、离去角、纵向通过角、最小离地间隙）、技术特性（驱动轴数、差速锁止机构或其他形式机构）及其性能（爬坡度）允许在非铺装道路上行驶的一种乘用车。

(11) 专用乘用车。

运载乘员或物品并完成特定功能的乘用车，具备完成特定功能所需的特殊车身或装备，如旅居车、防弹车、救护车、警车等。

2. 商用车

商用车指在设计和技术特性上用于运送人员和货物的汽车，可牵引挂车。商用车（图1-6）包括客车、半挂牵引车及货车。其中，客车又分为小型客车、城市客车、长途客车、旅游客车、铰接客车、无轨电车、越野客车、专用客车 8 种；货车包括普通货车、多用途货车、全挂牵引车、越野货车、专用作业车、专用货车 6 种。

(a) 客车　　　　　　　　　(b) 货车

(c) 半挂牵引车

图 1-6　商用车示意图

(1) 客车是在设计和技术特性上用于载运乘客及其随身行李的商用车辆，包括驾驶员座位在内座位数超过 9 个座位。客车有单层的或双层的，也可牵引一挂车。

①小型客车是用于载运乘客，座位数不超过 16 个座位（除驾驶员座位外）的客车。

②城市客车是一种为城市内运输而设计和装备的客车。这种车辆设有座椅及站立乘客的位置，并有足够的空间供频繁停站时乘客上下车走动。

③长途客车是一种为城间运输而设计和装备的客车。这种车辆没有专供乘客站立的位置，但在其通道内可载运短途站立的乘客。

④旅游客车是一种为旅游而设计和装备的客车。这种车辆的布置要确保乘客的舒适性，不载运站立的乘客。

⑤铰接客车是一种由两节或三节相通的刚性车厢铰接组成的客车。在这种车辆上，乘客可通过铰接部分在两节刚性车厢之间自由走动。两节刚性车厢永久连接，只有在工厂车间使用专用的设施才可将其拆开。

⑥越野客车是所有车轮同时驱动（包括一个驱动轴可以脱开的车辆）或其几何特性（接近角、离去角、纵向通过角、最小离地间隙）、技术特性（驱动轴数、差速锁止机构或其他形式机构）及其性能（爬坡度）允许在非铺装道路上行驶的一种客车。

⑦无轨电车是一种经架线产出电力驱动的客车。这种电车可指定用作多种用途。

⑧专用客车是在其设计和技术特性上只适用于经特殊布置安排后才能载运人员的车辆。

（2）半挂牵引车是装备有特殊装置，用于牵引半挂车的商用车辆。

①挂车是就其设计和技术特性需由汽车牵引才能正常使用的一种无动力的道路车辆，用于载运人员和货物。挂车又分为牵引杆挂车、半挂车、中置轴挂车等。

②汽车列车是一辆汽车与一辆或多辆挂车的组合。汽车列车又分为乘用车列车、客车列车、货车列车、牵引杆挂车列车、铰接列车、双挂列车、双半挂列车、平板列车等。

（3）货车是一种主要为载运货物而设计和装备的商用车辆。

①普通货车是一种在敞开（平板式）或封闭（箱式）载货空间内载运货物的货车。

②多用途货车是在其设计和结构上主要用于载运货物，但在驾驶员座椅后带有固定或折叠式座椅，可运载3个以上乘客的货车。

③全挂牵引车是一种牵引杆式挂车的货车，其本身可在附属的载运平台上运载货物。

④越野货车是所有车轮同时驱动（包括一个驱动轴可以脱开的车辆）或其几何特性（接近角、离去角、纵向通过角、最小离地间隙）、技术特性（驱动轴数、差速锁止机构或其他形式的机构）及其性能（爬坡度）允许在非铺装道路上行驶的一种货车。

⑤专用作业车是在其设计和技术特性上用于特殊工作的货车，如消防车、救险车、垃圾车、应急通信车、街道清洗车、扫雪车、清洁车等。

⑥专用货车是在其设计和技术特性上用于运输特殊物品的货车，如罐式车、乘用车运输车、集装箱运输车等。

（二）按发动机布置形式分类

1. 前置前驱汽车

发动机位于汽车前端，且前轮既是驱动轮又是转向轮的汽车称为前置前驱汽车。发动机前置前桥驱动时，发动机一般为横置。前置前驱的动力系统结构紧凑，驱动轴短，动力输出损耗低。在操控方面，前驱车具有转向不足的特性，容易驾驶。在布局方面，由于没有传动轴经过车厢，可以降低车身中间的隆起，增大车厢可用空间。其缺点是在起步时，前轴荷会减少,导致轮胎附着力降低,影响动力输出。另外,前轮要负责驱动、转向和大部分的制动力,故磨损严重。前置前驱一般用于中级以及中级以下的乘用车。

2. 前置后驱汽车

发动机位于汽车前端且后轮是驱动轮的汽车称为前置后驱汽车。发动机前置后桥驱动时,发动机一般为纵置。发动机、变速箱等便于布置,轴荷分配合理,动力性好,乘坐舒适性好。其主要缺点是整车质量较大,经济性较差。前置后驱主要用于中级、高级乘用车和货车。

3. 中置后驱汽车

发动机位于汽车中部,后轮是驱动轮的汽车称为中置后驱汽车。发动机中置后桥驱动时,发动机位于前桥和后桥中间,轴荷分配最为合理,传动轴短,动力性好。其主要缺点是发动机只能采用水平对置式,维修十分困难。中置后驱主要用于跑车和部分客车。

4. 后置后驱汽车

发动机位于汽车后部,后轮是驱动轮的汽车称为后置后驱汽车。发动机后置后轮驱动时,有利于降低车身高度,改善乘坐舒适性。其主要缺点是发动机布置在后面,不利于驾驶员判断故障。后置后驱主要用于客车。

5. 前置全驱汽车

发动机位于汽车前部且所有车轮都是驱动轮的汽车称为前置全驱汽车。发动机前置全轮驱动时,因前后轮都是驱动轮,故其动力性好,通过性好。其主要缺点是结构复杂,经济性差。前置全驱主要用于越野车。

(三)中国汽车工业协会对乘用车的分类

中国汽车工业协会(CAAM)在公布汽车市场产销情况信息时,将乘用车细分为基本型乘用车(轿车),多用途乘用车(MPV),运动型多用途乘用车(SUV),专用乘用车和交叉型乘用车。

1. 基本型乘用车

基本型乘用车的概念等同于旧标准中的轿车,但在统计范围上又不同于轿车,这种区别主要表现在将旧标准(GB/T 3730.1—1988)轿车中的部分非轿车品种如切诺基等车型排除在基本型乘用车外,而原属于轻型客车中的"准轿车"被列入基本型乘用车统计。

跑车(图1-7)是基本型乘用车的一个特例,跑车又叫运动轿车,车身低又短,装备大功率发动机,加速性能优越,绝大多数跑车有2个车门、车内为4座或2座。前置发动机跑车车头较长,后备厢较小;后置和中置发动机跑车甚至无后备厢,车头机盖下有一个能放备胎的小空间。跑车百公里加速时间一般在10 s以内,高级跑车百公里加速时间不超过8 s,超级跑车百公里加速时间在5 s以内。

2. 专用乘用车

专用乘用车是运载乘员或物品并完成特定功能的乘用车,它具备完全特定功能所需的

▶ 汽 车 文 化

图1-7 跑车示意图

特殊车或装备,如旅居车、防弹车、救护车、房车等。

房车(图1-8),通常指普通轿车,中国香港地区把四门汽车都称为房车或私家车。美国对房车的定义把原有的四门汽车加长到一定的尺寸,是专门用在礼仪场合或显示身份的"庞然大物"。绝大部分房车出厂时为四门,之后再由专业改装厂改装。四门房车在改装时,首先掀掉车顶,从中间横向切开,在中间加上客户要求的底盘,进行新的多点焊接,并进行加强处理;其次,进行车体和车顶的还原,对车体内相应加长的部分进行改动,如传动轴、制动油管、排气管以及电气线路;最后,进行内饰的大幅修改。一般来讲,改装厂会根据客户的不同需要,在尽量保持原厂车风格的基础上,加装相应的设备,如真皮沙发、影音设备、纯毛地毯、冰箱、酒吧、高档酒具等。

图1-8 房车示意图

3. 多用途乘用车(MPV)

多用途乘用车(MPV,Multi-purpose Vehicle)又称多功能休闲车,属于近年来行业引进的外来称谓,集轿车、旅行车和厢式货车的功能于一身,车内每个座椅都可以调整,并有多种组合方式,第二排或第三排座椅可以进行180°旋转。近年来,我国汽车工业发展迅速,该车型已有较多的企业生产,如上海通用的别克GL8(图1-9)、东风柳州的风行和江淮的瑞风等。MPV是从旅行轿车演变而来的,一般为两厢式结构。通俗地说,MPV就是可以坐7~8人的小客车。严格来讲,MPV是主要针对家庭用户的车型,那些从商用车改制成的、针对团体顾客的乘用车还不能算作真正的 MPV。MPV 的空间要比同排量的轿车相对大些，也存在着尺寸规格之分，但不像轿车区分得细致。

图 1-9　别克 GL8 MPV

4. 运动型多用途乘用车（SUV）

运动型多用途乘用车（SUV，Sport Utility Vehicle）造型大气，线条粗犷。按照 SUV 的功能性，通常分为城市型 SUV（图 1-10）与越野车（图 1-11），两者主要是承载式车身与非承载式车身的区别。一般的 SUV 前悬架采用轿车型的独立悬架、后悬架非独立悬架的制式，一定程度上既有轿车的舒适性，又可实现越野车的功能。驱动形式为四驱或两驱。

图 1-10　中华 V5 城市型 SUV　　　　　　图 1-11　奔驰越野车

SUV 具有两大特点：一是运动性强，不仅加速快、极速高，而且通用性高，适应能力强；二是功能多，不仅能载人，具有较强的舒适性，而且载货能力强，并具有较强的牵引能力。

运动型多用途汽车细分有小型 SUV（长度小于 4000 mm）、紧凑型 SUV（长度为 4000～4300 mm）、中型 SUV（长度为 4300～4600 mm）、中大型 SUV（长度为 4600～

5000 mm）和全尺寸 SUV（长度大于 5000 mm）。

5. 交叉型乘用车

交叉型乘用车指的是微客（微型客车，由微型厢式载货汽车变形而成），在中国俗称"面包车"（图 1-12），这种乘用车在农村很普遍。

图 1-12 长安"面包车"

（四）汽车的其他分类方法

1. 按动力装置类型分类

1）活塞式内燃机汽车

根据使用的燃料不同，活塞式内燃机汽车通常分为汽油车、柴油车、燃气汽车和双燃料汽车（图 1-13）。汽油和柴油在时下仍是活塞式内燃机的主要燃料，而各种代用燃料的汽车也在大力发展。燃气汽车是指用压缩天然气（CNG），液化石油气（LPG）和液化天然气（ING）作为燃料的汽车。近年来，各国政府积极寻求解决燃料替代这一难题的方案，纷纷调整汽车燃料结构。燃气汽车由于其排放性能好，可调整汽车燃料结构，运行成本低、技术成熟、安全可靠，被世界各国公认为当前最理想的普代燃料汽车。目前，燃气仍然是世界汽车代用燃料的主流，在我国代用燃料汽车中占到 90% 左右。

图 1-13 大众双燃料汽车　　　图 1-14 比亚迪 E6 纯电动汽车

2）电动汽车

电动汽车是主要采用电力驱动的汽车，大部分车辆直接采用电机驱动，有一部分车辆把电动机装在发动机舱内,也有一部分直接以车轮作为4台电动机的转子,其难点在于电力储存技术。电动汽车本身不排放污染大气的有害气体,即使按所耗电量换算为发电厂的排放,除硫和微粒外,其他污染物也显著减少。电厂大多建于远离人口密集的地区,对人类伤害较少,而且电厂是固定不动的,集中排放、清除各种有害排放物较容易。由于电力可以从多种一次能源获得,如煤、核能、水力、风力、光、热等,解除了人们对石油资源日渐枯竭的担忧。电动汽车还可以充分利用晚间用电低谷时富余的电力充电,使发电设备日夜都能充分利用,大大提高其经济效益。电动汽车的动力装置是直流电动机。电动汽车的优点是无废气排出、不产生污染、噪声小、能量转换效率高、易实现操纵自动化。

电动机的供能装置通常是化学电池。化学电池是目前电动汽车领域应用最为广泛的电池种类,如镍氢电池、锂离子电池、锂聚合物电池等。如今,在售电动汽车配备的锂电池主要有磷酸铁锂电池和三元锂电池两种。例如,比亚迪E6(图1-14)是比亚迪自主研发的一款纯电动汽车,它的续航里程超过300 km。比亚迪E6采用电力驱动,其动力电池和启动电池均采用比亚迪自主研发生产的磷酸铁锂电池,不会对环境造成任何危害,其含有的所有化学物质均可在自然界中以无害的方式分解吸收,能够很好地解决二次回收等环保问题,是绿色环保的电池。比亚迪E6于2011年10月上市,首批比亚迪E6在深圳作为出租车使用。

3)混合动力汽车

混合动力汽车(图1-15)是指车上装有两个以上动力源(包括电机驱动),符合汽车道路交通、安全法规的汽车。车载动力源有多种:蓄电池、燃料电池、太阳能电池、内燃机车的发电机组,当前的混合动力汽车一般是指带有内燃机及蓄电池的汽车。由计算机管理系统精确控制,按照不同工况,安排使用不同动力,使车辆始终处于油耗低、污染少的最优工况下工作。

图1-15 混合动力汽车

当车辆需要大功率而内燃机功率不足时,由电池来补充;当车辆负荷少时,富余的功率可发电给电池充电。电池可以十分方便地回收车辆制动时、下坡时、息速时的能量。在繁华市区,还可关停内燃机,由电池单独驱动,从而降低能量消耗,实现零排放。

4)燃料电池汽车

燃料电池其实不是"电池",准确地说是一个大的发电系统。其因能量转换效率高、无污染、寿命长、运行平稳等特点被业界公认为未来汽车的最佳能源。简单来说,燃料电池是通过化学反应将化学能转换为电能的一种装置,而能量的来源主要是依靠不断供给燃料及氧化剂产生的。燃料电池汽车是指以氢气、甲醇等为燃料,通过化学反应产生电流,依靠电机驱动的汽车。燃料电池的化学反应过程不会产生有害产物,因此燃料电池汽车是无污染汽车,燃料电池的能量转换效率比内燃机要高2~3倍,从能源利用和环境保护的方面看,燃料电池汽车是一种理想的车辆。单个的燃料电池必须结合成燃料电池组,以便获得必需的动力,满足车辆使用的要求。燃料电池由燃料在阳极氧化,氧化剂在阴极还原。如果在阳极(外电路的负极,也可称燃料极)上连续供给气态燃料(氢气),而在阴极(外电路的正极,也可称中气极)上连续供给氧气(或空气),就可以在电极上连续发生电化学反应,并产生电流。由此可见,燃料电池与常规电池不同,它的燃料和氧化剂不是储存在电池内,而是储存在电池外部的储罐中,丰田氢燃料汽车结构布局图如图1-16所示。

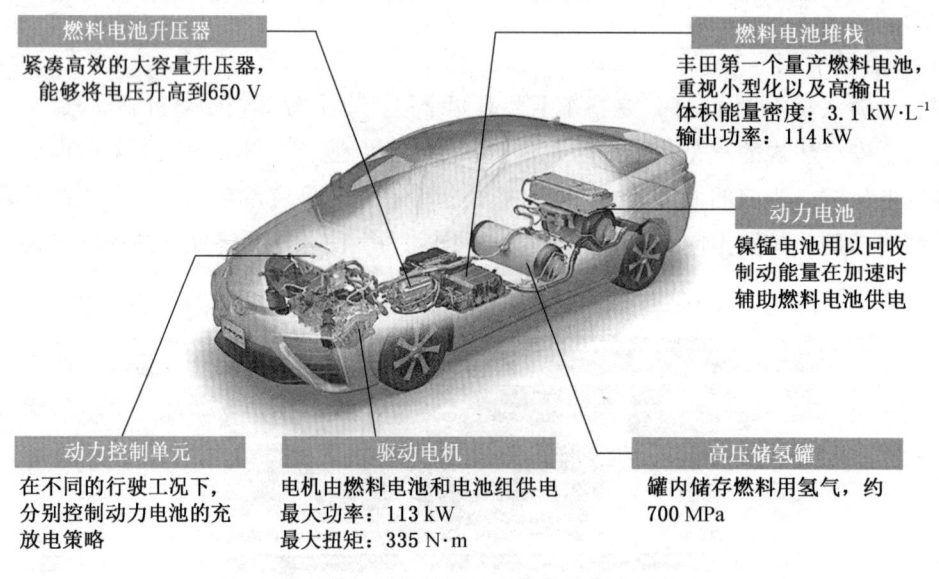

图1-16 丰田氢燃料汽车结构布局图①

2. 按主流网站上业内称谓分类

主流网站一般按照业内对汽车级别的称谓习惯(以德系车为主)对汽车分类,包括微型车、小型车、紧凑型车、中型车、中大型车、豪华车(大型车)、小型SUV、紧凑型

---

① 图片引自电动邦网站。

SUV、中型 SUV、中大型 SUV、全尺寸 SUV、MPV、跑车、皮卡、微面、轻客、微卡。

1）微型车

一般情况下，微型车级别的车轴距在 2000~2300 mm，车身长度在 4000 mm 之内，搭载的发动机排量在 1.0 L 左右。微型车的体积较小、油耗较低、价格便宜，比较适合代步。比较典型的微型车是铃木奥拓、奇瑞 Q3、比亚迪 F0 等。随着市场的发展，微型车的尺寸、发动机排量不断增加，如经过换代的奥拓，轴距从 2175 mm 增长到 2360 mm；吉利熊猫采用了 1.3 L 的发动机。进口到中国的奔驰 Smart 售价超过 10 万元，是最贵的微型车。

2）小型车

一般情况下，小型车级别的车轴距在 2300~2500 mm，车身长度在 4000~4300 mm，发动机排量在 1.0~1.5 L。比较典型的小型车是大众 POLO、本田飞度、雪佛兰赛欧等。由于市场的需求，目前小型车的尺寸、发动机排量也在增加，如日产骊威的轴距为 2600 mm，发动机排量为 1.6 L。此外，基于小型车平台经过加长的车也属于小型车，如以飞度的平台研发生产的锋范，虽然轴距达到 2550 mm，搭载 1.8 L 的发动机，但其仍属于小型车。

3）紧凑型车

一般情况下，紧凑型车级别的车轴距在 2500~2700 mm，车身长度在 4200~4600 mm，发动机排量在 1.6~2.0 L，比较典型的紧凑型车是大众高尔夫、雪佛兰科鲁兹、福特福克斯等。由于市场的需求，目前紧凑型车的尺寸有所增加，如荣威 550 的轴距就达到了 2705 mm。基于紧凑型车平台经过加长的车也属于紧凑型车，如以雪铁龙 C4 平台研发生产的凯旋，轴距加长后达到 2710 mm，其仍属于紧凑型车。

4）中型车

一般情况下，中型车级别的车轴距在 2700~2900 mm，车身长度在 4500~4900 mm，发动机排量在 1.8~2.4 L，比较典型的中型车是宝马 3 系、本田雅阁、丰田凯美瑞等。目前，中型车的尺寸、发动机排量有所增加，如奥迪 A4L 针对中国市场，将轴距加长到了 2908 mm；英菲尼迪 Q50 搭载了 3.5 L 和 3.7 L 的发动机。出自中型车平台的产品也都属于中型车，如桑塔纳和迈腾虽然投产时间相差很久，尺寸和技术的差异也很大，但两者都出自大众 B 级车平台，所以它们都属于中型车。

5）中大型车

一般情况下，中大型车级别的车轴距在 2800~3000 mm，车身长度在 4800~5000 mm，发动机排量超过 2.4 L，比较典型的中大型车是红旗 H9、奔驰 E 级、丰田皇冠等，在中大型车这个级别中，加长现象比较普遍，如国产的奥迪 A6L、宝马 5 系 Li、沃尔沃 S80L 等都要比其原型车在轴距等方面增加不少，为后排乘客提供了宽敞的空间。在入门级的中大型车上，也会提供较低排量的发动机，如奔驰 E 200 L 就采用了 2.0 L 直列四缸涡轮增压发动机。

▶ 汽 车 文 化

6) 豪华车（大型车）

一般情况下，豪华车级别的车轴距超过 3000 mm，车身长度超过 5000 mm，发动机排量超过 3.0 L，比较典型的豪华车是奔驰 S 级、迈巴赫、劳斯莱斯幻影等。豪华车可以分为两种，一种是民用级豪华车，也就是常规品牌的顶级车型，如奥迪 A8 等；还有一种就是豪华品牌的豪华车型，如宾利雅致、劳斯莱斯古斯特等，它们的售价通常都不低于 300 万元人民币，并且加长现象非常普遍，车内空间极为宽敞，很多车都是根据顾客的需求量身定做的，不少配置可以用"奢华"来形容。

7) 小型 SUV

小型 SUV 车身长度一般为 3850～4350 mm，轴距小于 2670 mm。相比其他级别的 SUV，小型 SUV 是近几年才兴起的 SUV 级别，因为以往 SUV 都是以大为荣，但是在节能环保的今天，SUV 也走起小巧路线。小型 SUV 不仅节能省油，而且更加时尚美观。比较典型的小型 SUV 有福特翼搏、长城 M4、长安 CS35、众泰 T200、华晨金杯及智尚 S30 等。

8) 紧凑型 SUV

紧凑型 SUV 车身长度一般为 4300～4750 mm，轴距为 2600～2760 mm。由于其定位更加符合二次购车消费者的首选目标，紧凑型 SUV 可以说是 SUV 市场的销售主力。一般情况下，紧凑型 SUV 基于紧凑型轿车平台开发。由于市场需求，有些厂商将紧凑型 SUV 引入国内时会在原车型的基础上加大尺寸，如大众途观相比原型车，车身尺寸由 4433 mm 增长到 4506 mm，轴距由 2604 mm 加长至 2684 mm。比较典型的紧凑型 SUV 有本田 CR-V、道奇酷威、菲亚特菲跃、奥迪 Q3、福特翼虎等。

9) 中型 SUV

中型 SUV 车身长度为 4400～4850 mm，轴距为 2650～2800 mm。一般情况下，中型 SUV 基于中型轿车平台开发，对于那些不满足于紧凑型 SUV 空间的人来说，中型 SUV 的空间优势能够满足他们的需求，部分中型 SUV 还能提供 7 座的选择。比较典型的中型 SUV 有奔驰 GLK、宝马 X3、奥迪 Q5 等。

10) 中大型 SUV

中大型 SUV 车身长度为 4750～5150 mm，轴距为 2790～3050 mm。相比中型 SUV，中大型 SUV 除了为用户提供更大的空间，还为汽车提供更加豪华的配置、更为强劲的动力。比较典型的中大型 SUV 有奔驰 M 级、路虎 Discovery4、宝马 X5、保时捷卡宴等。

11) 全尺寸 SUV

全尺寸 SUV 车型是各方面的设计都以大及宽敞为主要诉求的 SUV，其他诸如经济性、成本甚至造型等因素都可以为此做出牺牲。全尺寸 SUV 不但在尺寸上傲视群雄，在各方面性能与配置上也有表率作用。全尺寸 SUV 的代表车型有悍马 H2、丰田红杉等。

12) MPV

MPV 即多用途汽车，前面已有介绍，这里不再赘述。

13) 跑车（级别）

跑车一般为双门设计，车身较低、造型流畅，有着比较强烈的运动感。座椅为双座或2+2式设计，发动机有前置、中置和后置3种形式，车顶也有硬顶、硬顶敞篷和软顶敞篷3种形式。跑车的种类很多，有追求性能的，如兰博基尼 Murcielago；有追求造型的，如起亚速迈等。随着市场的发展，跑车也不再局限于两门设计，如奔驰 CLS 就是四门轿跑的引领者。

14）皮卡

皮卡是 pickup 的音译，又名轿卡，是一种采用轿车车头和驾驶室，同时带有敞开式货车车厢的车型。其特点是既有轿车般的舒适性，又不失强劲动力，而且载货能力和适应不良路面的能力较强。皮卡既可作为专用乘用车、多用途乘用车、公务车、商务车，也可作为家用车，用于载货、旅游、出租等使用。在国际上，皮卡的主要生产国是美国和日本。国内皮卡的主要生产厂有长城汽车、郑州日产、江铃汽车、中兴汽车、庆铃汽车、福田汽车等。

皮卡大体上可分为美式和日式两种风格。日式皮卡大多由小型轿车或小型卡车演变而来，小巧玲珑，省油、廉价；美式皮卡装备豪华，价格高于轿车，造型彪悍，车身宽大，大排量发动机配合自动变速器。当然，美式皮卡的这些特点是和美国人的生活方式密切相关的。美国地缘辽阔，既有四通八达的公路网，又有令人望而生畏的崎岖道路，面对这些障碍，高离地面的底盘和大马力发动机自然游刃有余。

15）微面

微面是微型面包车的简称，是一种小型的客货两用型汽车。其命名由其外形得来，方方正正像个面包。国内在售的微面汽车基本属于商用车，其发动机排量都不是很大，以经济实用为主。微面既可作为专用乘用车、多用途乘用车、公务车、商务车，也可作为家用车，用于载货、旅游、出租等使用。国内微面的主要生产厂有昌河汽车、开瑞汽车、长安商用、昌河铃木、哈飞汽车、五菱汽车等。

16）微卡

微卡是微型卡车的简称，是一种小型载货用汽车。其外形在微面的基础上，在车体后部加入封闭式货箱或货斗。国内在售的微卡汽车，其发动机排量都不是很大，以经济实用为主。微卡可作为载货车、专用乘用车、公务车等。国内常见的微卡主要有长安微卡、哈飞微卡、五菱微卡、东风微卡等。

17）轻客

轻客是轻型客车的简称。在设计和技术特征上用于载运乘客及其随身行李，座位数超过9座（包括驾驶员座位在内）。常见的轻客有金杯大海师、依维柯等。

任务二　汽车对世界发展和社会进步的作用与影响

【任务目标】

1. 阐述中国汽车对世界发展和社会进步的作用与影响。
2. 阐述外国汽车对世界发展和社会进步的作用与影响。

▶ 汽 车 文 化

3. 掌握汽车发展带来的社会变革。

汽车极大地扩展了人们的生活半径,也改变了社会的产业结构、生产和生活方式。从诞生那天起,汽车就被赋予了人类的价值观、生活形态、情感需求等特殊意义,折射出不同时代、不同人群的审美取向,以此形成特有的文化。一个成功的汽车品牌被赋予了深层次的精神情感,并形成了不同的文化理念,直接影响着用户群体的认同。汽车文化形成的根本原因是历史环境、人类性格,而不同国家的汽车文化有着明显的差异,本任务主要介绍"中国汽车对世界发展和社会进步的作用与影响""外国汽车对世界发展和社会进步的作用与影响"两个话题。

【任务知识】

一、中国汽车对世界发展和社会进步的作用与影响

在新技术变革和汽车产业从量变到质变的变革中,中国正在从原来的跟随和从属地位变成最具活力的组成部分,上汽、东风、一汽、北汽、广汽、吉利,迈入《财富》2017世界500强,占据汽车制造商和零部件供应商33席中的6席。在汽车产业变革中,中国汽车气势十足,不断创造"中国奇迹"。汽车文化已经具备了其发展的土壤,国家、行业、企业正以一种积极正确的理念,推动我国汽车文化的同步发展。在竞争异常激烈的中国汽车市场,自主品牌汽车企业咬牙坚持,凭借着对于中国用户的深刻理解,贴近市场,重点突破,几乎在同一时间推出SUV车型,给自身贴上"性价比最高SUV"的标签,在SUV领域里形成了具有明显优势的竞争力。

长城汽车旗下明星产品哈弗H6在SUV市场拔得头筹,相较以往的"单兵作战",哈弗汽车的其他SUV产品保持着强劲的增长势头;广汽传祺推出的GS8已累计售出超过5万辆,吉利旗下SUV与轿车呈现出均衡发展的良好态势,奇瑞、比亚迪、东风风神、长安、北汽绅宝等品牌的SUV尤其出彩(图1-17)。

(a) 哈弗H6

(b) 广汽传祺GS8

(c) 奇瑞SUV

(d) 长安SUV

(e) 比亚迪SUV

(f) 北汽绅宝SUV

(g) 东风风神SUV

图1-17 中国汽车

— 18 —

在这场属于汽车市场的赛跑中，自主品牌经历摸爬滚打后，终于找到了属于自己的方向，创造出与欧美市场和日韩市场不同的 SUV 产品，被叫作"中国 SUV"。"中国 SUV"是否真正符合国人的生活习俗、民族文化？其折射出的设计理念，所包含的设计元素是否就是汽车文化元素？"中国 SUV"能否成为中国汽车特色文化的重要突破口？对此，还不能过早定论，然而"中国 SUV"在市场上已经形成了一个独特的文化现象，这一点毋庸置疑。

除了"中国 SUV"外，中国车企将新能源汽车技术由量变推向质变，是另一变革转型。中国电动汽车基本形成了较为完整的产业链、价值链和创新链，电动汽车产品基本实现了高、中、低全覆盖，产品的多样性、多层次性独一无二。以比亚迪、北汽、江淮等中国车企为首的自主品牌不断探索核心技术、提高产品档次，满足时代和用户需求，将新能源技术、互联网技术、移动通信技术和人工智能技术引入汽车，为汽车产品的功能延伸和性能提升打开了新的空间。

汽车投诉网的调查报告显示，2017 年上半年，在厂家对北京消费者投诉问题的解决完成情况中，自主品牌的完成率为 80%，远远超过合资品牌的 56.47%、进口品牌的 31.58%。而在 2017 上半年中大型车的投诉中，自主品牌的完成率为 100%，进口品牌的完成率是 0。数据显示，自主品牌的企业更为重视投诉，能对投诉进行积极处理。

自主品牌有为国人提供优质汽车的责任担当、有对于技术和品牌管理的负责态度，自主品牌找准了发展方向，一定能慢慢形成一套行为方式、习俗、法规、价值观念等构成的汽车文化，也将影响人们的思想观点和行为。在造型设计方面，自主品牌已经开始重视丰富深刻的文化内涵。最近上市的自主品牌车型越来越重视实用、美观、科技、乘坐舒适以及安全。越来越多的中国元素融入中国汽车。

在颜色设计方面，中国传统色已经慢慢用到了汽车上。珊瑚红、松石绿、黛蓝，类似这些中国文化中的珍贵色已经体现在车身、内饰上。这些中国元素，给人耳目一新的感觉，深受中国人的欢迎。

在营销方面，品牌营销逐步成为自主品牌关注的重点，如东风汽车冠名《加油！向未来》，力争用创新夺人眼球；长安汽车冠名《欢乐中国人》，演绎中国家庭的温情和欢乐；比亚迪冠名《盖世音雄》，用音乐另辟蹊径……除此之外，北汽冠名《朗读者》，同样掀起了全民读书的热潮。

从最开始合资品牌全面占领中国市场，到后来中国汽车自主品牌从初步成长到井喷式增长，自主品牌能走到今天，凭借的不仅仅是中国汽车市场的发展红利和政策的扶持，更重要的是源于其自身的专注和踏实。虽然，从"市场带动自主品牌"到"自主品牌带动市场"的路还很长，但是有技术、市场、政策、经济的四轮驱动，我们相信自主品牌崛起之路一定会实现。

未来，在汽车设计方面，从外表到内饰、从风格到品质，都将深深打下中国文化的烙印。汽车使用、汽车收藏、汽车改装、汽车娱乐等，将汽车作为文化和生活方式的探索者一定会有所突破，真正属于中国的、成熟的汽车文化会慢慢形成。

二、外国汽车对世界发展和社会进步的作用与影响

（一）美国汽车与文化

提到美国，很多人会想到最为著名的汽车城底特律。美国被称为车轮上的国家，有着深厚悠久的汽车文化历史，有着影响全球的汽车品牌，有着巨大的汽车市场。汽车已渗透到美国人生活的方方面面，是现代美国文化中不可或缺的一部分。

在19世纪初的蒸汽时代，卡哈特、道奇、罗普、多伯尔兄弟等数百家公司尝试蒸汽机车的创造。伊文思曾在1805年制成了一辆蒸汽动力挖泥机，这是目前所知的第一辆行驶于陆地及水面的动力机器。从这里看，美国汽车的起源比德国还早，只是德国人更有商业头脑，善于用专利保护自己的权益。蒸汽汽车体积大、不稳定，没有被普及和发展。但是，车辆结构和传动等方面为后来的汽车制造积累了经验。1890年前后，越来越多的美国人投入汽油引擎汽车的发明，其中最成功的就是杜里埃兄弟，在1895年，他们建立了美国第一家制造汽油引擎的汽车工厂。1901年，"杜里埃轿车"曾被作为"来自工业国家的生日礼物"漂洋过海赠送给慈禧太后。

1896年，亨利·福特在美国底特律试制成功了第一辆"四轮车"，因而他被称为"给世界装上轮子的人"。1908年，福特汽车采用世界上首条汽车生产流水线制造了著名的T型车，流水线生产使得汽车制造成本以及售价大幅度下降，汽车产业的利润呈几何级增长，最终使得汽车得到真正的广泛普及。

美国汽车不仅在车型上创新不止，在技术上也贡献了大量的伟大发明。早在20世纪30年代，美国豪华汽车品牌Packard已经开始安装空调，这一技术早于其他国家将近60年。

1936年，美国印第安纳州的一家名为Cord的汽车公司在一款名为810的车型上推出了隐藏式头灯；1939年，通用汽车推出了自动变速器，被安装在奥兹莫比尔车型上，而后凯迪拉克和庞蒂亚克也采用了这种变速器；1951年，克莱斯勒率先在其高端车系Imperial上安装动力转向；1952年，通用汽车首次推出了自动调节照明系统，据说在60年后，奔驰根据这个想法更新了版本；最早搭载涡轮增压的公路车不是保时捷911，也不是宝马2002，而是在1962年问世的奥兹莫比F-85 Jetfire。1971年的别克Rivieras上选配了牵引力控制，名为Max-tac的牵引控制系统通过简单比较前轮和后轮的速度来判断是否存在打滑，从而切断点火，降低动力输出。

不少人认为德国有着不可撼动的地位，但无论从车型还是技术都可以看出，在早期的汽车工业史上，美国人也贡献了不少沿用至今的技术。然而，汽车产业早就不再是美国的支柱产业，美国汽车技术已经不再引领世界，或许美系汽车未来与德系、日系、韩系、中系间的比拼会更加吃力，在传统汽车行业已经很难恢复往日的辉煌。

在所有传统汽车工厂为电动车续航里程烦恼的时候，特斯拉的续航里程已经超过了500 km，并且已经推出了新款产品。更重要的是，美国车企受困于工会的问题在特斯拉看

来却不是重点，他们位于加利福尼亚州弗里蒙特市的工厂在冲压生产线、车身中心、烤漆中心与组装中心的四大制造环节总共有超过150台机器人参与工作，基本看不到人，对人的依赖降到了最低。或许美国的新能源车极有可能为其在未来的汽车发展中扳回一城，而且是极其重要的一城。

美国汽车技术，不是美国汽车的全部，美国汽车文化也不仅仅体现在肌肉车、皮卡与重卡三类车上。坐在车里享受着电影乐趣的汽车电影院、专为司机们设计的麦当劳餐厅"汽车穿梭窗口"、遍布美国的汽车旅馆、专门为房车设置的露营地等，成为美国汽车文化的另一番景象。同时，汽车改装、汽车博物馆、汽车赛事等同样彰显着美国汽车文化。

汽车问世一百多年来，无论是美国汽车工业的总产值，还是全美汽车的销售量和使用量都雄踞世界第一。在这一发展过程中，有关美国汽车的人物和故事已经渗透到美国人生活的方方面面，福特、利兰、艾柯卡，还有大卫·别克、克莱斯勒、道奇兄弟等，太多太多的美国人，以领先时代的精髓勇拓未来。

（二）德国汽车与文化

汽车是德国的伟大发明，德国人认为自己对于汽车一直有种独特的偏执，长期以来用质量过硬的汽车保持着王者地位，稳坐汽车王国的"王位"一个多世纪。很多人认为，德国汽车就是德国文化的一部分，德国文化的重要组成部分就是德国汽车。提到混合动力汽车，人们首先想到丰田普锐斯；提到纯电动汽车，人们首先会想到特斯拉。其实，德国人早在19世纪末就开始研究并造出了这两种汽车，尽管当时的电池蓄电水平极端落后，费迪南德·保时捷在1898年就推出了第一款前轮驱动的双座电动车——Lohner-Porsche，1900年就推出了第一台混合动力原型车——Lohner-Porsche "Semper Vivus"。这或许就是德国人所说的，他们对于汽车科技的追求永不止步。

1886年，卡尔·本茨发明了一辆配备内燃发动机和电子点火器的三轮车并为其申请了专利，该事件标志着世界上第一辆汽车的诞生，也标志着德国汽车工业的诞生。

短时间内，德国汽车工业发展非常迅速，第一次世界大战前，汽车工业已基本形成了一个独立的工业部门，有50多家汽车制造厂，汽车制造工人超过5万人，年产量达2万辆（仅次于美国的汽车产量）。

1939年，第二次世界大战爆发，德国汽车工业因战争受到重创，大部分汽车工厂遭受重创。直到20世纪50年代，德国汽车工业才恢复生产并真正进入迅速发展时期。大众公司的"甲壳虫"汽车标志着德国汽车工业开始进入飞速发展的阶段，彼时汽车企业达到100多家，到1960年，德国的汽车年产量已达200万辆，成为欧洲最大的汽车生产国和出口国。

从20世纪60年代开始，经过竞争，德国汽车厂家由100多家到仅剩下10多家，汽车产量却不断提高。随着欧洲一体化进程的加快，德国的汽车工业开始进入一个新的发展阶段。

至1998年，德国的汽车产量达到了570万辆。受经济影响，德国国内汽车销量大幅

▶ 汽 车 文 化

下滑，和全球汽车业一样面临重组及联合兼并，最终被奔驰、大众、宝马以及美国福特汽车公司在德国的子公司等大公司垄断。同时，德国汽车业将目光转向了发展中国家，如对中国、巴西和俄罗斯等国进行投资，德国汽车零部件行业已在全球设立了1400多家独资或合资企业。

德国是真正热爱汽车的民族，因为爱车才能够造出最好的汽车，因为爱车才会将文化衍生到交通、选车、用车、车展、汽车博物馆、汽车主题旅馆等各个领域。交通方面，德国的高速公路网非常完整，不收费，基本上不限速。选车方面，德国车流中的两门车、两厢车、多功能旅行车较多。用车方面，德国人口仅有8200万，却拥有约5000万辆汽车，而道路交通却秩序井然，这得益于德国司机的良好车德和严厉的惩处制度，驾驶员一旦违章，不仅会被罚款和扣分，其违章情况还会在网上公布，今后驾车、购车和享受相关社会福利都会因此受到影响。遍布全国的汽车博物馆及大大小小的汽车赛事，让每一个德国人都能感受到汽车文化的熏陶。

德国人对于汽车工业近乎偏执的态度，极大地促进了汽车工业的发展。然而，每一个民族的工业都不存在完美，包括德国，"尾气排放造假门事件"让全世界大跌眼镜，德国人严谨、遵守规则的形象多多少少打了一些折扣。

瑕不掩瑜，德国汽车虽有缺陷，但是不妨碍它们成为许多车迷的最爱，因为德国人对于自己的汽车从不满足于现状，而是无限地去探寻一次又一次的进步与革新，这样的偏执，也造就了德国汽车今天的辉煌，为全球汽车工业的发展做出了巨大的贡献。

(三) 日系汽车与文化

1901年，美国汽车公司Locomobile在东京开设了一家专卖店，这是日本人第一次亲眼见识当时最先进的汽车工业产品。1902年，21岁的内山三郎受Locomobile的启发，打造了日本历史上最早的本土汽车。日本汽车制造业始于吉田真太郎，他在1904年成立了日本第一家汽车厂——东京汽车制造厂（现五十铃汽车公司），3年后制造出第一台日本国产汽油轿车"太古里1号"。自此，汽车工业成为日本重要的经济支柱，长期影响着日本经济的繁荣，日本也成为汽车文化多样化的国家。

第二次世界大战爆发前，日本汽车工业对欧美亦步亦趋，所产车型多为仿制。1914年，三菱重工借鉴菲亚特A3-3制造了22台Modal A汽车，这是日本历史上第一款量产车型。

1925—1927年，福特、克莱斯勒、通用三大美国汽车业巨头先后在日本开设工厂，此后10年间，这三家公司生产了近21万台车，其产量是本土车企的近两倍，占据日本汽车销售市场的大半江山。

1931年，日本发动九·一八事变，侵占了中国东北，在世界东方形成第一个战争策源地。日本走上了战争和法西斯化的道路，其汽车工业重心自此转向为军事服务的卡车制造。为了满足侵略需要，日本政府将汽车工业放到很高的战略层面上。战争令日本经济根基尽毁，却让汽车工业走向系统化，为战后汽车工业成为支柱产业埋下伏笔。

1945年8月28日，日本宣布投降仅13天后，通产省官员就召集丰田、日产等巨头，商讨日本工业再建问题。通过关税壁垒、财政补贴、信贷支持等种种手段，在1955年，日本汽车工业开始进入高速发展阶段。

1955年9月，日本重新加入GATT（关税与贸易总协定），政府为本土车企争取到了10年的缓冲期，直到1965年10月，才彻底放开了日本市场对于进口汽车的准入壁垒。10年间，日本车企大力进行技术革命，丰田、日产等一批经典日系车先后诞生。

整个20世纪60年代，日系车企完成了本土的彻底垄断。20世纪70年代，接连爆发的石油危机，彻底帮助日系车打开了海外市场。美国家庭开始难以承担高昂的油价，低排量、高性价比的日系车借此走俏，日本出口汽车从1965年的10万台猛增到1975年的182万多台，10年时间翻了近20倍。

进入20世纪80年代，日本车企开始进行海外布局。1983年，日产在北美建厂。1984年，丰田在北美建厂。三菱与克莱斯勒达成合作、马自达与福特牵手、铃木与通用在加拿大联手研发、富士则与五十铃抱团，日系车"走出去"以及与国际巨头的强强联手贯穿了整个年代。

1985年9月，《广场协议》签署，日元汇率被迫在短期内大幅升值，这对日系车的出口是一个巨大的打击。1987—1991年是日本著名的"泡沫经济"时期，国内汽车需求猛增，几乎冲抵了海外市场的损失。1980年，日系车全年产量1104万台，一跃坐上全球最大汽车制造国的宝座。到1991年，日本的经济泡沫破灭，日本经济跌入惨痛的"失去的20年"，日系车也陷入痛苦的低迷期。随后，日系车企努力拓展全球其他地区的业务，尤其是亚洲发展中国家。通过承诺提供技术、解决当地就业、促进当地经济发展来换取政策优惠，日系车在亚洲地区迅速扩张，高峰时期每年的增长率在30%以上。

在扩、兼、并的同时，日系车企一直注重技术革新，创造了独特的技术文化，长期坚持以下3点：一是注重环保，除了一向突出的节油优势，强调"可循环利用"，要求整车75%的材料可被回收；二是强调安全，对于类似车载导航仪、气囊等安全辅助设备加大研发投入；三是细分用户市场，针对不同用户推出不同车型。

日本政府一直对汽车排量和空间有着非常严格的规定，类似K-Car。各家公司为了达到标准，拼命研发新技术，增压进气系统、CVT变速箱甚至混合动力技术，都是在这样的苛刻限定下诞生的，这些新技术为日系车日后靠"节油"作为竞争优势奠定了基础。

在车展文化方面，早在1954年，日本就举办了第一届东京国际车展，吸引了55万观众，在当时引起了轰动。现在，该车展与法兰克福车展、巴黎车展、日内瓦车展、北美（底特律）车展一同成为顶级的五大国际车展。

1963年5月，在日本汽车工业协会的赞助下，宫城县举办了第一届国际汽联大奖赛。1987年，举办第一届F1日本大奖赛。1967年，装载转子引擎的马自达Cosmospont限量版问世，一鸣惊人，马自达从作坊企业一跃成为日系新巨头。之后，马自达将转子引擎应用于赛车，为日系车在赛车领域开辟出一片天地。这台搭载R26B转子引擎的马自达787B，在1991年成为勒芒24小时拉力赛的冠军座驾，是日系车在该赛事取得的唯一一次冠军殊荣。遗憾的是，国际汽联自 1992 年起禁止转子引擎涉足赛车领域，这台车因此成为勒芒 24 小时拉力赛无法超越的经典。

另外，汽车改装文化深入日本人的骨髓，并影响着全世界喜爱改装的车迷。日本地区政府是不禁止汽车改装的，只要能通过严格的车检，符合安全行车的要求，改装车就能合法上路。

日本，一个资源匮乏的岛国，却在第二次世界大战后迅速崛起，成为汽车强国。日系车有确保资源能源安全的产业战略思路，有在赛车场与欧美车一较高下的形象，有将独特的东方美学融入汽车设计的成就。

三、汽车发展带来的社会变革

汽车工业作为支柱产业，连接着第一、第二、第三产业，不仅直接带来显著的经济效益，其产业体系和产业链渗透到广泛的学科领域中，带动大量的相关工业的快速发展，诱发新兴产业和高新技术的出现。汽车从"可望而不可即"变成了一件平常商品，出行从此变得无拘无束，人们的生活方式、生活观念和生活质量因汽车而发生改变，很多人对时间的概念不再局限于公共交通的时刻表，对距离的概念不再局限于"几站地"。汽车因此成为自由的象征。

1. 引起生产管理的变革

20 世纪 20 年代，美国福特和通用汽车公司创造了规模生产方式和多样化生产。第二次世界大战后，日本丰田汽车公司首创"精益生产方式"。这几项工业管理革命改变了几乎所有工业中的理念，包括生产组织、管理组织等。敏捷生产管理方式的推进，进一步导致汽车产业全价值链的变革。

2. 形成公路网

汽车与其他交通工具相比，具有"远距差效益""时差效益"和"运输质量差效益"的特点，因此得到广泛使用。为发展汽车运输业，世界各国都加速开发公路网络。第二次世界大战后的时期则更是高速公路时代，高速公路网几乎贯穿世界上大部分城市和城镇。汽车为促进地区和工业发展起到了难以估量的作用。

3. 加快城市化进程

组团式城市群有利于放大城市空间，而放大城市空间有利于汽车使用环境的改善，导致汽车流通速度加大，有利于汽车需求的进一步增大。城镇居民收入稳步增长，成为汽车市场消费的主体。

4. 开拓汽车服务贸易市场

汽车工业的每个环节，市场、研发、采购、生产、销售、服务都超出了国家范围，由此产生的贸易、法律、环保及产业经济影响远远超过了汽车工业本身。同时，与汽车产业发展密切相关的汽车服务贸易和后市场迅速发展，在发达国家已发展形成成熟的二手车置换、保险、信贷、维修、保养、租赁、物流、贸易、回收利用等业务。

5. 产生一系列新生事物

汽车的普及为人类社会生活创造了许多新生事物,汽车艺术、汽车模特、汽车展会、汽车体育、汽车旅游、汽车旅馆、汽车社区及汽车银行等已渗透到发达国家人们的日常生活之中,改造着人们的生活方式和传统观念,进而改变城市结构、乡村结构和就业结构,改变人们的区域概念、住地选择、消费结构和休闲方式,改变人们的社会关系、沟通方式、活动节奏、知识结构以及文化习俗。汽车的使用是个性权利的延伸和个人主动性的象征,汽车创造了崭新的价值观念和生活内容,整个社会的文化理念、心理素质、道德因素都发生了巨大变化。

四、汽车发展带来的问题

在我们享受汽车带来的便利时,也要忍受汽车给人类社会带来的各种问题。地球的资源与环境已经不堪重负,汽车的快速发展付出了环境及资源的沉重代价。当汽车成为多数人的出行工具时,其快速发展是对自然、社会的一种严重挑战。

1. 过大的资源消耗

首先,汽车的发展引起了能源消耗。在我国,石油储藏量和开采量非常有限,石油的需求越来越多地依靠进口。据统计,1996年,我国成为世界第三大石油消费国,而到2003年,我国已成为世界第二大石油进口国,按目前汽车工业发展的趋势,我国的石油进口量还将继续增大。据专家称,中国能源的进口依存度现在是44%,2020—2025年可能达到60%,中国进口石油的1/3是供汽车使用的。汽车给中国的能源安全带来了很大的压力,而这个压力还在增大。同时,由于全球石油资源紧张,人们开始寻找各种替代能源,如天然气等,而这些资源都是不可再生的,过多的消耗将导致人类的后代无能源可用。其次,随着汽车保有量的增加,需要占用土地来建设更多的道路、停车场及配套基础设施,而中国人口众多,就人均拥有的土地资源来看,我国是世界上最为贫乏的国家,汽车的过度发展必将进一步减少我们赖以生存的耕地。据有关部门统计,我国人均耕地面积从1986年的1.37亩降低到1995年的1.18亩,不到联合国规定的人均耕地最低标准的1/3。如果我国进入汽车社会,未来汽车保有量达到日本的水平,即每两人拥有一辆汽车,那么汽车保有量将达到6.4亿(目前为2300万辆)。按照欧洲和日本标准,每辆汽车消耗的土地面积为0.02公顷,这将消耗1300万公顷的土地。而我国现有耕地面积有2300万公顷,已超过了一半,因而耕地资源短缺问题将非常严峻。

2. 严重的环境污染

汽车对自然环境的污染包括大气污染、噪声和振动污染等,汽车尾气的主要成分是一氧化碳(CO)、碳氢化合物(HC)、氮氧化合物(NO_x)和颗粒物等,而这些主要集中在人口聚居的城市,通常在城市中心交通排放的一氧化碳(CO)形成的污染物浓度占一氧化碳(CO)总浓度的90%~95%,碳氢化合物(HC)和氮氧化合物(NO_x)占80%~90%。据有关部门统计,2005年我国机动车尾气排放在城市大气污染中的分担率已达到

80%左右。汽车废气直接影响人们的身心健康和生活质量，众所周知的城市温室效应，与汽车排放的废气和颗粒物有很大的关系。汽车的噪声和振动已成为污染居民生活环境和学校、机关、医院等敏感设施的突出因素。另外，道路与汽车交通对生态环境产生了很大的影响，土地、绿化和水质亦受到冲击，汽车占据了本可以用于城市生活和经济活动的有限空间，使居民失去了健康的生活环境。

3. 频繁的交通事故

汽车的发展使人们生活在发生意外事故的恐惧中，我国是世界上汽车交通事故最多的国家，尽管中国的汽车保有量只占全世界的2%，但每年车祸死亡人数占全球的20%，每年死于车祸的人超过10万，加上受伤者人数有100万。据有关部门统计，1999年，全国交通事故有41.3万起，造成8.4万人死亡、28.6万人受伤，直接经济损失达21.2亿元。而到2002年，死于汽车交通事故的人数上升到10.9万人，受伤人数达56.2万人，直接经济损失达33.2亿元。汽车交通事故已成为中国15~45岁人群的第一大杀手，对社会经济发展造成了严重影响。其次，汽车的高速发展造成道路堵塞，导致低效率，使汽车原本应带来的快捷、舒适、高效无法实现，严重影响着城市经济的发展，同时，增加汽车燃油消耗和污染物的排放，带来许多负面影响。我国几乎所有的大型城市，交通堵塞已成为城市功能正常运转的重大障碍。仅北京公交车乘客的时间损失这一项，每年造成的经济损失高达792亿元，更不用说因交通堵塞造成的燃料费用损失和环境污染引起的经济损失。

4. 繁杂的社会问题

汽车的发展给社会带来了诸多问题，影响人们的生活质量，从某种意义上说降低了人们生活的幸福感。汽车快速发展造成了新的不公平，在享受便利和成本负担上是不公平的，对没有车或不能开车的人来说，会被孤立于汽车社会，交通的改善与其无关，但其必须同汽车拥有者一样，承担汽车造成的污染、交通堵塞及城市道路等带来的各种问题，还要负担道路建设和维护成本。另外，汽车这个文明时代的产物，不仅给人们带来物质上的损失，而且其所带来的心理、精神上的损失也是不可忽视的。堵车、红灯前的漫长等待是人们城市日常失望情绪蔓延的根源之一，导致各种烦躁、郁闷情绪，甚至出现"公路怒火""柏油综合征"等。

5. 带来的沉重代价

在我们享受汽车带来的便利，欣欣然准备走入"汽车社会"时，不得不忍受汽车给人类社会带来的种种伤痛。目前全世界平均不到10人占有一辆汽车，地球的资源与环境已经不堪重负，汽车的快速发展付出了沉重的代价。当汽车成为多数人的出行工具时，汽车的发展是对自然、社会的一种严重挑战。

五、汽车与人们日常及社会发展的关系

汽车加快了人们的生活节奏和事件的发生，增加了对人们心理的刺激，带来了各种生活压力，导致现代社会心理的疲惫与紊乱。汽车缩小了时间上的距离，拉近了空间上的

距离。

　　汽车能给我们带来很多便利，现代汽车的价值也有很多档次，随着社会进步，科技高速的不断发展，私家车的不断增加，我们的能源加速减少，到目前为止还没有真正能够代替石油的能源。汽车不断增加，有利也有弊，我们要用全面的眼光看待这个问题，不能盲目。

　　汽车制造是规模化生产的行业，具有规模经济效应。社会对汽车不断增长的要求，促使汽车工业日益繁荣。一辆汽车有上万个零件，由钢铁、有色金属、塑料、橡胶、玻璃、纺织品、木材、涂料等繁多材料制成；应用冶炼、锻造、锻压、机械加工、焊接、装配、涂装等许多工艺技术制成，涉及冶金、机械制造、化工、电子、电力、石油、轻工等部门，汽车的销售和营运还涉及金融、商业、运输、旅游、服务等第三产业。汽车业是一个关联度非常大的产业，汽车产业在自身发展的同时，还可以带动约150多个上下游产业，促进城市经济的发展。此外，汽车工业也给社会带来许多机会。例如，日本的汽车制造、销售、营运等行业职工占其全国就业人数的1/9，美国和德国的这个比例更高，占1/6。汽车工业的发展无疑会促进整个行业的繁荣兴旺，带动整个国民经济的发展。汽车工业是经济利益很高的产业。在发达国家中，许多著名的汽车企业举足轻重，在世界500强企业的排行榜中名列前茅，这些国家汽车工业的产值约占国民经济总产值的78.5%，占机械工业总产值的30%，其实力足以左右国民经济的动向。因此，发达国家几乎无一例外地把汽车工业作为国民经济的支柱产业。

　　我国的汽车工业起步较晚，1953年7月15日，第一汽车制造厂在长春动工兴建。1956年10月，第一汽车制造厂开工生产，结束了我国不能制造汽车的历史。1953—1958年是中国汽车产业的创建阶段，长春第一汽车制造厂的建成是这一阶段的标志。这一阶段的特点为：建设工作是在原苏联的全面援助下进行的，产品由苏联引进，工艺流程由苏联设计，主要设备由苏联提供，连厂房设计也是由苏联方面承担的。1968年，第二汽车制造厂在湖北十堰动工兴建，1975年投产。这个阶段的汽车制造厂及其主要产品由于依赖国家提供原材料和报销全部产品，汽车企业存在"缺重少轻""轿车基本空白"的缺陷。1958—1984年是中国汽车产业的第二阶段。1958年左右，中苏关系恶化。中国汽车产业与其他经济部门一起进入自力更生的时期，在初步形成了自己的基础工业之后，我国各地纷纷仿造和试制了多款汽车，逐渐形成了几个颇具规模的汽车制造厂。改革开放以后，我国汽车行业逐渐从计划经济走向市场经济，开始进入蓬勃发展时期。通过引进先进技术和整车项目，建立完整的汽车工业体系，随着国民经济的蓬勃发展和生活水平的提高，人们对汽车的需求愈加旺盛，中国迅速跃升为巨大的汽车市场。我国的汽车产量已跻身于世界生产大国的前列。但是，我国的汽车工业水平仍然落后，汽车企业多而分散，竞争力不强，不能与汽车工业迅猛发展的形势相适应。

　　首先，基于相关行业对汽车工业的作用，由依附、被动到如今走到"台前"，是一种历史进步，汽车业界不应总是抱怨"环境不好"，而应树立一种"在困境中培养坚强"的积极心态。这对整个汽车产业链的发展都是必要且有益的。其次,汽车媒体和专家们由此可以摆脱原有思维惯性,不再"就汽车说汽车",而是从多方面、多角度、多侧面研究如何迎接"汽车社会"的到来?如何认识汽车与汽车文化的关系?如何推动汽车与社会的可持续发展?汽车的普及及其相关产业的发展将会给经济和社会可持续发展带来什么样的机遇和挑战?怎样促进经济和社会各项事业的协调发展?汽车进入市民生活后对城市建设和城市管理提出了哪些新要求?具体有哪些改良和改革措施?汽车文化的魅力将如何冲击或影响人们生活方式的改变?否则,仅是在汽车降价、新车上市、维护保养上面打转,是肤浅而又"同质化"的,对整个汽车产业的推动也是十分有限的。

六、汽车工业正确发展道路可持续发展

1. 从汽车设计方面考虑

要考虑小汽车的尺寸和排量,使用无铅汽油、电喷发动机、三元催化剂等环保系统,推行欧Ⅱ、欧Ⅲ标准,发展混合动力汽车和电动车等。车小了,制造时耗费的原材料就变少;使用时占用的道路和地面也少,耗费的能源、排放的污染物自然也会变少。同样的资源,可以制造出更多的汽车,让更多的人能够使用上汽车。同时,国家必须出台各种政策以限制大排量的汽车生产,鼓励环保、经济型汽车,对汽车报废等进行严格管理,科学地引导汽车的发展;加强交通管理,应用先进的信息、控制、通信技术等高科技手段,调整交通结构,加强交通法制法规建设,加强教育,提高人们的交通意识和遵守交通规则的自觉性。

2. 从可持续发展的观点来看

在公共交通和非机动化的交通方式基础上,有效地组织城市的运输。从世界各国的情形看,人口的居住密度小于15人/公顷,交通需求会急剧上升。因此,在城市规划中,应建设紧凑型城市,促进自足型卫星城市优先发展,全面改善公共交通。可以建设专用公共汽车道,发展轻轨、地铁,改善公共交通设施的舒适度、清洁度、提供和善周到的服务,提高乘客的文明素质,引入公共交通在车费和服务上的竞争机制,合理规划交通岔路,改进路面;合理设置公共交通站点,做到以人为本。对使用非机动化的交通方式上下班的人群给予补贴,保证自行车和人行道足够的宽度,通过收缴燃料税等各种综合措施来保证城市的可持续发展。

由汽车发展引发的系列问题已成为全球性问题,根据自然辩证法原理,科学技术是产生某些全球性问题的前提和原因之一,这些问题的解决还需要进一步依靠科技的发展。因而,在汽车工业的发展道路上,不可盲目激进,要及时、充分地认识到汽车社会发展的巨大成本和代价,要在政策制度和规划上努力克服和减少汽车带来的负面效应,应建立一种资源约束型、适度的汽车消费模式,坚持可持续性发展。

【任务习题】

一、选择题

1. 乘用车一般最多有(　　　)个座位。

A. 1　　　　　B. 10　　　　　C. 9　　　　　D. 40

2. 保时捷911的驱动形式是（　　）。

A. 前置前驱　　B. 前置后驱　　C. 后置后驱　　D. 后置前驱

二、判断题

1. 商用车分为客车、货车和轿车三类。（　　）

2. 高级轿车不属于乘用车。（　　）

三、简答题

1. 什么是汽车？

2. 汽车有哪些类型？

3. 车辆识别代码有什么作用？

4. 阐述我国汽车对世界发展和社会进步的作用与影响。

5. 阐述汽车。

▶汽车文化

项目二　汽车发展简史

汽车的发明不是偶然的，更不是一个人或个别人的功劳，从发明轮子到最终成功地制造出靠自身动力前进的汽车，其间经历了数千年，正是发明家们孜孜不倦的探索精神和坚持不懈的钻研、奉献，才有了现在如此璀璨夺目的各式汽车。

任务一　汽车的诞生

【任务目标】
1. 阐述汽车的发明历史。
2. 说明汽车发展历程。

【任务描述】
1886年1月29日，卡尔·本茨取得了世界上第一个"三轮汽车专利权"，而这一天也被认为是"世界汽车诞生日"，但汽车的起源可不是从这里开始的，业界普遍认为汽车的起源可以追溯到车轮，几乎贯穿整个人类的发展史，本任务以孕育时期的不懈努力、诞生时期的持续改进、成长时期的快速发展、成熟时期的突飞猛进、未来时代的"智能化"5个话题来阐述这段漫长的历史。

【任务知识】

一、汽车的发明历史

（一）不断尝试的自动之车

汽车的发展经历了漫长的时光打磨，最早要追溯到车轮的发展。车轮带给人类一种新的物品流动方式——由移动到滚动，这提高了人类在地上搬运物品的本领。更重要的是，车轮建立了第一个陆地运输系统。随着车轮的发明，逐渐开始出现用马来拉有轮子的车，这就是马车的诞生。马车的历史极为久远，相比汽车100多年的发展，马车在人类中的使用已有4000余年。汽车的起源众说纷纭。众所周知的是，在汽车出现之前的很长一段时间，马车是人类主要的交通运输工具，满足了人们拉货与长途旅行的需要。它也是至今人类历史上使用时间最长、最具影响力的陆地交通运输工具。可是，马车的速度仍不能令人满意，一辆马车在当时最好的公路上行驶375 km，最快也需要24 h。这使人们对马车运输开始产生了变革的欲望。

早在13世纪，英国哲学家罗吉尔·培根就在写给他朋友的信中说："总有那么一天，

项目二 汽车发展简史

我们会赋予运输车难以置信的速度,而无须求助于动物。"这句话说明,在很早以前,人们就开始了对自动之车的渴望与探索。

15世纪,在意大利的佛罗伦萨,伟大的画家、雕塑家、建筑学家和工程师达·芬奇听着教堂里的钟声,看着窗外川流不息的马车,突发奇想:钟会敲响是由发条做动力,那么用发条做动力,可否试着应用在自动行驶的车上?达·芬奇把他的设想画在纸上,他是最早画出"自动之车"图纸的人,遗憾的是他仅仅对"自动之车"的理论进行了探讨,并没有制造出实物。

(二)早期自动之车的探索

直到17世纪,1649年,德国纽伦堡最出名的钟表匠汉斯·赫丘,看到达·芬奇留下的图纸并详细研究了他的理论。经过半年的不懈努力,终于制成了一辆以钟表发条为动力的车。这种以发条为动力的车后来被称为"发条车"(图2-1),当时的瑞典王子对发条车一见倾心,花费重金将它买下,虽然汉斯·赫丘的发条车成功被卖出,但该车的速度为1.6 km/h,比牛车还慢,每前进230 m就要人工上一次发条。只相当于现在小孩的玩具,因其没有

图2-1 汉斯·赫丘的"发条车"

实用价值而未能得到进一步发展。然而,钟表匠汉斯·赫丘因此成为一位名垂青史的先行者。

人们这种对自动之车的追求有过多次尝试,在发条车出现之前,1600年,荷兰物理学家西蒙·斯蒂芬制造出双桅风力帆车(图2-2)。他把木轮装到船上,凭借风力驱动帆车行进,这辆车在海边的试验中其最高车速达到24 km/h。但问题是没有风,车就不能开动,况且风向不定,时大时小。类似尝试还有滑轮车、我国古代的指南车和记里鼓车等,但这些车都由于速度有限或不稳定等原因没能得到推广。早期,人类对自动之车尝试的失败,归根结底在于车辆的动力,先辈们耗费了相当长的时间去解决这个问题。直到1765年,英国的瓦特在总结前人经验的基础上,成功地改进并研制了世界上第一台动力机械——蒸汽机(图2-3),并于1769年取得了专利,瓦特的蒸汽机相比于以前的蒸汽机工作效率有了巨大的提升,使人类进入了蒸汽时代。汽车终于有了一个可靠的动力来源,蒸汽机的出现为实用汽车创造了必要的物质条件。

指南车(图2-4)又称司南车,它是中国古代用来指示方向的一种车辆,是帝王的依仗车辆。它的起源很早,传说西周时就已发明,但最早的确切记载是在三国时期。历史典籍显示,三国时期的马钧是第一个成功制造指南车的人。从三国时期开始,历代史书几乎都有指南车的记载,但均未留下有关其具体结构的资料,直到宋代才有较为完整的资料。指南车是一种双轮独辕车,在车上有一个木人,不管车子怎么转弯,朝哪个方向行走,木人的

图 2-2 双桅风力帆车

图 2-3 蒸汽机

手臂始终指向南方。其原理是：车上装有一套差动齿轮装置，当车辆转弯时，车上可以自动离合的齿轮传动装置就带动木人向车辆转弯的相反方向转动，使木人的手臂始终保持指向南方。指南车上这种利用差动齿轮装置来指示方向的设计，在今天仍有现实意义。

记里鼓车（图 2-5）又名记里车、司里车，是中国古代用来记录车辆行驶距离的马车，也是古代天子出巡时，依仗车驾必备的一种典礼车，用 4 匹马拉拽，排在指南车之后。其构造与指南车相似，车有上、下两层，每层各有木制机械人一个。两个木人手执木槌，下层木人打鼓，车每行一里路，敲鼓一下；上层木人敲打铃铛，车每行十里，敲打铃铛一次。其原理是：利用车轮带动大小不同的一组齿轮，使车轮走满一里时，其中一个齿轮刚好转动一圈，该轮轴拨动车上木人打鼓或击铃，报告行程。记里鼓车是减速齿轮系统的典型代表，也是现代计程车、计速器的祖先。

图 2-4 指南车复原模型

图 2-5 记里鼓车复原模型

指南车和记里鼓车都是利用齿轮传动原理来进行工作的。总之，根据记载，这两种车在我国封建社会前期的汉魏时期就已经出现，它们体现了两千年前我国机械工程技术的高度水平,是我国古代技术的卓越成就。

(三)居纽制造蒸汽机汽车

1763年是英法七年战争的最后一年,法国陆军军官、工程师居纽接受了军部下达的一项重要任务。在当时的战争中,火炮的威力毋庸置疑,但同时,火炮的重量也让炮兵们大伤脑筋。军事部门希望居纽制造一种自动行驶的牵引车辆,使火炮能够轻松地运动起来。为了完成这项任务,居纽意识到,自己需要寻找一种力量,它能够让车轮自动旋转。那时,蒸汽机已经在工厂和矿山中使用,人们用它来抽取地下水。居纽很快就关注到这种新兴的技术,他仔细研究蒸汽机的原理,花费了6年时间,克服重重困难和阻力,于1769年制造了世界上第一辆蒸汽驱动的三轮汽车(图2-6),由此,历史上第一辆"自动之车"诞生了。这辆汽车被命名为Cugnot,车长为7.23 m,车高为2.2 m,前轮直径为1.28 m,后轮直径为1.5 m,前进时靠前轮控制方向,每前进12~15 min需停车加热15 min,运行速度为3.5~3.9 km/h,和人步行的速度相当。这款车采用的是木制车架和铁轮,车前配备了一个大大的锅炉,锅炉里的蒸汽被送进前轮上方的气缸,带动两个活塞使前轮转动,但这辆车存在着很大的不足。

图2-6 居纽研制的蒸汽驱动的三轮汽车

1770年,居纽重新制成第二辆蒸汽机汽车,该车在拖着一门大炮试车时,眼看着它开始自己前进,在场的所有人都禁不住欢呼起来,然而这辆车"气喘吁吁"地行驶了一段并在般圣奴兵工厂附近下坡时,撞到兵工厂的墙上,弄得墙体支离破碎,面目全非。出现这一情况的原因是,这车子前方挺着个非常重的锅炉,不但开起来不稳,而且由于转向盘过于笨重,致使操纵失灵,这是世界上第一起机动车事故(图2-7)。

然而,居纽并没有放弃。1771年,他改进了蒸汽机汽车,使之时速达到9.5 km/h,可牵引4~5 t的货物。可是,由于这种蒸汽机汽车体积笨重、转弯费力等原因,最终被弃置一旁。同年,他造出第三部车,但该车没有真正上路跑过,现置于法国巴黎国家艺术馆。虽然他的发明失败了,但却给后来者带来了极大的启发和激励,是古代交通运输(以人、畜或帆为动力)与近代交通运输(动力机械驱动)的分水岭,具有划时代的意义。至此,自动之车的尝试找到了最终的发展方向——汽车,可见汽车的出现并不是偶然的,

图 2-7 世界上第一起机动车事故

而是社会发展到一定程度,某些敢于尝试、不怕失败的先驱者在前人的基础上通过坚持不懈的努力、不断付出而得来的。

二、不被接受的蒸汽车

18 世纪末 19 世纪初,在欧美国家出现了制造蒸汽机汽车的热潮,各种用途的蒸汽机汽车相继问世。1804 年,脱威迪克设计并制造了一辆蒸汽机汽车,这辆汽车还拉着 10 t 重的货物在铁路上行驶了 15.7 km。1805 年,美国人艾文思制造出水陆两用的蒸汽机汽车。

1825 年,英国公爵斯瓦底·嘉内制造出第一辆蒸汽机公共汽车(图 2-8),这辆车的发动机后置,应用后轮驱动、前轮转向,有 18 个座位,车速为 19 km/h。1831 年,公爵用这辆车开始运送客人,开始了世界上最早的公共汽车运营。因此,这辆车被认为是世界上最早的公共汽车。

图 2-8 蒸汽机公共汽车

1831 年,美国人史沃奇·古勒将一台蒸汽机汽车投入运输,相距 15 km 的格斯特和切罗腾哈姆之间便出现了有规律的运输服务。

项目二 汽车发展简史

图 2-9 蒸汽机汽车

1834 年，世界上最早的公共汽车运输公司——苏格兰蒸汽汽车运输公司成立。当时，英国爱丁堡市内营运的蒸汽机汽车前部坐着驾驶员，中部可容纳 20~30 名乘客，锅炉位于后部，配一名司炉员，蒸汽机气缸位于后轴的前方地板下，以驱动后轮前进。然而，这些车少则 3~4 t 重、多则 10 t 重，体积大，速度慢，常常压坏未经铺设的路面，引起各种事故。蒸汽机汽车（图 2-9）在出现之后，并没有受到追捧，因为它存在着很大的缺陷。一方面由于它又大又笨，启动慢，制动也慢，惯性大。要么是下坡时刹不住车，转向不灵敏，只能眼睁睁地看着车撞上障碍物。要么是制动太狠，轮轴断裂，从而引发事故。另一方面，由于锅炉炉压过高，难以控制，蒸汽机汽车经常会发生爆炸。19 世纪中期的英国，在蒸汽机汽车最兴盛的 20 年内，共发生锅炉爆炸惨案 1 万多起。同时，乘坐这种车还得看天气：下雨天，车上遮盖不严，道路泥泞不安全；严寒天，烧水难，易熄灭，行驶也慢；热天，坐在锅炉边没人愿意忍受；刮风天，要看风向，顺风时车尾的浓烟会把乘车人熏得喘不过气来。因为蒸汽机汽车存在的种种问题，当时很多人仍视蒸汽机汽车为"魔鬼"。和这个笨重而危险的"魔鬼"相比，当时的大多数人还是毫不犹豫地选择传统的马车。

1830 年，第一条城际火车线路在利物浦与曼彻斯特之间开通。然而，蒸汽机因为其巨大的体积，危险的高温蒸汽，巨大的能耗和噪声，并没有被应用到城市内部交通中，但铁路却被引入到城市交通来。1832 年，在纽约曼哈顿岛上的哈勒姆区，铺设了第一条城市交通用的铁轨运行公共马车。这条铁路本来是暂时的，计划未来会被蒸汽火车取代，但实际上，马车的运行非常好，被人们认为相比蒸汽机更适合城市内的交通环境。于是，这种形式就被保留下来，被称为轨道马车（图 2-10）。到美国内战前（1860 年），美国已经有 8 个城市（纽约、新奥尔良、波士顿、费城、匹兹堡、巴尔的摩、芝加哥、辛辛那提）拥有轨道马车。在当时，人们还是认为马车要优于蒸汽机汽车。随着蒸汽机汽车的不断改进，

▶汽车文化

它在货物运输上慢慢地取代了马车。

图2-10 轨道马车

19世纪中期,欧洲进行了一场精彩的马车与火车的对决(图2-11)。由于蒸汽火车的运载量远远超过货运马车,它的出现几乎抢走了马车商人的所有生意,激起了马车商人的极大不满。货运马车商人拉尔夫想要证明:"和马车相比。火车是一个只会冒出浓烟,搞得到处乌烟瘴气的笨家伙。"倔强的拉尔夫去找火车商人谈判,他坚持要驾驶马车跟火车比一场,看哪个跑得更快。火车商人被激怒了,同意公开举行比赛。比赛当天,竞赛铁路沿线挤满了闻讯而来的观众。拉尔夫赶着蓄足了劲的马车,和火车一起站在起跑线上。比赛开始了,在围观人群的欢呼声里,拉尔夫的马车就像离弦的箭,瞬间就冲出去数百米。而火车还在原地打鼾似的启动机器,但在强烈的轰鸣声和滚浪的浓烟过后,火车速度越来越快,和马车的距离渐渐拉近。拉尔夫不停地挥动马鞭,马车奔驰的速度已达到极限,而火车还在加速,很快就追上了马车。事实胜于雄辩,马车在与蒸汽火车相争中失败,一场从一开始就没有任何悬念的比赛结束了。1904年,在美国内华达州的两座富庶市镇士诺巴与高菲尔之间,最后的著名驿车停驶,马车的黄金时代宣告结束,一个科学极速更新的时代已然来临。

图2-11 马车与火车的对决

— 36 —

蒸汽机推动了机械工业甚至社会的发展，并为汽轮机和内燃机的发展奠定了基础。蒸汽汽车的发展也给人类社会带来了新的交通运输工具，但前进的步伐并未就此停止，人们在为汽车寻找功率体积比、功率质量比更高的轻便动力装置，这才有了之后的内燃机汽车。

三、蹒跚前行的早期汽车

汽车取代马车成为人类主要的交通工具，经过了一个漫长而又艰巨的斗争过程。一开始，乘坐马车的贵族们恨透了汽车。早期的汽车性能很不可靠，故障频繁，走走停停，每当汽车抛锚时，开车的人就成为被嘲笑的对象，早期汽车的外观也并不像现在的这样漂亮，开汽车的人浑身上下都是油泥。这同贵族马车装饰富丽堂皇、驭手制服整洁形成鲜明对比。

（一）卡尔·本茨发明第一台三轮汽车

卡尔·本茨（图2-12），1844年11月24日他出生于德国西部的卡尔斯鲁厄，在中学时期，他就对自然科学产生了浓厚兴趣。由于家境清贫，他还要靠修理手表来挣零用钱。他曾在机械厂当学徒，在制秤厂里成为"绘画者和设计者"，在桥梁建筑公司担任工长，并先后就读于卡尔斯鲁厄文理学院和卡尔斯鲁厄综合科技大学。其间，他较为系统地学习了机械构造、机械原理、发动机制造、机械制造、经济核算等课程，为日后的发展打下了良好基础。

1872年，本茨与奥格斯特·里特合作组建了"奔驰铁器铸造和机械工厂"，专门生产建筑材料，但由于当时建筑业不景气，工厂经营困难。工厂成立之后便面临倒闭的危险。万般无奈之际，他决定制造发动机以获取高额利润，摆脱困境。当时，他面临着破产的威胁，生活已经十分艰苦，但清贫的生活并没有改变本茨投身发动机研究的决心，他克服种种困难，办下了生产奥托四冲程煤气发动机的营业执照，没有工厂、没有资金，他的妻子就变卖了嫁妆和首饰。经过几年拼命地工作，本茨一改再改设计方案，组装发动机，得到了皇家摄影师比勒的资助。

图2-12　卡尔·本茨

经过多年努力，1885年，卡尔·本茨造出了一台单缸汽油发动机，并将它装在了一辆三轮车架上，发明了第一辆不用马拉的三轮车，这辆车也就是世界公认的第一辆现代汽车的雏形（图2-13）。

1886年1月29日，卡尔·本茨得到了世界上第一个"三轮汽车专利权"（图2-14），而这一天也被认为是"世界汽车诞生日"。这辆汽车最大的组成构件是铸铁制的飞轮（水平向外凸出）。每次试车时，都必须先转动飞轮来启动发动机，然后快速跳进驾驶座，提起唯一的排挡，发动汽车。现在，这辆独特的"古董车"仍被珍藏在慕尼黑的德意志博物馆里。

▶汽车文化

图 2-13 卡尔·本茨与他的第一辆现代汽车

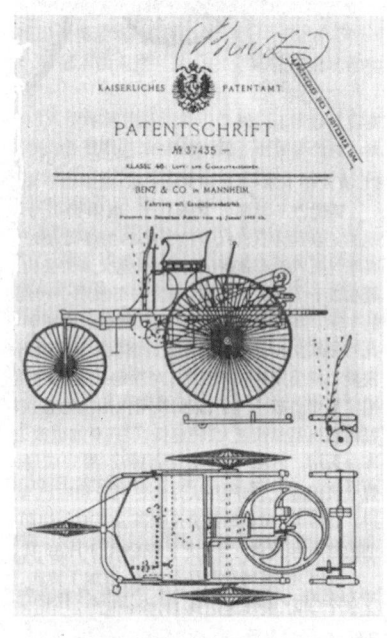

图 2-14 第一个"三轮汽车专利权"证书

这辆汽车采用了单缸汽油发动机，最高速度达 16 km/h。但由于其他配套技术尚不够成熟，其性能还未完善，发动机工作时噪声很大，传递动力的链条质量也不过关（常常发生断裂），因而本茨的汽车总是抛锚，在汽车经过的道路上，人们经常看见的是人推车而不是人坐车。

在那个马车的时代，汽车被冷嘲热讽为"散发着臭气的怪物"，当时曼海姆的报纸把卡尔·本茨的车贬为无用的可笑之物。怕出洋相的本茨甚至不敢在公共场合驾驶它。他的夫人贝瑞塔·本茨为了回击这些讥讽，于1888 年 8 月做出了一个勇敢的决定，她带上两个儿子驾驶着本茨的汽车，从曼海姆出发，途经维斯洛赫添油加水，直驶至普福尔茨海姆探望孩子的祖母，全程 144 km，这次历史性的试验为汽车的发展做出了贡献。因此，贝瑞塔·本茨是世界上第一位女性汽车驾驶者，而维斯洛赫成为历史上第一个汽车加油站。

卡尔·本茨被称为"汽车之父"，但同一时期发明汽车的人并不止他一个，在这个汽车发明风起云涌的时代，不同国家和地区都有发明家对汽车进行研究，如德国的戈特利布·戴姆勒、法国的爱德法特·戴勒玛·戴玻梯维尔等。

(二) 戈特利布·戴姆勒发明第一辆四轮汽车

戈特利布·戴姆勒是世界上第一辆四轮汽车的创始者（图 2-15）。1882 年，戴姆勒辞去在奥托公司的职务，与朋友们共同创建汽车制造厂。1883 年，他成功发明了世界上第一台高压缩比的内燃发动机，成为现代汽车发动机的鼻祖。1885 年，戴姆勒把它的单缸发动机装到自行车上，制成了世界上第一辆摩托车。接着，在迈巴赫的协助下，他在一辆四轮马车上装上自己的发动机。

图 2-15　戈特利布·戴姆勒与他发明的第一辆四轮汽车

卡尔·本茨和戈特利布·戴姆勒分别发明了第一辆三轮汽车与第一辆四轮汽车，他们的发明标志着现代汽车的诞生。在汽车诞生之初，人们并不接受汽车。在英国，农民说汽车吓坏了他们的牲畜；医生说汽车毒害了空气；马车主说汽车抢了他们的生意；乡村妇女向玛丽女王递交请愿书说："我们的孩子老遇到危险，我们的东西被污染，晚上睡眠受到噪声的困扰"。

1865 年，英国甚至颁布了世界上最早的机动车法规，即所谓的"红旗法规"，来限制汽车在道路上自由行驶，法规规定汽车最高车速不得超过 6.4 km/h，一辆车必须有 3 名驾驶员，行车时必须有专人挥动红旗，以警示路上的行人和马车。这条法规的实施，使得英国在制造汽车的起步上大大落后于其他工业国家。

四、汽车雏形

1. 车轮的出现

在原始社会，人类主要依靠打猎和采集为生。当他们捕捉到大型猎物时，要把猎物搬回到住处就很困难。因此，人们不断地想各种方法来解决这个问题，直到后来出现了车轮（图 2-16）。车轮发明的目的是将东西从一个地方运到另一个地方，同时，运送的速度也有了很大的提高，这是一个了不起的创造。

2. 马车的出现

随着车轮的发明，逐渐出现了用马来拉动的、带有轮子的车，这就是马车（图 2-17）。最先出现的马车是两轮车。直到公元前 1 世纪，罗马的制车匠发现了塞尔特人的四轮车并对其加以改革，使四轮马车用旋转式前轴转动方向，用整片的轮辋与轮

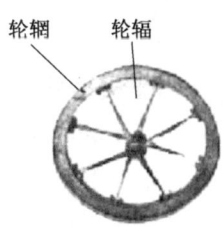

图 2-16　早期的车轮

▶汽车文化

毂增加强度,同时用镶有金属边的轮毂减少摩擦,使得马车的性能大为提高。到公元200年时,坚固的罗马四轮运输车在大道上隆隆驶过,马拉车每天可行驶160 km,中途需停车更换马匹继续前进。

图2-17 马车

3. 马车的发展

最初的四轮马车只不过是带有窗户的箱子(图2-18),以皮带悬吊在无簧板的车架上,相对而坐的旅客需要忍受不断地摇晃与跳跃。在以后的几个世纪,经过改进,这种车辆变得更为坚固、轻巧、美观,乘坐更加舒适。到了17世纪,四轮马车承担了几乎所有的长途客运任务,而精致的私有马车已成为王族身份的象征。其中,最豪华的英国皇室马车是在1763年为英国国王乔治三世建造的,该马车被称为"历来最壮丽之马车"。

图2-18 四轮马车

任务二 汽车发展历程

【任务目标】

1. 了解蒸汽机汽车的发明历史。
2. 了解内燃机汽车的发明历史。
3. 了解现代汽车的发明历史。

【任务描述】

装备轻便动力、自行推进的轮式道路车辆——汽车,在发明之初并非如此,汽车的发展也有一个漫长的过程。它经过了100多年的不断改进、创新,凝聚了人类的智慧和匠心,并得益于石油、钢铁、铝、化工、塑料、机械设备、电力、道路网、电子技术与金融等多种行业的支撑,成为今日这样具有多种形式、不同规格,广泛用于社会经济生活多个领域的交通运输工具。本任务以蒸汽机汽车、内燃机汽车、现代汽车三个话题来阐述这段漫长的发明历史。

【任务知识】

一、蒸汽机汽车的发明历史

尽管四轮马车得到不断改进,但是马车的速度仍不能令人满意。因此,人们希望能发明一种比马更有耐力、更强大的动力机器。

1765年,英国发明家瓦特制造出了第一台蒸汽机后,各行各业开始把这一技术成果引用到自己的领域,为蒸汽机汽车的问世创造了有利条件。

1769年,法国陆军炮兵军官居纽经过6年的精心研究,将一台雏形蒸汽机装在一辆木制的三轮车上,用来拖运大炮。英国皇家汽车俱乐部和法国汽车俱乐部都认定这辆用蒸汽机驱动的汽车是世界上第一辆汽车。当时,居纽发明的蒸汽机汽车车长为7.32 m,车高为2.2 m,前轮直径为1.28 m,后轮直径为1.5 m,可以牵引4~5 t重物,前进时靠前轮控制方向,但每前进12~15 min就需要停车,给锅炉添水加煤,待锅炉里重新喷出蒸汽后才能继续行走,运行速度为3.5~3.9 km/h。由于操作不便,1771年,在一次试车时撞到了圣奴兵工厂的墙上,成为世界第一起机动车事故。

随着蒸汽机的不断完善,蒸汽机汽车得到快速发展。1790年,法国巴黎出现了蒸汽机公共汽车。1804年,英国工程师理查德·特雷威蒂克制造出第一辆载客8人的高压蒸汽机汽车,这也是英国最早的蒸汽机汽车,该款汽车时速为9.6 km/h,是世界上第一辆乘用车。

1805年,美国人艾文思首次制造了装有蒸汽机的水陆两用汽车,成为现代水陆两用汽车的鼻祖。

1925年,英国公爵嘉内制造出第一辆蒸汽机公共汽车,时速为19 km/h,有18个座位,这成为世界上第一辆营业性质的公共汽车。

1934年,英国成立了当时世界上第一家汽车公司——英格兰蒸汽机汽车公司,从而使汽车运输走向社会化和企业化。

蒸汽机汽车为英国的陆路运输做出了贡献,冲击了当时的主要运输力量——马车行业,因此,社会上掀起了反对蒸汽机汽车的思潮。1865年,英国政府颁布了"红旗法",限制蒸汽机汽车的时速,同时对蒸汽机汽车征收高额的养路费。这是世界上第一部专门针对汽车的法律。

由于蒸汽机汽车的生产产量小,未能形成汽车工业。同时,因受到当时技术的限制和

▶汽 车 文 化

蒸汽机自身的缺点——噪声大、排出的废气严重污染空气,再加之其体积庞大,使用不方便以及人们的保守思想,蒸汽机汽车逐渐退出了历史舞台。

二、内燃机汽车的发明历史

现代汽车是伴随着内燃机的发明而出现的。第一台实用内燃机是1860年法国发明家勒诺巴赫于1860年制造的(图2-19)。这是一台以煤气作燃料的单缸发动机,其缺点就是功率小,消耗的煤气太多。

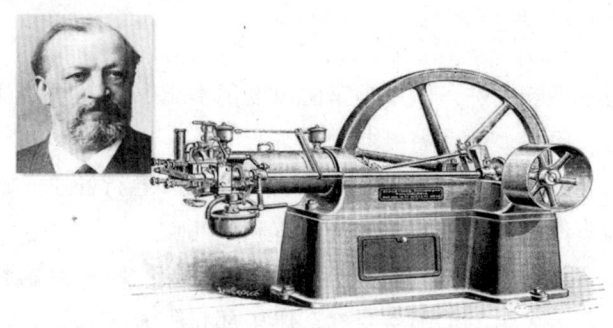

图2-19 勒诺巴赫和他制成的煤气内燃机

1861年,法国工程师罗夏在对以往内燃机热力过程进行理论分析之后,提出了提高内燃机效率的关键措施,即预先压缩可燃气,并提出了四冲程循环理论:进气、压缩、膨胀、排气。

1866年,德国工程师奥托利用罗夏的内燃机原理,成功地制造出第一台以煤气作为燃料的立式四冲程煤气内燃机(图2-20)。1876年,奥托又试制出一台卧式四冲程煤气内燃机,成为内燃机的正式发明者。他发明的煤气内燃机结构小巧、转速快、运转平稳、热效率高,得到了广泛应用。四冲程煤气内燃机因其被称作奥托内燃机而闻名于世。

图2-20 奥托研制的四冲程煤气内燃机

三、现代汽车的发明历史

1. 本茨的第一辆汽车

1885 年，德国人卡尔·本茨制造了一辆利用内燃机作动力的三轮车，可是在试车时由于过于高兴忘记转动方向杆而使三轮车撞在围墙上，直到 1886 年本茨才公开试车。1886 年 1 月 29 日，本茨向德国曼海姆帝国专利局提出了发明专利的申请。于是，这一天被公认为汽车诞生日，本茨也被誉为"世界汽车之父"。1886 年 11 月 2 日，本茨的专利被正式批准发布，专利证书号为（NO.37435），专利名称是"气态发动机汽车"。

本茨的第一辆三轮汽车自重为 254 kg，装有 3 个实心橡胶轮胎的车轮（后面有两个大轮，前边有一个小轮），由车架钢管制成，发动机是单缸汽油机，最高时速为 18 km/h。虽然这台车的外形和当时的马车差不多，车速和装载质量也不比马车优越，但它的贡献在于技术与观念的变化，即自动化的实现和内燃机的采用。

2. 戴姆勒的第一辆车

在卡尔·本茨获得现代汽车发明专利的同时，德国的另外一位伟大的现代汽车创始人——戴姆勒发明了一辆四轮汽车。因此，戴姆勒和本茨一道被公认为是"现代汽车之父"，他们带领人类跨越马车时代，"驶入"现代汽车的新纪元。

1886 年，戴姆勒在妻子生日时，订购了一辆四轮马车，他和迈巴赫一起在马车前轮上安装了转向装置，在后轮上安装了驱动装置，把立式发动机安装在车身中部，该车最高时速为 14.4 km/h，世界上第一辆装有汽油机的四轮汽车就此诞生，后来这辆车被尊称为"戴姆勒一号车"。

戴姆勒的汽油汽车出现以后，法国人雷内·帕哈德和埃米尔·卢瓦瑟对其进行了改进，采用发动机前置后轮驱动，装有离合器、变速器、链条驱动差速器、半轴及车轮，该车型成为现代汽车雏形。1891 年，它被法国科学院确认为第一辆现代汽车。1895 年，法国科学院正式为这种汽车定名"automobile"，其中，"auto"为希腊文"自己"，"mobile"为拉丁文"运动"。

3. 柴油机汽车

柴油机是 1892 年由德国人鲁道夫·狄塞尔研制出来的。经过 30 年的完善，1921 年，戴姆勒汽车公司制造出柴油机汽车。1925 年，该公司正式生产出柴油机载货汽车（图 2-21）。

4. 大客车的出现

英国人戈沃齐·冈尼于 1830 年设计出装有蒸汽机的大客车（图 2-22），1895 年在德国出现了用单缸内燃机驱动的、可以乘坐 8 人的小型公共汽车。直到 1922 年，美国加州 Fageol Safety 客车公司专门设计了大客车底盘。

图 2-21 柴油机载货汽车

▶汽车文化

图 2-22 大客车

任务三 汽车工业发展历程

【任务目标】

1. 了解世界汽车工业发展历程。
2. 了解我国汽车工业的现状。

【任务描述】

从汽车工业的发展史可以看出：汽车诞生于德国，成长于法国，成熟于美国，兴旺于欧洲，挑战于日本。我国的汽车工业，经过了半个多世纪的发展，经历了从技术引进转向自主开发，又从自主开发转向利用合资模式的技术引进，促进我国汽车工业快速发展。如今，我国的汽车工业在世界汽车市场占有一席之地。

【任务知识】

一、世界汽车工业发展历程

百余年的汽车发展史经历过4次重大的变革，其中的每一次变革都是汽车生产技术及制造方式的大转变，推动了汽车工业的大发展，引起了世界汽车工业格局的重大变化。

1. 第一次重大变革——流水线大批量生产

汽车诞生于欧洲，但当时汽车的用途主要是以娱乐、享受为主，所以研制出的汽车都是轿车，而且是豪华轿车，以致售价高昂，一般人难以承受。加之，受当时技术条件的限制，不论是在欧洲还是美洲，都无法形成汽车工业。

汽车工业的形成，首先应提到美国人亨利·福特。1903年，亨利·福特成立了福特公司。福特提出了一个全新的理念：汽车要成为人们的必需品；汽车要能在当时无路面的乡村道路上行驶，可靠耐用，操作简单，不讲究豪华及舒适；售价低廉，使用费用少。他吸收了美国人兰塞姆·奥茨对于小型轿车和李兰德采用标准互换件的思想，以及钟表制造业

— 44 —

采用的总装法等经验,经过几年的苦心经营,终于在位于密歇根州底特律市的皮科特厂于1908年9月27日制造出第一辆成品福特T型车(图2-23)。福特T型车的面世使1908年成为工业史上具有重要意义的一年,美国自此成为"车轮上的国度"。1913年,福特完成了世界上第一条生产流水线配线的建设(图2-24),使福特T型车投入量产,极大地提高了生产效率,汽车的装配时间也由原来的750 min缩短到93 min,产量也大幅提高。1908—1927年共生产福特T型车1500多万辆,并且售价一降再降,从开始的每辆850美元降到每辆295美元。在福特公司的带动下,美国的其他汽车公司借鉴并应用了生产流水线,使各自的公司都得到了较快发展,而且推出了不同价位的汽车以满足不同的消费层次,扩大了市场占有率,使汽车成为大众能普遍接受的交通工具。

图2-23 福特T型车

图2-24 世界上第一条生产流水线

这一发展阶段的主要特征是:出现了"汽车成为人们生活必需品"的观点;出现了汽车人规模生产技术;出现了标准化及流水线生产;出现了汽车大规模生产的两种组织模式(一种是以福特公司为模式的全能厂——汽车的全部零部件都是由公司生产,另一种是以通用公司为模式的专业化生产——由一些汽车制造企业联合起来,分工协作,根据合作企业的条件实行专业化生产)并建立了集中管理的大型销售体系。这两种模式自通用公司成立开始,竞争就非常激烈。1927年,通用公司的汽车产量第一次超过福特公司,成为世界上年产量第一的汽车制造企业。

2. 第二次重大变革——多样化品种

欧洲人针对美国车型单一、体积庞大、油耗高等缺点,利用自身的优势,在汽车品种、性能、配备上尽量适应欧洲各国的自然条件、社会环境、生活习惯等不同需要,实现了汽车产品多样化,以新颖的汽车产品与美国汽车厂家争夺市场。汽车在整体结构和整车布置方面的新样式,如发动机前置前驱、后置后驱、承载式车身、微型轿车等都是首先出现在欧洲,这些技术的出现为西欧各国的汽车发展奠定了基础。同时,欧洲出现了一大批驰名世界的汽车制造厂和品牌,如严谨规范的奔驰、宝马,轻盈典雅的法拉利、雪铁龙,雍容华贵的劳斯莱斯、捷豹,神奇的甲壳虫等相继登台亮相。

▶ 汽 车 文 化

在欧洲人进行多样化设计的同时,美国人则尽量实现标准化生产,以求生产数量的增加,获取更大的经济利益。第二次世界大战缓和了美国与欧洲汽车工业的竞争,在那之后,欧洲各国的经济复苏,汽车工业以其技术优势以及得到政府的扶持,很快强大起来。德国大众汽车公司在1937年提出生产的甲壳虫微型轿车,受到战争影响,直到1949年才开始生产,但很快畅销世界各地,到1973年成为全世界销量最大的汽车型号。同时,中东地区开采出大量廉价的石油,为汽车的普及化创造了条件,促进了欧洲汽车工业的快速发展。到20世纪60年代初,欧洲各国取消关税之后,多样化的汽车设计成为最大优势,规模效益得以实现。1940年,美国汽车的年产量占全球的91.3%;到1961年,美国汽车的年产量下降到43.67%,欧洲汽车的年产量上升到40%;到1966年,欧洲各国的汽车年产量达到了1100多万辆,而美国只有827万辆;到1973年,欧洲汽车年产量已提高到1500万辆,汽车工业的重心也由美国转移到了欧洲。

这一阶段的主要特征是:汽车工业既保持着大规模生产特点,又出现了向多品种、高技术发展的趋势,使汽车工业的重心由美国转移到了欧洲。西欧的大众、雷诺、戴姆勒—奔驰等大型汽车制造企业纷纷到美国投资设厂,改变了福特、通用到欧洲设厂的格局。这一阶段,汽车保有量大增,交通事故、排放污染引起了人们的重视,保障安全的要求与排放法规的颁布迫使汽车在性能结构等方面得到了大幅度的改善与提高。

3. 第三次重大变革——精益生产方式

20世纪70年代开始,日本推出了物美价廉的汽车,世界上也出现了普及汽车的高潮。日本以丰田为代表的几家汽车公司,将"全面质量管理"和"及时生产系统"两种新型管理机制应用到汽车生产中,前者要求工人承担更多的责任,将产品质量放在首要位置;后者规定了在生产过程中所需的图样、材料、生产工具等的要求,两者紧密衔接,相辅相成,从而推动了日本汽车工业的快速发展,也带来了汽车工业的第三次重大变革。

第三次重大变革从完善生产管理系统着手,迎来了日本汽车工业的发展,同时创造了世界汽车工业发展的奇迹。日本成为继美国、欧洲之后的世界上第三个汽车工业发展中心,汽车工业的发展重心也由欧洲转移到了日本。

这一阶段的主要特征是:汽车工业不只是大规模、多品种、高技术,还出现了更为科学、合理的生产组织管理制度,使汽车制造业向大规模、高质量、低成本的方向发展。同时,为满足用户多样化的要求,汽车的品种越来越多,各国汽车工业的生产线出现了柔性生产制造体系,以便生产不同车型,节约成本。而各国的汽车制造企业利用各自的优势进行跨国联营,以增加竞争力。汽车设计、制造部门为了满足安全、净化、节油等方面的要求,使汽车的结构达到最佳化的要求,采用了更为先进的技术,特别是电子技术在汽车上的应用越来越广泛,如电子防抱死装置、雷达防撞系统、电子燃油喷射系统、电子点火、自动变速器等技术。

4. 第四次重大变革——生产制造中心的转移

这一阶段,各汽车工业集团以其技术和资本优势,在产品、生产成本、信息技术、电子商务、销售及各类售后服务和资本运作等领域展开了全方位的激烈竞争。一方面向发展中国家输出剩余资本、技术；另一方面相互兼并、重组，吸纳全球资源，扩大全球市场份额，谋求利益最大化，进一步推进了汽车全球化。1998年，德国戴姆勒—奔驰公司和美国克莱斯勒汽车公司合组成立戴姆勒—克莱斯勒集团；1999年，美国福特汽车公司收购瑞典沃尔沃公司轿车事业部；法国雷诺集团向日本日产汽车公司出资36.8%，向日产柴油机工业公司出资22.5%。至此，全球形成"6+3"汽车集团格局，即通用、福特、戴姆勒—克莱斯勒、丰田、大众和雷诺6个集团化程度高的大集团，以及本田、宝马和标致—雪铁龙3个集团化程度低的小公司。金融危机加速了全球汽车版图调整的速度，最主要体现在北美三巨头的变化上：其中，克莱斯勒分离两年后无法独立生存，重新被菲亚特整合；而通用汽车和福特汽车不断分拆出售自己的下属子品牌或资产以自保。一系列变化导致全球汽车产业出现新的"6+3+X"的格局。新的六大集团包括日本丰田集团、德国大众集团、新通用、福特、日欧联合车企雷诺—日产联盟及新的菲亚特—克莱斯勒联盟。新的三小集团包括现代—起亚、本田和标志—雪铁龙。另外，戴姆勒、宝马和包括铃木在内的多家日本车企、不断成长的中国和印度新兴市场的汽车公司也是全球汽车版图中不可忽视的力量。

这一阶段的主要特征是：在经济全球化浪潮的冲击下，许多国家出于利润最大化的动机，开始在全球范围内寻找最优区域，跨国公司的建立成为不可阻挡的历史潮流。廉价的劳动力和广阔的消费市场使得中国成为许多商家的最优选择。由于经济全球化，国外名牌产品不断涌入中国，处在激烈竞争之中的中国企业为了长远的生存和发展，开始进行国内联合。国内联合只是国内企业寻求生存与发展的方式之一，技术的革新也使得国内企业快速提高生命力和竞争力。在国家相关部门的大力指导下，汽车产业的技术创新取得了重大的进展。国内企业开始打造世界知名品牌，一系列知名的民族品牌如雨后春笋般出现。2013年4月25日，时任法国总统奥朗德首次来华访问，他的座驾就是中国的全新红旗牌轿车，这是中国一汽集团全新打造的红旗L5的"首场秀"（图2-25）。

图2-25 红旗L5的"首场秀"

二、世界汽车工业的现状及我国汽车工业的发展

(一) 世界汽车工业现状及发展趋势

汽车自诞生以来,经历了百年的发展,其间汽车工业和汽车技术得到了迅速的发展。现在,在知识经济的推动下,伴随着全球经济一体化,汽车工业朝着产业集中化、技术高新化、经营全球化、生产精益化的方向发展。

1. 世界汽车工业的发展特点

1) 平台战略、零部件全球采购、模块化供货的方式已成趋势

国际汽车工业广泛采用平台战略、零部件全球采购、系统开发、模块化供货等方式,使新产品的开发费用和工作量部分地转嫁给零部件的供应商,实现全球范围内合理配备资源,提高产品通用化程度,控制产品质量,降低成本。

2) 跨国企业为实现新兴市场不断调整战略布局,全球化成为必然

汽车是国际性产业,各汽车厂通过资产重组、联合、兼并成立跨国公司,即全球化。全球化包括汽车开发的全球化、销售战略的全球化和销售服务的全球化。

进入 20 世纪 90 年代以来,由于世界汽车工业产业严重过剩,汽车环保、安全、排放、节能法规日趋严格,产品开发成本、销售成本大幅度提高,促使汽车工业全球性结构调整步伐明显加快,汽车跨国联盟已成为世界汽车工业发展的潮流。

3) 世界汽车技术进步的步伐越来越快,汽车工业正处于科技创新时代

汽车市场的竞争实质是现代科技的竞争,是技术创新的竞争。围绕安全、环保、节能等重点领域,采用新能源、新材料、新工艺开发研制新车型,以占领技术制高点。电子技术的广泛应用使汽车中的电子产品数量大幅度增加。电动汽车、混合动力汽车技术也取得了突破性的进展,并且正在走向实用阶段。互联网技术的应用也将更加广泛,企业将自己的雄厚实力、丰富的人力以及财力资源与互联网相结合,同客户、经销商、供应商等建立起一种新的业务模式。技术高新化将使新一代的汽车轻便化、安全化、环保化、智能化,令其成为高新技术的集成体。

汽车工业正在掀起一场数字化革命,以适应未来汽车智能化与未来数字化时代的发展需要。车载多媒体系统、汽车智能安全系统、舒适性管理系统、汽车语音识别系统等都在汽车上得到了应用。数字技术也将改变汽车的设计开发和生产制造方式。

2. 相应的零部件工业

世界汽车零部件企业大致可分为两种经营类型:一是大批量生产者,产量高,产品附加值较低,以低价争取客户,从而获得市场占有率;二是创新和集成潜力大的企业,他们专注于某一业务领域,擅长生产某些部件或系统,产品附加值高,创新能力较强。

由于整车制造厂独自完成的工作越来越少,零部件制造业在汽车工业中的作用也会变得更加重要。零部件制造厂不仅生产汽车零部件、系统、模块等,而且承担了更多的研发工作。

（二）我国汽车工业的发展

我国以前没有自己的汽车工业，最早出现的汽车是在 1901 年，一位中文名叫李恩时的匈牙利商人将两辆美国生产的奥兹莫比尔汽车运到上海，专供上海租界内的外国人使用。中国人真正拥有的第一辆汽车（图 2-26）是 1902 年袁世凯为取悦慈禧太后，花巨款进口的一辆美国汽车，可是慈禧太后将它打入了"冷宫"。

图 2-26　杜里埃轿车

1930 年，中国汽车的保有量为 38484 辆，却没有一辆是国人自己生产的。不少有志之士想自己制造汽车，中国最早提出建立自己的汽车工业的是孙中山，但由于受当时条件和环境的限制，一直没能实现。

【知识拓展】

一、太后的汽车礼物

1902 年，慈禧太后收到来自美国的高级奢侈生日礼物——杜里埃轿车，从那一天起，汽车闯入中国人的视野。这辆生产于 1898 年并经过精心改装的汽车，标签上写的是"来自工业国家的生日礼物"。

这辆汽车是我国第一辆进口的敞开式古典汽车，黑色木质车厢、黄色木质车轮与辐条、铜质车灯、实心轮胎、两轴四轮，在当时无处不显现高贵典雅。车厢内设有两排座位，前排座位是司机席，后排座位是乘客席，前排只能乘坐一人，后排可以乘坐两人。在车厢的上方撑有一顶由四根立柱支起的车篷，车篷的四周缀有黄色的丝穗。发动机巧妙地装置在乘客席座位下面。经专家考证，这是一台横置式气缸、10 马力的汽油发动机。发动机旁的齿轮变速箱将动力传递给后轴，最高时速为 19 km/h。前悬挂是一个横置钢板弹簧，后悬挂是两个普通钢板弹簧。

慈禧太后尝试乘坐汽车一段时间后，对其失去兴趣，也就不重视汽车，当时的清政府并不认为汽车能够给中国带来什么，从而让中国汽车的诞生晚了 30 多年。

二、少帅造车

20 世纪初，我国仍以小农经济为主，而西方各国已经相继完成工业革命。美、德、

▶汽车文化

法、英等国家政府对汽车非常重视并以政策、补贴等形式进行大力支持,使得汽车产业在很短的时间里变成了其支柱产业。

20世纪20年代,中国汽车保有量不到1万台,全部为纯进口。有很多有识之士也有造车的梦想,但苦于资金短缺、技术空白、社会动荡等原因,都是想想而已。张学良,人称"少帅",酷爱玩车,还有造车的梦想,他想造中国人自己的汽车。少帅和迫击炮厂长李宜春一拍即合,决定造汽车。1931年5月31日,中国第一辆自主生产汽车——民生牌75型6缸水冷载货汽车(图2-27)问世,在当时研发和制造水平极度低下的条件下,民生牌汽车国产化率高达70%,实现了中国人造车的梦想,此时的丰田还没有从纺织机转型到汽车。

图2-27 民生牌75型6缸水冷载货汽车

图2-28 汤仲明的木炭车

民生牌汽车的诞生给农耕传统的中国带来一丝工业化的曙光,但是九·一八事变之后,正在生产民生牌汽车的迫击炮厂全部落入日军之手,日本人为此成立日本同和自动车工业株式会社,最初生产丰田31C型卡车,到1940年形成轿车3600辆和卡车480辆的产能。

刚刚起步的民族汽车工业被扼杀在襁褓中。张学良是现代中国造车的鼻祖,但是他没有带动形成真正的民族制车工业,只能称为"小试牛刀"。

三、救国木炭车

20世纪30年代,从国外进口的汽车增多,汽车在军事、经济、交通方面的作用日益突出。但是当时中国石油资源尚未开发,汽油几乎全部进口。忧国忧民之士认为,长此以往,国家财力难以承担,一旦发生战争,供应中断,交通运输必处于瘫痪境地。

汤仲明曾在法国留学,并先后在法国南台火车制造厂、巴不来格飞机制造厂、巴黎来诺汽车制造厂实习,其间积累了相当丰富的实践经验,毕业后获机械工艺工程师职称。1926年,汤仲明怀着一颗赤子之心和以实业振兴祖国的雄心,毅然放弃法国的优厚工作和经济待遇,回归祖国,目睹中国因技术落后、交通落后,靠用大量的白银换汽油来维持交通局面的惨状,非常痛心。为了改变中国交通落后的被动局面,他决定生产一种不用汽油的汽车。

1928年，汤仲明凭着他的专业技术和有限的财力，在河南省城开封，一间破旧草房中，购买了废旧汽车、汽缸水箱，开始了木炭取代汽油炉的研究。他利用业余时间，废寝忘食、百折不挠地钻研。1931年，汤仲明的研究终于有了成果，他的木炭取代油炉技术终于成功，他亲自驾上了使用木炭替代油炉作为动力来源的车——"木炭车"（图2-28）。汤仲明的"木炭车"，每加一次木炭可行驶4 h，时速达到40 km/h，每公里消耗木炭0.5 kg，价值仅为汽油的1/10。抗日战争打响后，汤仲明果断地将这项发明的技术图纸，毫无保留地公布于众，"木炭车"风行全国。

新中国成立以后，经过半个多世纪的努力，从一个"只有卡车没有轿车""只有公车没有私车""只有计划没有市场"的局面，逐渐发展成了现代的汽车工业体系。回顾70年的发展历程，我国汽车工业，经历了初创、成长、全面发展和高速增长4个阶段。

1. 我国汽车工业的初创阶段（1949—1965年）

中国汽车工业诞生于1953年，即大规模工业建设的第一个五年计划时期。1953年7月15日，中国第一汽车制造厂（以下简称"一汽"）在长春动工兴建，从此拉开了新中国汽车工业筹建工作的帷幕。1956年7月13日，第一辆解放CA10型4t载货汽车下线；7月15日，第一批解放牌汽车下线（图2-29），结束了中国无法生产汽车的历史，为中国汽车工业树立了不朽的丰碑，圆了中国人自己生产汽车的梦想。

图2-29 第一批解放牌汽车

1958年5月5日，一汽生产出我国第一辆东风CA71型轿车，从而揭开了我国民族轿车工业的历史篇章。

之后，第一机械工业部决定集中精力研制高级轿车，并定名为红旗牌。为制造高级轿车，第一机械工业部先调来了一辆1955年产的美国克莱斯勒C69型轿车作为参考，接着，周恩来总理将法国雷诺汽车公司送给他的轿车、朱德委员长将他的斯柯达轿车、副总理兼外交部部长陈毅将他的奔驰600型轿车，都献给了一汽作样车。

1958年8月3日，一辆装有一汽自制V8发动机的红旗牌CA72型高级轿车问世（图2-30）。红旗牌高级轿车是国产高级轿车的先驱，是国内外驰名的品牌。从此，东风轿车和红旗轿车担当了新中国早期国产轿车的主力先锋。

▶ 汽 车 文 化

图 2-30　红旗牌 CA72 型高级轿车

有了建设一汽的经验，我国又相继建立了几个汽车生产基地，分别是南京汽车制造厂、上海汽车制造厂、济南汽车制造厂和北京汽车制造厂。

1958 年 3 月 10 日，南京汽车制造厂生产出第一辆跃进牌 NJ130 型 2.5t 轻型载货汽车，同年 6 月试制出第一辆 NJ2330 型 1.5 t 越野汽车，该厂成为第二家直属中央的汽车企业。

1958 年 9 月，上海汽车制造厂成功试制出第一辆凤凰牌轿车（图 2-31）。1964 年 12 月，开始生产上海牌 SH760 型轿车（图 2-32）。20 世纪 80 年代初，上海汽车制造厂成为中国唯一一家普通轿车制造厂。

图 2-31　第一辆凤凰牌轿车

图 2-32　上海牌 SH760 型轿车

1960年,济南汽车制造厂成功试制出黄河牌JN150型8 t重型载货汽车。

1961年,北京汽车制造厂作为生产轻型越野汽车的基地,成功试制出第一辆北京BJ210型轻型越野车。1966年5月,国务院军用产品定型委员会批准了北京汽车制造厂的北京BJ212越野车的设计定型,并投产(图2-33)。

图2-33　北京BJ212轻型越野车

截至1965年,五个汽车生产基地累计生产汽车17万辆。

2. 我国汽车工业的成长阶段(1966—1980年)

20世纪60年后期,中央提出了调动地方积极性,建设地方工业体系的方针。1966年确定了第二汽车制造厂的厂址(湖北省郧县十堰镇),采取了"包建"(专业对口的老厂包建新厂、小厂包建大厂)和"聚宝"(国内的先进成果移植到二汽)的方式,主要生产中型载货汽车和越野车。

1975年7月1日,第二汽车制造厂基本建成,东风EQ240型2.5 t越野车投产。1978年7月,第二汽车制造厂的东风EQ140型5 t载货汽车试制成功并投产。1966年3月11日,四川汽车制造厂举行开工典礼。同年6月,四川汽车制造厂的红岩牌CQ260型越野汽车在綦江齿轮厂试制成功,而后其型号改为CQ261型。1974年12月27日,陕西汽车制造厂的延安牌SX250型越野车鉴定定型,于1978年正式投产。

截至1980年,我国有汽车制造厂56家,汽车行业企业2379家,从业人员90.9万人,汽车工业总产值88.4亿元,年产汽车22万辆,其中轿车5418辆,轻型越野车2.04万辆,其他越野车7600辆,载货汽车13.6万辆,有4.8万辆汽车底盘供改造客车或专用车所用。

3. 我国汽车工业的全面发展阶段(1981—1998年)

十一届三中全会之后,我国确立了改革开放的国策,我国的汽车工业也随之开启了新的篇章。在这一阶段,国家决定将汽车工业发展成为支柱产业;在产量不断提高的同时,加快进行产品结构调整;引进国外先进的技术和资本;轿车工业迅猛发展,由此拉开了汽车进入家庭的序幕;生产集中度明显提高,汽车年产量迅速增加。1984年1月,中国汽车的第一个中外合资企业——北京吉普诞生了,中国的汽车工业很快进入了第一轮合资高潮。1985年3月,中德合资轿车生产企业——上海大众汽车有限公司成立(图2-34)。同年,南京汽车引入了依维柯汽车,广州和法国标致公司的合资项目也成立了。

图2-34　上海大众汽车有限公司

1987—1988年,生产时间最长的3种载货汽车老产品开始转产新解放、新跃进、新黄河。1989年6月23日,第一辆中国的斯太尔重型载货汽车在济南汽车制造厂诞生。

1994年,我国轿车年产量已超过25万辆,单一生产轿车的企业——上海大众逐渐超越了一汽、二汽,成为中国轿车企业的领头羊。

4. 我国汽车工业的高速增长阶段(1999年至今)

1991年2月8日,一汽大众有限公司在长春成立,标志着中国最大的汽车合资企业诞生。

1994年是中国汽车工业发展史上值得纪念的一年,国务院发布了《汽车工业产业政策》,明确指出:到2010年我国汽车工业将成为国民经济的支柱产业,同时将"鼓励轿车进入家庭",使汽车工业的发展有了更为明确的方针和目标。

各汽车生产企业顺应时代的变化,积极进行产品结构的调整。2000年,我国汽车年产量突破200万辆。汽车产品从只能生产货车单一品种,发展到可以生产货车、客车、轿车、越野车、自卸车、牵引车六大类150多个基本车型,以及厢式、罐式、矿用自卸车、特种作业专用汽车等1000多种汽车,并开始出口汽车,国产品牌汽车市场占有率达到90%以上。

经过十几年的发展演变,初步形成了"3+X"的格局,"3"指一汽、东风、上汽3家骨干企业,"X"指广汽、北汽、长安、南汽、哈飞、奇瑞、吉利、昌河、华晨等企业。中国汽车工业已经从原来那个各自独立的散、乱、差局面变为现在的以大集团为主的规模化、集约化的产业新格局。中国汽车工业已成为世界汽车工业的重要组成部分。

2001年12月11日,我国正式加入世贸组织,汽车工业进入了快速发展的高速路。从2002年1月1日起,国家7次下调汽车进口关税,整车关税从2001年的80%,最终降到2006年7月1日的25%。2000—2002年完成了汽车产量从200万辆到300万辆的跨越,汽车年产量仅次于美国、日本、德国和法国,位居世界第五位。到2014年,我国实现汽车产销 2372.29 万辆和 2349.19 万辆，我国汽车产销总量连续 6 年居全球第一位，成为世界第一汽车生产大国，从而确立了在世界汽车业的地位。

进入 21 世纪，越来越多的国际汽车品牌在中国生产和销售，这给我国的汽车工业带来了前所未有的活力和动力。随着安全、环保和节能理念的提出，以及用户对汽车产品要求的不断提高，高新技术被迅速应用到汽车产品的研发、试验、制造、销售乃至使用的整个过程，由此不断诞生出具有自主知识产权的各种高性能的汽车，推动着我汽车工业的快速发展。

【任务习题】

1. 车轮是如何发明的？它对汽车的发明有什么重要贡献？
2. 第一辆蒸汽机汽车是何时、何人发明的？
3. 奥托制造的第一台煤气四冲程内燃机的工作原理是什么？
4. 世界上第一辆摩托车是何时、何人发明的？
5. 本茨发明的第一辆汽车与戴姆勒发明的第一辆汽车有什么区别？
6. 汽车发展史上有几次重大变革？它们分别有什么特点？
7. 新中国成立以后，我国生产的第一辆轿车是什么品牌？它是由哪家企业生产的？
8. 中国汽车工业初创阶段建立了哪几个工业基地？各生产什么类型的汽车？
9. 新中国汽车工业的发展阶段是如何划分的？各个阶段有哪些特征？

▶汽车文化

项目三　汽车外形、色彩及改装

汽车从20世纪末诞生至今，已经走过了一百多年的风风雨雨，在这百载历程中，无论是从车身造型还是性能来讲，汽车都有了翻天覆地的变化。其中最富特色、最具直观感的当属车身外形的演变。汽车颜色是汽车造型的元素之一。汽车颜色包括车身外表的油漆颜色和内饰各种材料的颜色。当车身内部乘坐环境及汽车外表与环境色彩达到协调时，可以为乘客及行人带来美的感受。

任务一　汽　车　外　形

【任务目标】
1. 说明影响汽车外形演变的三要素。
2. 阐述七种汽车外形的产生及演变。

【任务描述】
汽车外形设计是根据汽车整体设计的多方面要求来塑造最理想的车身形状的。汽车外形设计是汽车外部和车厢内部外形设计的总和。它不是对汽车的简单装饰，而是运用艺术的手法科学的表现汽车的功能、材料、工艺和结构特点。设计汽车外形的目的是以其优美的外观去吸引和打动观者，使之产生拥有的欲望。汽车外形设计虽然是车身设计的最初步骤，是整车设计最初阶段的一项综合构思，但却是决定产品命运的关键。本任务将从汽车外形演变的三要素、汽车外形的产生及演变两个话题来阐述这段漫长的历史。

【任务知识】

一、影响汽车外形的因素

汽车外形的确定受机械工程学、人机工程学和空气动力学三个基本要素的影响。前两个要素在决定汽车构造的基本骨架上具有重要意义，特别是设计初期，受这两个要素的制约更大。

机械工程学方面的任务，主要是就汽车的形式和耐用性进行研究，一方面要考虑包括发动机、变速器等自身内部结构的设计，另一方面要考虑发动机、变速器、车轮、制动器、散热器等装置如何在车体内进行布置。这些设计决定后，可根据发动机、变速器的大小和驱动形式确定大致的车体骨架。如果是大量生产，则要强调降低成本，使钣金件冲压加工简易化，同时兼顾到维修使用。

项目三 汽车外形、色彩及改装

人机工程学方面的任务，主要是就汽车的行驶安全性和舒适性进行研究。因为汽车是由人驾驶的，应确保乘员乘坐舒适，驾驶员驾驶方便，并尽量扩大驾驶员的视野。此外还要考虑乘员上下车方便并减少震动。这些都是在设计汽车外形时，与人机工程学有关的内容。

空气动力学的任务，主要是针对如何减小高速行驶汽车的空气阻力进行研究。近年来，由于发动机功率增大，道路条件改善，汽车的速度显著提高，在确定汽车外形时，来自外部的制约条件即空气动力学要素显得尤为重要。因此，必须在车身外形上下功夫，尽量减小空气阻力。空气阻力大致与车速的平方呈正比，分为由汽车横截面面积决定的迎风阻力和由车体外形决定的形状阻力。除空气动力外，还有升力问题和横风不稳定问题，这些都是与汽车造型密切相关的空气动力学问题。当然，汽车的外形设计不仅仅取决上述三个要素，还要考虑其他要素。例如，商品学要素对汽车的设计就有一定的影响。从制造商的角度出发，汽车的外形能强烈刺激顾客的购买欲是最有利的。但是无视或轻视前面所述的三个要素，单纯为了取悦顾客而设计汽车造型是无法长久的。此外，不同的国家、厂家，乃至不同的外形设计者，所设计的外形都有各自的特色，这对汽车造型的设计也有不小的影响。同一国家的不同厂商，也各具风格。但这都不是决定汽车外形的根本因素，只不过是表现手法上的微妙不同。自汽车问世以来，人们就一直追求满足功能要求的理想造型。

二、汽车外形的演变

（一）造型的变化

1886 年，德国工程师卡尔·本茨在曼海姆成功制造了一辆装有 624.75W 汽油机的三轮车，拉开了汽车现代史的帷幕。在此后的一百多年内，汽车无论是从车身造型，还是从动力源或底盘、电气设备来讲，都有了翻天覆地的变化。其中最富特色、最具直观感的当属车身外形的演变。

汽车车身的造型在汽车的发展过程中主要经历了马车形、箱形、甲壳虫形、船形、鱼形、楔形和子弹头形的演变，见表 3-1。

表 3-1 汽车的造型

造型	特点	示例图片
马车形汽车	迎面吹来的风使驾乘人员难以承受，甚至无法睁开眼睛	

▶汽 车 文 化

表3-1(续)

造型	特点	示例图片
箱形汽车	重视了人体工程学,内部空间大,乘坐舒适,有"活动房屋"的美称。箱形的车身风阻面积大,从而阻碍了汽车前进的速度	
甲壳虫形汽车	车身造型协调优美,散热器罩很精炼并具有动感。俯瞰时,整个车身呈纺锤形,很有特色。外形阻力小,但乘员活动空间较小,易使人产生较强的压迫感	
船形汽车	考虑了驾驶员的操作方便性和乘客的舒适性,并且发动机前置,汽车重心相对前移,加大了行李箱的容积,使行驶更加稳定,提高了安全性能	
鱼形汽车 (斜背式汽车)	汽车后窗玻璃逐渐倾斜,形成斜背式,车室宽大,视野开阔,舒适性较好,增大了行李箱的容积。夏天车内闷热不堪,横向稳定性差	
楔形汽车	车身前部向下方倾斜,形成风压,以防止车轮飘移,尾部如刀削般平直,有效地克服了车辆在高速行驶时所产生的升力和空气的阻力	

表3-1(续)

造型	特点	示例图片
子弹头形汽车	既有轿车的造型风格、操作性能和乘坐舒适性等特性，又具有小客车的多乘员和大空间的优点	

1. 马车形汽车

从19世纪末到20世纪初，世界上相继出现了一批汽车制造公司。除戴姆勒和奔驰各自成立了以自己名字命名的汽车公司外，还有美国的福特公司、英国的劳斯莱斯公司、法国的标致和雪铁龙公司、意大利的菲亚特公司等。当时的汽车外形基本上沿用了马车的造型，因此被人们称为无马的"马车"。

1886年1月29日，卡尔·本茨试制成功世界上第一辆单缸发动机三轮汽车，该车现保存在慕尼黑的汽车博物馆，同时他也为这辆三轮车取得了帝国专利证书。奔驰汽车公司因此获得"汽车制造专利权"。同时，在德国西南部与卡尔·本茨互不相识的戈特利伯·戴姆勒将立式发动机安装于马车上，第一辆戴姆勒汽车即告诞生。1894年，法国标致汽车公司生产出第一辆四轮汽车。1896年的春天，第一辆福特汽车诞生。

2. 箱形汽车

从外形上看，马车形的汽车很难抵挡风尘的侵袭。于是，在1915年，美国福特汽车公司设计、生产了一种新型车身。这类车从整体上看是四方形，很像一只大箱子，并装有门和窗。实际上只是在原来的马车车身上做了轻微的改进，人们把这类车称为箱形汽车。早期的箱形汽车以美国的福特T型汽车最为出名，年产量达到30多万辆，占美国汽车总量的70%～80%。美国通用汽车公司的雪佛兰汽车生产部看准了用户多样化的要求，于1928年制造出在散热器罩、发动机通风口和轮罩上增加豪华装饰的汽车，从而博得了用户的喜爱。

箱形汽车重视人机工程学，内部空间大，乘坐舒适。随着生活节奏日益加快，人们对车速的要求也越来越高，箱形车作为高速车来讲阻力较大，阻碍了车辆前进的速度，所以人们开始研究更具流线型的车型。

3. 甲壳虫形汽车

1920年，德国科学家波尔舍·亚莱通过实验证明，一件物体的空气阻力与物体的形状、迎风面积以及前进速度有关，为了减小空气阻力，人们开始致力于流线型车身的研究。

1934年，美国的克莱斯勒公司生产的气流牌汽车，首先采用了流线型的车身外形。该车在最初展出时，由于"设计周期长"而引起设计存在问题的传言，再加上当时该车的外形

▶ 汽 车 文 化

还未被大众所接受，销售业绩极其惨淡，但该车型的诞生标志着汽车流线型时代的开始。

1936年，福特公司在"气流"的基础上，加以精炼并吸收商品学要素，成功研制出林肯和风牌流线型汽车，该车的引擎盖设计精炼并具有动感。俯瞰时，车身呈纺锤形，很有特色。受其影响而先后设计出的流线型汽车有1937年的福特V8型汽车、1937年的菲亚特汽车和1955年的雪铁龙汽车等。

流线型车身的大量生产是从德国的大众汽车开始的。波尔舍于1931年画出了甲壳虫的草图，1935年制造出第一辆样车。由于第二次世界大战的影响，甲壳虫汽车直到1949年才真正开始大批量生产，并开始畅销世界各地。1981年底，第2000万辆甲壳虫汽车在墨西哥的大众分厂开始下装配线，同时用打破福特T型汽车的产量纪录而著称于世。"甲壳虫"这个名字第一次出现是在1938年7月3日的《纽约时报》杂志上，美国人认为这辆车像一只可爱的小甲壳虫。从1967年起，这种车在德国正式被称为"甲壳虫"汽车，而之前该车一直被称为"大众I型"汽车。

4. 船形汽车

美国福特公司经过几年的努力，于1949年推出具有历史意义的新型福特V8型汽车。这种车型改变了以往汽车造型的模式，使前翼子板和发动机罩、后翼子板和行李厢罩分别融于一体，大灯和散热器罩也形成了一个平滑的面，车室位于车的中部，整个造型很像一只小船，所以人们把这类车称为船形汽车。

福特V8型汽车的成功，不仅体现在外形上的突破，而且还体现在它率先把人机工程学应用在汽车的设计上。强调以人为主体的设计思想，也就是让设计师置身于驾驶员乃至乘员的位置，来设计便于操纵的、乘坐舒适的汽车。

船形汽车不论从外形上还是从性能上来看都优于"甲壳虫"汽车，并且还解决了"甲壳虫"汽车对横风呈现出的不稳定的问题。这是因为船形汽车发动机前置，汽车重心相对前移，而且加大了行李舱，使风压中心位于汽车重心之后，遇到横风就不会摇头摆尾。从20世纪50年代开始直到现在，不论是美国还是亚欧大陆，不管是大型车或者中小型车都采用了船形车身的设计，船形造型成为世界上数量最多的一种车型。

5. 鱼形汽车（斜背式汽车）

船形汽车尾部过分向后伸出，形成阶梯状，在高速时会产生较强的空气涡流。为了克服这一缺陷，设计师把船形车的后窗玻璃逐渐倾斜，倾斜的极限即成为斜背式。由于斜背式汽车的背部像鱼的脊背，所以这类车被称为鱼形汽车或者是斜背式汽车。1952年，美国通用汽车公司的别克牌轿车开创了鱼形汽车的时代。1964年，美国的克莱斯勒顺风牌汽车和1965年的福特野马牌汽车都采用了鱼形造型。如果仅仅从汽车背部形状来看，鱼形汽车和"甲壳虫"汽车是很相似的，但如果仔细观察，会发现鱼形汽车的背部和地面所形成的角度比较小，尾部较长，围绕车身的气流也就较为平顺，所以涡流阻力也相对较小。另外，鱼形汽车基本上保留了船形汽车的长处，车室宽大，视野开阔，舒适性也好，还增大了行李箱的容积。但鱼形汽车同时存在着一些致命的弱点：一是鱼形汽车的后窗玻璃倾斜严重，致使玻璃的表面积增大了 1~2 倍，强度有所下降，产生了结构上的缺陷；二是当汽车高速行驶时，汽车的升力较大，车轮附着力减小，加之鱼形汽车发动机前置，车身重心相对前移，从而抵挡不住横风的吹袭，易发生偏离的危险。鉴于鱼形汽车的缺点，设计师在鱼形汽车的尾部安上了一个上翘的"鸭尾巴"以此来克服一部分空气的升力，这便是鱼形鸭尾式车型。

6. 楔形汽车

为了从根本上解决鱼形汽车的升力问题，人们设想了种种方案，最后终于找到了一种楔形设计方案，研究楔形的结构可以发现，车身前部呈尖形且向下倾斜，高速行驶时的空气流可在前轮产生向下的压力，防止后轮飘起，这种造型最大限度地解决了升力问题，使汽车的行驶稳定性有了显著的提高，个别车型的尾部甚至采用了"鸭尾式"造型，利用车顶流动的空气在鸭尾部产生向下的作用力来增大后轮的附着力。目前，各种超级跑车基本上都采用了楔形车身的设计，世界各大汽车生产国也都有开发带有楔形效果的乘用车。

7. 子弹头形汽车

人类追求至善至美的心态是永不满足的，汽车外形发展到楔形以后，轿车的升力问题基本上得到解决，但人们又从改变轿车的基本概念上做起了文章，于是出现了一种崭新的轿车——多用途轿车（MPV），这种车型酷似子弹头，因此，国内把它称为子弹头形汽车。从源头上讲，MPV 是由旅行轿车逐渐演变过来的，是"mini-passenger van"的缩写，意为小型乘用厢式车，后来由法国雷诺公司对这种车型进行了改进，把折叠的概念引入了第二和第三排座椅，此后 MPV 又有了新的含义——"multi-purpose vehicle"，强调了多功能性，是集轿车、旅行车和商务车于一身的车型。MPV 在外形上集流线型和楔形于一身，表现出未来主义的艺术倾向，线条流畅，色调温和，动感性强，具有鲜明的时代气息和时尚风格。由于 MPV 的前挡风玻璃倾斜度很大，外形圆滑，因此风阻系数小于 0.3，非常利于车速的提高。

随着时代的发展，文化生活水平的提高，用户对汽车已不单单满足于某力学性能，对汽车车身的审美意识也已提高到了较高的层次。近年来，在国内外举办的车展上，多种多样的车身外形在人们面前展现出一个五彩缤纷的艺术世界。

汽车外形演变的每一个时期都是围绕"高速、安全、舒适"这一主题进行的，汽车外形设计在尽力满足机械工程学和人体工程学的前提下，最大限度地减少空气阻力和升力的影响，从而使汽车的性能得以提高。同时，汽车外形的演变也是汽车美学的发展。

（二）风格各异的汽车造型

从 20 世纪 80 年代起，汽车销售竞争越来越激烈，汽车造型成为竞争的关键因素之一。各种风格的汽车造型在世界各地相继出现，造型艺术已经成为一种有力的促销手段。汽车造型风格主要有以下四种。

（1）极简主义风格。这种风格所追求的是一种简洁干练的外形，遵循在整体形式上取得高度协调的统一、"简洁便是美"的设计理念。Lexus LF-A 概念车（图 3-1）就属于典型的极简主义风格。

图3-1 Lexus LF-A 概念车

图3-2 "甲壳虫"汽车

（2）仿生风格。生物的外形是自然进化的产物，具有神奇而美丽的形式，把生物的形式应用到汽车设计风格中能取得一种奇特的效果，赋予汽车某种生物的灵性。"甲壳虫"汽车（图3-2）是大众的一款经典轿车，其外形就像一只栩栩如生的甲虫，属于典型的仿生风格。

（3）雕刻风格。雕刻风格主要有两种：崇高伟大风格（图3-3）和优美典雅风格（图3-4）。在现代汽车设计中，这两种风格得到了广泛的应用。

图3-3 崇高伟大风格

图3-4 优美典雅风格

（4）高科技风格。伴随着现代科学技术的飞速发展，汽车设计也出现了一种倾向于表现科技、体现未来的风格，即高科技风格。这种美学风格不但吸取了雕刻风格的优点，而且在外观上还具有强烈的未来气息和高科技韵味。Audi RSQ 概念车（图3-5）就属于典

图3-5 Audi RSQ 概念车

型的高科技风格，该车在形式上吸取了优美典雅风格的精髓，加上概念化的夸张外形、银灰的色彩搭配，整车透露出一种强烈的未来气息和高科技韵味。

任务二　汽　车　色　彩[①]

任务二　彩图

【任务目标】

1. 列举汽车色彩的三要素。
2. 概述选择汽车车身颜色时需要考虑的四个因素及内饰颜色的选择原则。

【任务描述】

随着汽车工业的发展和汽车数量的增加，汽车的色彩也成为城市的一道风景线。优美的色彩设计能够提高汽车的外观质量，增强其市场竞争能力。本任务以汽车色彩的含义、影响汽车色彩设计的因素及使用对象三个话题来阐述相应内容。

【任务知识】

一、汽车色彩的含义

汽车色彩的设计并不是随心所欲的，而是要根据一系列因素来确定。由于传统文化习惯，人们对某种色彩会产生根深蒂固的观念，不会轻易地改变（图3-6）。

（1）灰色。灰色给人以朴素、柔和、含蓄之感。视觉上对灰色的感觉是既不炫目也不暗淡，是一种不易产生视觉疲劳的色彩。

（2）蓝色。蓝色是安静的色调，非常收敛，个性不张扬，如同星球的深邃和大海的包容，但蓝色不耐脏。

（3）银色。银色是飞行器常用的色彩，象征光明、富有和高贵，具有强烈的现代感。

（4）黄色。黄色光感最强，给人以欢快、温暖、活泼的感觉。黄色是立体色，跑车选用黄色非常合适。

（5）白色。白色给人以明快、活泼、大方的感觉。白色是中间色，容易与外界环境相融合。另外，白色是立体色，容易使小车显大，安全性高。

（6）红色。红色给人以跳跃、兴奋、欢乐的感觉，其主要是大红色和枣红色。红色也表示雄心和勇敢，红色的赛车在赛场上疾驰，可以使比赛感觉更加激烈和刺激。同时，红色也是立体色，能使小车显大，跑车和运动型车比较适合这种颜色。

（7）黑色。黑色是一种矛盾的颜色，既代表保守和深沉，又代表新潮和个性，给人以庄重、尊贵、严肃的感觉。

（8）绿色。绿色是大自然的主宰色，是最能表现活力和希望的色彩，它象征着春天、生命、青春、成长，也象征着环保、和平、希望。

[①]　本任务中的彩图参见二维码。

▶汽 车 文 化

图 3-6 各种颜色的汽车

二、影响汽车色彩设计的因素

当人们买车时,首先考虑的是汽车的品牌、性能、质量及其价位等,一旦决定了这些之后,就要开始考虑车身颜色。

据调查,私家车主大约有 85% 是凭个人的喜好来选择车身颜色,仅有 3% 左右的人选择车身颜色时考虑了安全因素。当问及汽车的颜色与行车安全的关系时,大部分的人都表示不清楚。

当然,颜色是车主个性的表现,能反映车主的情感和身份。但是,仅仅从喜爱的角度选择车身颜色是不够的,选择汽车车身颜色时还应考虑以下四个方面的因素。

1. 汽车的使用环境

由于不同地区的阳光照射强弱不同，导致人们对不同色彩的偏爱程度不一。例如，北方的冬季气候寒冷，人们一般多选择暖色调车，如红色、黄色等；南方的夏季气候比较炎热，人们一般会选择冷色调车，如白色、蓝色等。在美国，以纽约市为中心的大西洋沿岸的人们喜欢暗色，而在旧金山太平洋沿岸的人们则喜欢亮色。北欧的阳光接近发蓝的黄色，因而北欧人喜欢青绿色。伊朗、科威特、沙特阿拉伯、伊拉克等国家禁忌黄色，却喜欢绿色，他们认为绿色是生命之源。

2. 汽车的使用功能

在人们的日常生活中，对不同用途的汽车形成了惯用色彩。例如，消防车采用红色，使人们知道有火灾发生，赶紧避让；白色用于医疗救护车，因为白色代表纯洁、神圣；邮政车选择绿色，给人以和平、安全的感觉；军用车一般都是深绿色，使车辆与草木、地面的颜色相近，达到安全隐蔽的目的；工程车多为黄色，运用黄色亮度高、醒目的特点，以引起行人和其他车辆的注意（图 3-7）。

(a) 红色消防车　　(b) 白色救护车

(c) 绿色邮政车　　(d) 深绿色军用车

(e) 黄色工程车

图 3-7　不同功能的汽车的颜色

3. 汽车的使用对象

车身颜色，不仅是汽车的包装和品牌的标志，还反映车主的情感和身份。商务人士因业务的需要，车身颜色应体现其商业气质，一般选择黑色和白色；青年人充满了青春的活力，既要求汽车能够体现自身的华丽、动感，又要求体现驾车人的个性特点，所以车身颜色以浅色调为主；时尚女性都有爱美的心理，一般会选择独特的颜色。

另外，由于各个国家、地区、各民族的政治、文化、经济、教育以及生活习惯的不同，其对待色彩的观念也各不相同，存在着各自偏爱和禁忌的颜色。据调查，日本的丰田

▶汽 车 文 化

公司在本国销售的车以白色为主，其次是红色、灰色等；而销往美国、加拿大的汽车以淡茶色、浅蓝色为主，其次是白色、杏黄色。同时，不同的宗教信仰在色彩观念上也不同，在信仰佛教的国家，黄色代表着神圣；在信仰基督教的国家，黄色却有卑劣可耻之意。

4. 汽车车身颜色与安全的关系

有研究表明，车身颜色是与交通安全密切相关的，正确选择车身颜色对于减少甚至避免交通事故具有非常重要的作用。

如果有红色、黄色、蓝色、绿色四辆车与观察者保持相同的距离，红色车和黄色车看上去要离观察者近一些，而蓝色车和绿色车看上去离观察者较远。不同的颜色，也会让人产生体积大小不同的感觉。红色、黄色使人感觉体积更大，有膨胀感，不论距离远近都很容易引起注意；而同样体积的蓝色、绿色会使人感觉体积更小，有收缩感。此外，汽车颜色的深浅在不同强度的光照下的反射效果也有很大差别。有研究人员对黑、蓝、绿、银灰、白五种颜色轿车的视认性和安全性做过试验，黑色车在凌晨和傍晚光线不好的时段，很难被识别，而白色和银灰色则容易被识别，所以黑色汽车的安全性较白色和银灰色差，而绿色和蓝色车的颜色安全性居中。

研究表明：撞车等交通事故的发生与汽车颜色的鲜艳程度有着密切联系，深色以及容易与道路环境相混淆的黑、绿、蓝等颜色的汽车发生交通事故的概率远高于明亮的嫩黄色、米色和白色汽车。心理学家认为，视认性好的颜色能见度佳。

因此，从安全的角度考虑，汽车色彩最好是选择浅色或立体色，有利于减少交通事故。

三、内饰颜色的选择

汽车内饰的颜色也很重要，同样影响行车的安全。内饰颜色对驾驶员、乘员的情绪有一定的影响，会在很大程度上影响行车的安全和乘员的心理感受。

一般来说，颜色的重量感主要取决于色彩的明度，暗色给人以重的感觉，明色给人以轻的感觉；淡的亮色使人觉得柔软，暗的纯色则具有较为强硬的感觉。如果内饰采用明快的配色，能给人以宽敞、舒适的感觉。夏天最好采用冷色，冬天最好采用暖色，可以调节冷暖感觉。由于其他部位的内饰颜色不宜改变，因而，大多数汽车的内饰颜色是通过座套、坐垫、地垫的更换来改变颜色（图3-8）。

1. 汽车内饰色彩设计的流行趋势

（1）色彩应用更广泛。暖色调、浅色内饰更具有亲和性、更柔和、更友善、更快意。因此，近几年，暖色调、浅色内饰在汽车内饰的色彩设计中广泛应用。另外，黑色及灰色内饰因为具有稳重、无刺激、无反光等特点，仍占有一席之地。

（2）造型设计更简洁、更美观、更协调。内饰件的造型更流畅、色彩配置更简单、概括。

（3）双色内饰广泛应用。双色内饰具有整体协调而又不单调的优点，在乘用车上得到广泛的应用。

（4）装饰色大量应用，采用与主色调高对比、高明度的装饰色，显得生动活泼，同时

图 3-8 汽车内饰

提高内饰档次。

2. 汽车色彩的发展趋势

每年,各汽车涂料公司都会发布色彩趋势,揭示未来几年的汽车流行色。从中,我们不仅可以看到未来的色彩流行趋势,还能感受到色彩背后的经济、人文、科技和时尚的变化。2020 年,因为新型冠状病毒疫情的暴发,全球经济和政治格局出现诸多变数,这也影响到汽车产业的方方面面,包括汽车设计。

涂料公司巴斯夫在 2020 年发布了《2020—2021 年汽车色彩趋势报告——"CODE-X"系列》(图 3-9),与当前的大环境相一致的是,此次色彩趋势也以"变化"为主基调。从名字来看,CODEX 本意为"法典、古抄本",把这个单词拆开后,"X"即代表着未知数,表示一切皆有可能。巴斯夫希望通过"CODE-X"系列,表达对未来的探索。

3. 不同市场的色彩趋势

据介绍,每年的色彩趋势报告由巴斯夫位于美国、德国、日本和中国设计中心的设计师共同研发编制。设计师们在深入研究未来色彩趋势的基础上,从工业发展、潮流市场、消费产品、自然环境等多个领域中汲取灵感,开发出具有创新性的表面效果、色彩质感和色彩定位。这一报告所发布的颜色涵盖未来 3~5 年的流行趋势,能够为汽车设计师提供创作灵感。

谈到 2020 年色彩趋势中所体现出的"变化"这一主题,巴斯夫涂料部亚太区首席色彩设计师松原千春表示:"我们从 2019 年着手趋势报告的研究,在新冠疫情暴发之前已经确定这个主题。当时大家已经预感到未来将有很大的挑战,也会有很多变化,而疫情的出现推动了这一变化以及挑战的进度。"

▶汽车文化

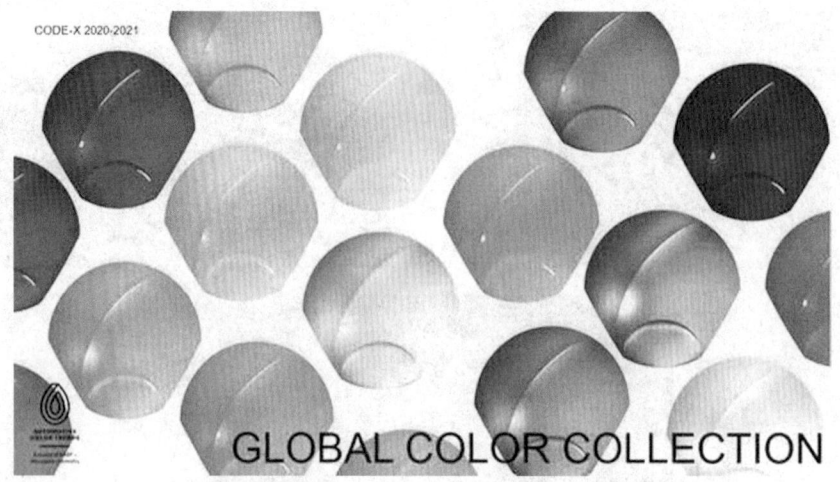

图3-9 巴斯夫发布2020-21汽车色彩趋势"CODE-X"系列

这种变化也体现在"CODE-X"系列的颜色设计上：色彩非常丰富，包含很多色相，并融入了表面处理效果和创新制作工艺。

从具体颜色来看，全球市场的主要色彩包括随心蒙绿、智选卡其和重气泡灰。而不同的区域市场也有着不同的色彩趋势，亚太市场的色彩以暖色调为主，没有犀利的黑白分明，而是采用多种色彩的混调和流动效果；北美市场的色彩设计倾向于采用尖端染料科技，表现出对环保的更多关注；欧洲、中东和非洲市场的主要色彩定位大胆新颖、与众不同。

这些不同的色彩反映出不同区域市场消费者的精神状态。个性化是当前亚太市场的主要趋势，这些颜色可以凸显出一种"活在当下、积极向上，不断改变、明天会更美好"的精神面貌。中国的年轻消费者希望祖国更加强大，他们不断更新自己的思维方式，为本土文化注入新的血液。此次推出的中国市场流行趋势色，主打色为印象派蓝，整体色调接近白色和蓝色，并融入红色珠光。这个颜色的寓意是：在不确定的大环境下，通过在冷色调里加上暖色，体现人文关怀，而红色珠光也体现了中国市场对于新能源汽车的需求。

亚太地区色彩趋势：逐梦人橘、随心蒙绿、未知紫灰。从色彩背后的技术创新总体来看，巴斯夫在2020年所发布的色彩偏舒适温和，传递出乐观向上、主动应变的积极信号。

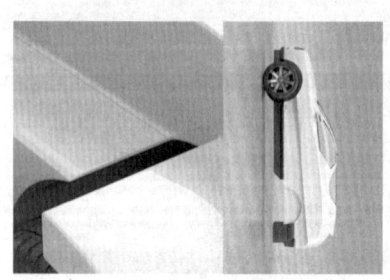

图3-10 中国地区主要色彩：印象派蓝

而所有这些创新色彩设计的诞生，离不开涂料技术的创新，包括工艺和表面处理。

如果仔细分析一下"CODE-X"系列的技术创新点，可以归纳为以下三大类。

创新亮点一：通过特殊的色彩处理和调制，令传统色彩焕发新的生机，并赋予其更多的感情表达。之前提到的中国市场主打色印象派蓝（图3-10）就是这样一种处理方式。此外，北美市场的关键色——重气泡灰也是基于相同的开发理念。不同于传统的灰色，重气泡灰在高光处可以看到红色珠光的闪烁，闪烁颗粒感非常大，但是在暗部又体现出烟雾蒙蒙的感觉。通过这种特殊的色彩处理，可以产生层叠的效果，给传统灰色注入新鲜感。

创新亮点二：除了视觉感受外，"CODE-X"系列也推出了几款带有触觉感受的色彩设计。通过借鉴汽车电镀的亚光效果，带来不一样的手部触感体验。这一创新理念也将给车身设计带来更多的想象空间，过去只有在内饰设计中才有的差异化视觉、触觉体验或将在外饰设计上体现。

创新亮点三：除了色彩需求外，功能需求也是未来汽车色彩设计的关键，此次"CODE-X"系列的发布就考虑到了未来自动驾驶中雷达对于涂料的特殊需求。具体来说，应用于ADAS的无线电波雷达和应用于自动驾驶的激光雷达技术，对涂料技术都提出了新的挑战。以无线电波雷达为例，对涂料的要求是：能够对于特定的雷达波具有高传导性，同时又具有低表面反射性，确保雷达波的正确发送和接收。在进行色彩开发时，必须极大地减少或不采用像铝粉这样的雷达敏感材料，并通过改进产品配方或涂装工艺，如调整涂层膜厚来提高雷达传导率。

激光雷达的挑战在于激光光束的通透性。通常，深色系涂料的激光光束通透性较差，但汽车色彩设计中又不可避免地会用到深色系颜色，如何解决这一矛盾？巴斯夫的解决方案是Raylution™技术。在这个解决方案中，通过采用特殊色漆和中涂的涂层组合，提高针对激光雷达光束的通透和反射：在色漆涂层里，引入对近红外透明或者近红外反射专用的颜料，让激光波可以穿过；在中涂涂层里，采用反射管理原料，让激光光束可以反射，最终满足激光雷达的技术要求。

4. 汽车色彩发展的四大趋势

（1）与健康、可持续的生活方式相关的色彩，如与森林、天空、水、环境意识以及健康潮流相关的绿色、棕色、蓝色等。

（2）彰显成熟魅力的优雅华丽色彩。这类色彩比较柔和，如香槟金及其他深沉而浓烈的色彩。

（3）未来派色彩。如白色、银色或黑色等其他中性色彩。

（4）具有液态金属感或者亚光漆质感的色彩。

任务三 汽车改装

【任务目标】

1. 说明汽车改装的含义。
2. 阐述汽车改装的内容。

【任务描述】

汽车发展到今天，已经从最初的代步工具发展到文化范畴。对于许多渴望真正完美的

▶汽 车 文 化

朋友来说,不要说宝马奔驰,即便法拉利也有这样那样的缺憾,一些购车者希望能得到一辆完全量身定制,最能体现自己个性的车,于是有关汽车的改装出现了。本任务将从汽车改装含义、内容两个主题阐述汽车改装相关知识。

【任务知识】

一、汽车改装的含义

汽车改装是指根据汽车车主的要求,对汽车制造厂家生产的原型汽车进行造型和机械性能的改动。

汽车改装源于赛车运动(图3-11)。参加各种竞技及赛事的车辆必须经过标准严格的改装后才能进入赛场。其目的是增加车辆安全性,如在撞击、翻滚、失火等事故中保护车手不受伤害;提高比赛能力,如加速性能、转弯稳定性能、刹车性能、通过性能、操控精准性能等;减少自重及风阻系数。可以说,汽车改装在汽车赛事中是必不可少而且十分重要的环节,在某种程度上,汽车赛事也是一场汽车改装技术水平的较量。赛车改装最大可能地强化、提升车辆性能的极限空间,并作为一种汽车文化得到广泛延伸,随着汽车工业的发展以及赛车运动的深入人心,汽车改装也成为普通消费者汽车生活中的组成部分(图3-12),渐渐成为一种时尚。

图3-11 汽车改装用于赛车运动

图3-12 日常改装

二、汽车改装的内容

根据汽车爱好者取向的不同，汽车改装可以分为：汽车外观改装（图3-13）、汽车性能改装和汽车安全（图3-14）、舒适性改装（图3-15）。

图3-13 汽车外观改装

图3-14 汽车性能和汽车安全改装

1. 汽车外观改装

汽车外观改装包括汽车尾翼、大包围、反光镜、前照灯、轮胎、钢圈、防晒膜、高位制动灯、保险杠、贴纸、色彩等项目（图3-16）。

汽车外观改装可使车辆更具个性，更具运动气息，使整个车身协调美观。

2. 汽车性能改装

汽车性能改装（图3-17）对于一般的汽车爱好者而言较难实施，一是汽车性能改装

▶汽车文化

图 3-15　汽车安全、舒适性改装

图 3-16　汽车外观改装

费用很高,二是汽车性能改装必须要求技术人员有过硬的专业技术。

图 3-17　汽车性能改装

（1）目前,应用最多的汽车性能改装是对赛车的改装。

（2）常见汽车性能改装的内容有引擎改装、点火系统改装、进气系统改装、排气系统改装、制动系统改装和底盘悬挂改装等。汽车性能改装使汽车获得更好的动力性和操纵性,从而使驾驶者更好地体验到高速的快感。

3. 汽车安全、舒适性改装

汽车安全、舒适性改装的主要内容为中高档音响、DVD、MP5、GPS 导航、卫星定位、电视、车载电话、方向盘、真皮座椅、桃木内饰、天窗、电动车窗、电动后视镜、倒车雷达、防盗报警、行车记录仪、感应锁等（图3-18）。

图3-18　汽车安全、舒适性改装

三、汽车改装的魅力

穿过街道，总是有一些汽车吸引你的视线，也许它们并不是豪华轿车，但经过精心的装饰，换了光亮的铝合金轮毂，装了镀铬排气管，这正是汽车改装的魅力（图3-19）。

图3-19　汽车改装的魅力

【任务习题】

1. 在设计汽车外形时，需要考虑哪几个方面的因素？
2. 甲壳虫形汽车和鱼形汽车都是流线型汽车，两者有何本质区别？
3. 在选择汽车车身颜色时，应该考虑哪几个方面的因素？
4. 请举出三种较为安全的汽车车身颜色。
5. 在选择汽车内饰的颜色时，主要应该考虑什么因素？
6. 如果你有一辆汽车，你将进行哪些改装？为什么要进行这些改装呢？

▶汽车文化

项目四　著名汽车公司与汽车名人趣事

汽车公司的创建、发展和变迁记录了世界汽车工业的成长历程。车标，顾名思义就是汽车公司或汽车产品的标志，它是艺术性和象征性的高度统一，是汽车公司生存和发展的缩影，同时也是一种知识产权和无形的财富。汽车的发展历程犹如熔炉，铸就了无数汽车名人，他们个个独具慧眼、聪明勤奋，甚至为汽车事业奉献了一生。本章介绍各大著名汽车公司的概况、主要汽车品牌及车标的寓意、汽车名人的贡献以及汽车史上最重要的里程碑。

任务一　著名汽车公司发展历史

【任务目标】

1. 了解国外著名汽车公司的创建历史。
2. 了解我国著名汽车公司的创建历史。
3. 认识著名汽车的车标及含义。
4. 学习车标背后的品牌故事。

【任务描述】

目前，世界著名的汽车公司有 100 多家。汽车公司的创建、发展和变迁记录了世界汽车工业的成长历程。汽车发展的历史可以说是品牌发展史。车标，是汽车公司或汽车产品的标志，是随着汽车生产和销售的发展而产生的，通常装饰在汽车头部或其他明显部位，以展示汽车文化。本任务通过学习了解汽车背后的故事。

【任务知识】

一、欧系著名汽车公司发展历史

20 世纪 50 年代早期，当欧洲经济开始恢复的时候，由各式小型汽车厂家组成的汽车工业，只占世界汽车生产的 13.8%，而北美却占 85.1%。后来，欧洲汽车厂商改进国内生产的产品，以适应各国不同的市场情况。在意大利，国民收入低，燃料税率高，人们集中在街道狭窄、停车条件受限制的古老城市，这些条件结合起来导致消费者的需求集中在小型汽车上。在瑞典，燃料税率低，国民收入高，城市人口密度小，冬天的驾驶条件恶劣，消费者需要大且耐寒的车辆，耗费再多的燃料也在所不惜。当时，许多的欧洲汽车厂商也在寻求对不同设计要求的多样化技术答案，有的偏爱功率大的发动机，有的设计别出心裁的气缸,有的使用后置式发动机,也有的集中研究前悬挂式发动机和后轮驱动。竞争的领域不仅表现在组合车身的设计上,也表现在柴油发动机和汽油发动机的选择上。

1950年,欧洲汽车产量达到200万辆。到1966年,欧洲汽车产量突破1000万辆,比1955年增长了5倍,年均增长率达10.6%,超过北美汽车产量,成为世界上第二个汽车工业发展中心。1973年,欧洲汽车产量进一步提高到1500万辆。20世纪70年代,整个欧洲汽车市场与北美汽车市场具有同等规模。1973年以后,由于受到两次世界石油危机的影响。同时,西欧国家已基本普及汽车,东欧经济又出现停滞状态,汽车需求增长势头锐减,欧洲汽车工业进入了徘徊和低速增长时期。

(一)奔驰汽车公司

1. 建立与发展

奔驰汽车公司是世界十大汽车公司之一,创立于1926年,创始人是卡尔·本茨和戈特利布·戴姆勒。它的前身是1883年成立的奔驰工厂和1890年成立的戴姆勒汽车厂。两家公司于1926年正式合并,成立了戴姆勒—奔驰汽车公司,总部设在德国的斯图加特。现在,奔驰汽车公司除高质量、高性能的豪华汽车闻名外,也是世界上最著名的大客车和重型载重汽车生产厂家。目前奔驰公司拥有三大汽车品牌(图4-1),即梅赛德斯—奔驰、迈巴赫和精灵。

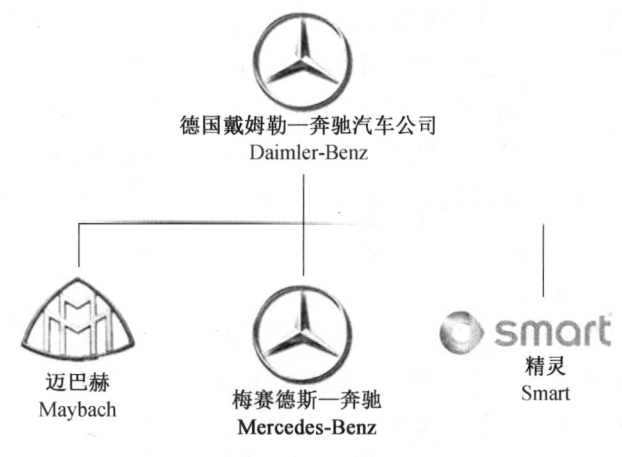

图4-1 奔驰旗下品牌

2. 车标

1909年,奔驰汽车公司设计了一个用代表和平和胜利的月桂枝围绕着BENZ字样的圆形图徽作为它的汽车商标。1909年,戴姆勒公司把表达戴姆勒在陆海空三个领域实现机动化夙愿的三叉星注册为正式商标。1916年,戴姆勒汽车公司将MERCEDES和三叉星合并形成一个新的商标。1926年6月29日,戴姆勒与奔驰联手后,将两者的标志结合起来,用奔驰的月桂枝围绕着戴姆勒的三叉星,MERCEDES的字样在上面,BENZ的字样在下面。现在该公司车标以及汽车散热器上的立体图案是形似转向盘的一个环形圆围着三叉星,并以月桂枝包围着的 MERCEDES、BENZ 的圆盘为底座。三叉星表示在陆海空领域全方位的机动性,环形圆显示营销全球的发展势头。奔驰车标的演变如图 4-2 所示。

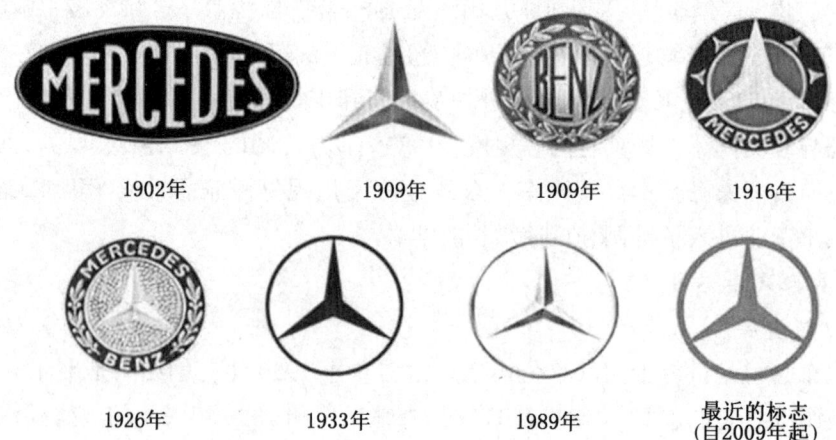

图 4-2 奔驰车标的演变

图 4-3 迈巴赫车标

具有传奇色彩的迈巴赫品牌首创于 1919 年,创始人是被誉为"设计之王"的威廉·迈巴赫。迈巴赫豪华车中的每一辆车都按照用户定制规格进行独立制作,发动机和底盘为手工打造。迈巴赫车标(图 4-3)有两个交叉的 M 围绕在一个球面三角形里。"MM"原来代表"Maybach Motorenbau"(迈巴赫发动机)之义,现解作"Maybach Manu-Facture"(迈巴赫制造)。

(二)宝马汽车公司

1. 建立与发展

1913 年,德国的佛瑞德·瑞浦在慕尼黑成立了瑞浦发动机公司,专门从事飞机发动机制造。1916 年,该公司更名为巴伐利亚飞机发动机公司,两年后,又更名为宝马公司(BMW),从 1928 年后转产汽车,几十年来几经兴衰。直到 1936 年后,宝马公司才摆脱困境,得以顺利发展。1994 年,BMW 收购了英国的罗孚集团,包括其名下的罗孚、陆虎、MINI 以及 MG。2000 年,BMW 将不再可行的罗孚和 mg 两家工厂以 10 英镑的象征性价格出售给英国凤凰集团。陆虎不久也被出售给美国福特公司,但 BMW 却决定保留 MINI 品牌。2002 年,BMW 从劳斯莱斯原来的东家大众汽车那里买到了"劳斯莱斯"这个商标品牌。

宝马公司以豪华汽车、摩托车和高性能发动机闻名于世。宝马汽车的加速性能和高速性能在全球汽车业是一流的,因而经济发达国家的警车首选宝马。目前,宝马的车系有 1、3、5、6、7、i、M、X、Z 这 9 个系列。其中,1 系是紧凑型汽车,3 系是小型汽车,5 系是中大型汽车,6 系是轿跑,7 系是豪华汽车,i 系是宝马未量产的概念车系列,M 系是宝马的高性能版本，X系是宝马特定的SUV车系，Z系是宝马的入门级跑车。

2. 车标

宝马汽车车标（图4-4）采用了内外双圆圈的图形，并在双圆圈圆环的上方标有BMW字样。由于其最早生产的是飞机发动机，所以在其标志中间有蓝白相间的图案，代表蓝天、白云和旋转不停的螺旋桨，喻示宝马公司悠久的历史，象征公司过去在航空发动机技术方面的领先地位，又象征公司的一贯宗旨和目标：在广阔的时空中，以先进的技术、最新的观念满足顾客是最大愿望，反映了公司蓬勃向上发展的气势和日新月异的新面貌。

图4-4 宝马车标

（三）大众汽车公司

1. 建立与发展

大众汽车是一家总部位于德国沃尔夫斯堡的汽车制造公司，由世界著名的汽车设计大师费迪南德·波尔舍于1938年在戴姆勒—奔驰公司的支持下创立，是德国最大的汽车生产集团，也是世界汽车行业中最具实力的跨国公司之一，主要子公司有德国大众公司，德国奥迪汽车公司，捷克斯柯达汽车，保时捷集团，西班牙西雅特公司等。

使大众公司扬名的产品是"甲壳虫"轿车，紧随其后的POLO、高尔夫、帕萨特、桑塔纳等也畅销全世界。大众目前拥有大众、奥迪、斯柯达、保时捷、兰博基尼、西雅特、布加迪、宾利、斯堪尼亚、杜卡迪等品牌，从乘用车到商用车，从代步工具到超级跑车，产品应有尽有。

1982年，大众汽车公司与中国签订了在上海合资生产桑塔纳轿车的协议。1985年，上海大众汽车有限公司成立，开始生产上海桑塔纳轿车。1990年11月，一汽大众汽车有限公司成立。

图4-5 大众车标

2. 车标

大众车标（图4-5）像一只圆形的眼睛，"眼睛"中叠加着"V""W"两个字母，它们是德文Volks Wagenwerk（意为"大众化车"）词组中两个单词的第一个字母。标志像是由3个用中指和食指做出的"V"组成，表示大众公司及其产品必胜。

（四）奥迪汽车公司

1. 建立与发展

奥迪汽车公司现为大众汽车公司的子公司，总部设在德国的英戈尔施塔特，2011年，其全年总产量为134万辆，主要产品有A2、A3、A4、A6、A8、Q系列，以及R系列和TT系列。

奥迪汽车公司的创始人奥古斯特·霍希在大学毕业后长期从事机械制造业。1899年，

— 77 —

▶ 汽 车 文 化

霍希在科隆附近与别人合股建立了霍希公司,正当公司日益壮大之时,由于与汽车公司管理层意见相左,霍希于1909年离开自己亲手创办的公司。不久,霍希又在同一城市新建了另外一家霍希汽车公司,但遭到了原霍希汽车公司的投诉,被法院裁定必须更名。这时霍希想出了一个解决问题的巧妙办法。原来他的名字"Horch"在德语中是"听"的意思,译成拉丁文就是"Audi",于是,在1910年4月25日他把新公司命名为奥迪汽车公司。

1932年6月29日,奥迪与另外三大汽车品牌,即DKW(Dampf Kraft Wagen,蒸汽车驱动汽车)、Horch(霍希)和Wanderer(漫游者),联合成立了汽车联盟公司(Auto Union AG)。1966年,汽车联盟公司成了大众汽车公司的全资子公司。1969年3月10日,汽车联盟与纳苏(NSU)汽车公司合并,定名为奥迪—NSU汽车联盟有限公司。从1985年1月1日起,奥迪—NSU汽车联盟公司更名为奥迪公司。

2. 车标

奥迪车标(图4-6)由四个半径相等、紧扣着的圆环组成,表示公司当初由奥迪、霍希、旺达尔、小奇迹DKW四家公司合并而成,4个紧扣连环半径相等,象征公司成员平等、互利、协作的亲密关系和奋发向上的敬业精神。而"Audi"这一名称来自联合公司的第一家霍希公司的创始人——霍希,霍希的德文意思是"听",译成拉丁文为"Audi"。

图4-6 奥迪车标

(五)德国保时捷汽车

1. 建立与发展

保时捷汽车公司于1931年由费迪南德·保时捷(大众汽车公司的创始人和甲壳虫汽车的设计者)创立,公司总部位于德国斯图加特。保时捷汽车公司是一家比较特殊的汽车公司,它既从事保时捷牌超级跑车、赛车的设计和生产,也承接其他公司委托的技术研究和设计开发工作。

1948年,在费迪南德·保时捷的领导下,一款以大众部件为基础的356跑车(图4-7)诞生。这是第一款以保时捷来命名的、底盘由轻金属制成的跑车。1951年,"356"赢得了同级别勒芒24小时赛事,从此开始了它的世界赛车生涯,从一开始赛车就成为保时捷品牌的一项重要活动。1963年,保时捷历史上最重要的车型——"911"(图4-8)在法兰克福车展面世,直至今日它的魅力仍丝毫未减。1998年,911 GT1赛车两次在勒芒24小时耐力赛中获胜,为保时捷摘得了在这项赛事上的第16个桂冠。

2. 车标

保时捷的英文车标采用德国保时捷公司创始人费迪南德·保时捷的姓氏。图形车标(图4-9)采用公司所在地斯图加特市的盾形市徽。"PORSCHE"字样在商标的最上方,表明该商标为保时捷设计公司所拥有;商标中的"STUTTGART"字样在马的上方,说明公司总部在斯图加特市;商标中间是一匹骏马,表示斯图加特这个地方盛产一种名贵种

项目四 著名汽车公司与汽车名人趣事

图 4-7 保时捷 356 跑车

图 4-8 保时捷 911 跑车

马;商标的左上方和右下方是鹿角的图案,表示斯图加特曾是狩猎的好地方;商标右上方和左下方的黄色条纹代表成熟了的麦子颜色,喻指五谷丰登,商标中的黑色代表肥沃土地,商标中的红色象征人们的智慧和对大自然的钟爱,由此组成一幅精湛意深、秀气美丽的田园风景画,展现了保时捷公司辉煌的过去,并预示了保时捷公司美好的未来。

（六）兰博基尼汽车公司

1. 建立与发展

图 4-9 保时捷车标

兰博基尼汽车有限公司是一家坐落于意大利圣亚加塔·波隆尼的超级跑车制造公司。1963 年,经由创业者费鲁齐欧·兰博基尼建立。

1916 年 4 月 28 日,创始人费鲁齐欧·兰博基尼出生在意大利北部重镇博罗尼亚邻近的费拉拉市。费鲁齐欧·兰博基尼的童年是在乡村度过的,在乡间随处可见的农机器械强烈的吸引下,他立志成为机械师。在进入意大利空军之前,兰博基尼先进入了博罗尼亚的机械学院,在这里他受到最正规和最严酷的培训,这段时间的学习日后被证明是无价的。

1963 年 10 月 26 日,在意大利都灵车展,兰博基尼推出他的第一部作品 350GTV。

▶ 汽 车 文 化

1964年，市售版本350GT横空出世，多年的努力终于得到回报，兰博基尼也如愿有了自己的跑车。从兰博基尼跑车制造股份有限公司开业伊始，兰博基尼就确定了自己唯一的创业宗旨——誓与法拉利一决雌雄，不达目的决不罢休。

2. 车标

兰博基尼公司的标志（图4-10）是一头浑身充满了力量，正准备向对手发动猛烈的攻击的公牛。据说兰博基尼本人就是这种不甘示弱的牛脾气，这也体现了兰博基尼公司产品的特点，因为公司生产的汽车都是大功率、高速的运动型轿车，车头和车尾上的商标省去了公司名，只剩下一头"犟牛"。

图4-10 兰博基尼车标

（七）菲亚特汽车公司

1. 建立与发展

菲亚特是意大利都灵汽车制造厂的缩写，该厂建于1889年，厂址设在都灵市，其创建人是乔瓦尼·阿涅利，1899年更名为菲亚特汽车公司。1969年，菲亚特兼并了蓝旗亚汽车厂并购买了法拉利车厂50%的股份，把世界跑车业的第一品牌法拉利收编到了自己旗下，并于1984年收购了阿尔法·罗密欧，1993年收购了玛莎拉蒂，成为一个经营多种品牌的汽车公司。成立于1999年4月的南京菲亚特合资公司是中国跃进汽车集团与意大利菲亚特汽车公司共同组建的大型合资企业，双方各持股50%，生产菲亚特·派力奥、菲亚特·西耶那、菲亚特·周末风三款紧凑型家庭轿车。广汽菲亚特成立于2010年3月，由广汽集团和菲亚特集团以50∶50的股比共同投资成立，生产菲翔、Ottimo等车型。

菲亚特集团中各个品牌均保持传统特色。有贵族血统的蓝旗亚汽车保持一种高雅、尊贵的格调，阿尔法·罗密欧则是现代运动轿车的标志，玛莎拉蒂展现着意大利轿跑车的精华，法拉利更是世界跑车中的极品。

2. 车标

菲亚特标志和车标几经变迁（图4-11）。最初是盾形标志，自1899年创立意大利都灵汽车公司时开始使用。1901年，开始采用公司全称四个单词的第一个大写字母"FIAT"为商标，其后车标外形不断变化。1904年，开始使用椭圆形标志。1921年，出现圆形FIAT车标。1931年，开始使用方形车标FIAT。1968年，开始采用斜体"FIAT"四个字母分开的标志。从1999年菲亚特公司成立100周年起，车标又统一采用圆形FIAT车标。

（八）斯柯达汽车公司

1. 建立与发展

斯柯达汽车公司是位于捷克的一家公司，其历史可追溯到1894年，是世界上最早的轿车生产厂家之一。1991年，因大众集团收购了70%的股份而成为大众集团的子公司。斯柯达公司生产的汽车有1/3销售给其本国用户，其余产品销售到全球的63个国家和地区。生产的主要车型有欧雅、法比亚、速派、福尔曼和弗来西亚。

项目四 著名汽车公司与汽车名人趣事

图 4-11 菲亚特车标的演变

2. 车标

斯柯达汽车的标志初看像一只温文尔雅的"小鸟"（图 4-12），大圆环象征该厂的产品无可挑剔；鸟翼象征技术进步和产品行销全球；翅膀上方的小孔代表生产的精度、技术的先进性和产品的可靠性；翅膀下方的箭头表明生产方式的进步；外环中朱黑的颜色象征着公司百余年的传统；中间的绿色表达了斯柯达人对环境保护和资源再生的重视，同时也象征了企业的无限生命力，喻示这家百年老厂将永葆青春。

图 4-12 斯柯达车标

二、美系著名汽车公司

（一）通用汽车公司

通用汽车公司由威廉·杜兰特于 1908 年 9 月 16 日在新泽西州以别克汽车公司为核心创建，现在公司总部设在底特律市。自从公司建立以来，先后联合或兼并了别克、凯迪拉克、雪佛兰、奥兹莫比尔、庞蒂克、克尔维特、悍马等公司，还拥有铃木 3% 的股份。2009 年 6 月 1 日，通用汽车申请破产保护。2009 年 7 月 10 日，成立新通用汽车有限公司，结束破产保护，由美国联邦政府注资而持有其 60.8% 的股权，新公司标志保持不变。通用

▶ 汽 车 文 化

汽车公司是美国最早实行股份制和专家集团管理的特大型企业之一。

通用汽车公司（简称通用）是一个由几十家不同专业公司组成、高度垂直的综合跨国公司，该公司所属五大业务部门，分别是北美业务部、德尔福汽车系统、国际业务部、通用汽车金融信用公司和休斯电子公司。通用在中国与上汽集团等建立上海通用汽车制造、泛亚汽车技术中心、汽车金融等合资和独资企业。通用汽车公司在全球生产和销售包括凯迪拉克、别克、雪佛兰、吉姆西、霍顿、欧宝、萨博、宝骏和沃克斯豪尔等一系列品牌车型并提供服务。

1. 凯迪拉克汽车公司

1）建立与发展

凯迪拉克汽车分部的前身是凯迪拉克汽车公司，于1902年由亨利·利兰德创建，1909年加入通用汽车公司。一百多年来，凯迪拉克汽车在行业内创造了无数个第一，缔造了无数个豪华车的行业标准，可以说凯迪拉克的历史代表了美国豪华车的历史。在韦伯斯特大词典中，凯迪拉克被定义为同类中最为出色、最具声望的事物的同义词，被一向以追求极致尊贵著称的伦敦皇家汽车俱乐部冠以"世界标准"的美誉。凯迪拉克融合了百年历史精华和一代代设计师的智慧，成为汽车工业的领导性品牌。

图4-13 第一辆全封闭车身凯迪拉克汽车

第一辆凯迪拉克诞生于1902年10月17日，采用单缸发动机，输出功率为7350 W，售价为750美元，于1903年参加纽约车展时销售一空。

1905年，凯迪拉克推出了第一款全封闭车身的凯迪拉克（图4-13）。

2）车标

凯迪拉克旧车标（图4-14）是凯迪拉克家族在古代宗教战争中所使用的"冠"和"盾"形纹章图案，周围为郁金香花瓣构成的花环。冠上的7颗珍珠显示了皇家贵族的尊贵血统。盾象征着凯迪拉克军队的英勇，分4个等份。第1个和第3个等份是门斯家族的纹章金底，中间是横穿而过的深褐色棒，把3只相同的黑鸟分开，两只在上，一只在下。这些没有腿和嘴的黑鸟象征着基督教武士的智慧、富有和完美的品德。第2个和第4个等份为红色和银色块，以对角排列，代表凯迪拉克家庭拥有广阔的土地。红色象征着勇猛和大胆；银色表示纯洁、博爱、美德和富有。纵横相接的杠表示了凯迪拉克家族在十字军战争的遥远战场上富有骑士般的勇猛。

21世纪初，通用公司对凯迪拉克车标进行了一系列创新设计。新车标（图4-15）整体以铂金颜色为底色，而花冠则保留了原有的色彩组合，不过"6只可爱的小鸟飞走了"。新标志比喻凯迪拉克汽车的高贵、豪华、气派和潇洒，用凯迪拉克骑士们的英勇善战、攻无不克，比喻凯迪拉克牌汽车具有巨大的市场竞争力。

项目四 著名汽车公司与汽车名人趣事

图4-14 凯迪拉克旧车标

图4-15 凯迪拉克新车标

2. 别克汽车公司

1）建立与发展

别克汽车公司于1903年5月19日由苏格兰人大卫·别克创建。公司建立不久就陷入了困境，詹姆斯·惠廷说服了别克在弗林特马车公司的同事们，买下了别克汽车公司，并迁往弗林特。后来，很有见识的马车制造商威廉·杜兰特资助别克汽车公司50万美元，并于1904年控制了该公司，从此别克公司兴旺起来。1908年9月16日，威廉·杜兰特以别克公司为核心成立了通用汽车公司。别克分部是通用汽车公司的第二大部门。

2）车标

别克标志发展至今日，其为人所熟悉的"三盾"样式经历了近半世纪的演变过程（图4-16）。20世纪30年代中期，在底特律公共图馆内，通用汽车公司人员在1851年编写的《消失的家徽》中发现了苏格兰别克家族的家徽。别克家族的家徽是一个红色盾形标志，银色和蔚蓝色围棋格子带状图案从左上角穿过直到右下角。在盾的右上角有一长有鹿角的鹿头，在盾的右下角有一金色十字架，十字架中间有一圆孔，孔中的颜色与红色盾的颜色一致。

别克汽车首次使用别克家族的家徽作为装饰是在1937年的新款车型上，这个装饰标志非常接近于《消失的家徽》中的描述。1942年，盾形标志被又一次改为典型的家徽模式，但在此基础上别克公司作了一些改动。不久以后，别克公司投入第一次世界大战军事用品的生产。1949年，别克标志被加宽，并加入了车盖和格栅样式，但其原来式样的基本要素仍被保留下来。

3. 雪佛兰汽车公司

1）建立与发展

1911年，杜兰特离开通用后，与瑞士赛车手路易斯·雪佛兰合建雪佛兰公司。1918年，杜兰特回到通用后，公司被并入通用，此后雪佛兰汽车公司一直是通用公司最大的分部。其车型品种非常广泛，从小型轿车到大型四门轿车，从厢式车到大型皮卡，甚至从越

▶ 汽车文化

图4-16 别克车标的演变

野车到跑车，消费者所需要的任何一种车型，都可以在雪佛兰中找到。自2005年2月起，从前的韩国大宇也已经归属通用汽车，在它旗下有马蒂兹、卡罗斯、Lacetti、旅行家等一系列畅销车型。雪佛兰在中国的产品包括迈锐宝、科帕奇、景程、科鲁兹、爱唯欧、赛欧、科迈罗、沃蓝达等，产品矩阵覆盖中高级车、中级车、紧凑型车、小型车、SUV、豪华跑车及新能源车等多个细分市场。

2) 车标

雪佛兰"蝴蝶领结"车标（图4-17）于1914年正式亮相，领结是人人喜欢的饰物，形似领结的车标象征雪佛兰汽车的大方、气派和风度，更体现了其贵族气质与优秀的服务精神。文字"CHEVROLET"是其瑞士著名赛车手、工程师路易斯·雪佛兰德的姓氏。

图4-17 雪佛兰车标

4. 庞蒂亚克汽车公司

1) 建立与发展

庞蒂亚克汽车分部原为奥克兰汽车公司，于1907年8月28日由一位年轻的实业家爱德华·墨菲创建。庞蒂亚克是一个印第安酋长的名字，18世纪，他曾率部在底特律附近抵抗英法殖民者。为了纪念他，人们把靠近底特律的一座小城命名为庞蒂亚克市。在这里，墨菲于1893年创办了庞蒂亚克轻便马车公司，于1908年生产了一种四缸发动机轿车，该款轿车功率大、很有竞争力，因而得到了迅速的发展。奥克兰汽车公司的兴旺引起

— 84 —

了杜兰特的注意，通过会谈，1909年1月20日，通用汽车公司收购了奥克兰汽车公司50%的股份。同年夏天，奥克兰汽车公司创始人爱德华·墨菲过世之后，通用汽车全面控制了该公司。1932年，奥克兰汽车公司更名为庞蒂亚克汽车公司，生产中档汽车。

2）车标

庞蒂亚克车标（图4-18）是带十字标记的箭头。十字形标记表示庞蒂亚克汽车部是通用汽车公司的成员，也象征着庞蒂亚克汽车安全可靠，箭头代表庞蒂亚克公司的超前技术和攻关精神。

图4-18 庞蒂亚克车标

（二）福特汽车公司

1. 建立与发展

福特汽车公司是世界三大汽车公司之一，于1903年6月16日由亨利·福特在底特律创立，现在总部设在美国密歇根州迪尔伯恩市。1908年，福特汽车公司生产出世界上第一辆属于普通百姓的汽车——T型车，世界汽车工业革命就此开始。1913年，福特汽车公司又开发出了世界上第一条装配流水线，到1927年，T型车累计生产1500万辆，福特先生为此被尊为"为世界装上轮子"的人。

福特汽车公司凭着创始人亨利·福特"制造人人都买得起的汽车"的梦想和卓越远见，福特汽车公司历尽一个世纪的风雨沧桑，已经成长为全球最大的卡车制造商和第二大汽车公司。目前，它拥有世界著名的七大汽车品牌：福特、林肯、水星、马自达、阿斯顿·马丁、捷豹、沃尔沃。

2. 车标

福特车标采用福特的英文"Ford"字样，蓝底白字（图4-19）。由于创始人亨利·福特喜欢小动物，所以车标设计者把福特的英文设计成酷似一只小白兔的图案。此车标象征福特汽车飞奔世界各地、遍及世界汽车市场的决心。

（三）克莱斯勒汽车公司

1. 建立与发展

克莱斯勒汽车公司是美国第三大汽车公司，由沃尔特·克莱斯勒脱离通用汽车公司后，在麦克斯韦尔汽车公司的基础上，于1925年6月6日创立的，公司总部设在美国底特律。

1928年7月，克莱斯勒公司收购了道奇汽车公司，成立了道奇部。后来，将麦克斯韦尔汽车公司改建为克莱斯勒公司的顺风（又称普利茅斯）部，将余下的克莱斯勒品牌部分成立克莱斯勒部。1987年，克莱斯勒汽车公司并购了美国汽车公司，成立了鹰·吉普部。1998年，克莱斯勒汽车公司与戴姆勒—奔驰汽车集团合并成立戴姆勒—克莱斯勒汽车集团，成为世界第五大汽车公司。

克莱斯勒汽车公司拥有克莱斯勒、道奇、顺风和吉普等汽车品牌。

2. 车标

▶ 汽 车 文 化

克莱斯勒汽车公司的标志（图4-20）像一枚五角星勋章，体现了克莱斯勒家族和公司员工们的远大理想和抱负，以及永无止境的追求和在竞争中获胜的奋斗精神。五角星的5个部分，寓意着克莱斯勒汽车公司的汽车遍及亚、非、欧、美和澳五大洲。

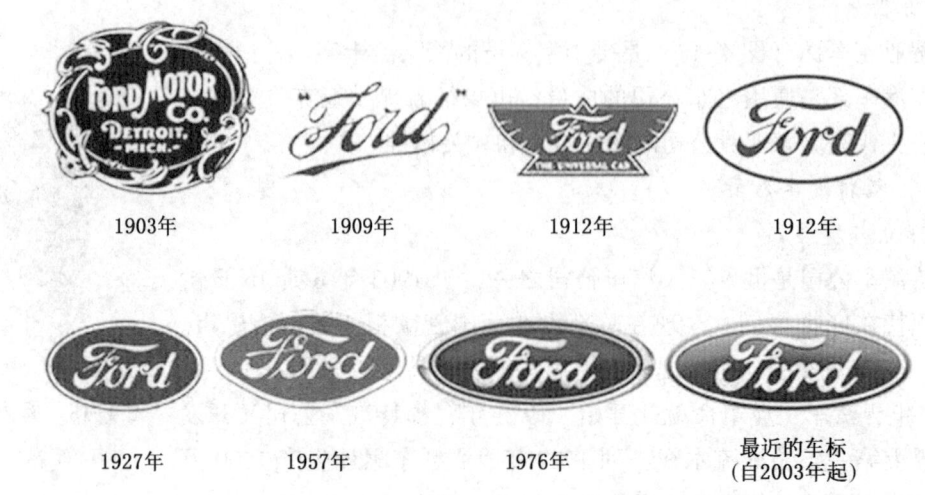

图4-19 福特车标的演变

图4-20 克莱斯勒车标

三、中国汽车的发展

（一）中国第一汽车集团公司

1. 建立与发展

第一汽车集团公司（以下简称一汽集团）被誉为"中国汽车的摇篮"，于1953年7月15日创建，其前身是第一汽车制造厂，我国汽车工业从其创建之日起便踏上了不断发展的征程。1956年7月15日，第一辆国产载货汽车下线，结束了我国不能自主生产汽车的历史。

自1956年开始，一汽集团肩负我国汽车工业发展的重任，经历了建厂创业、产品换型和工厂改造及上轻型车、轿车三次大规模发展阶段，产品生产由单一卡车向轻型车和轿车方面发展。1991年，一汽集团与德国大众汽车公司合资建立年产15万辆轿车的生产基地；2002年，与天津汽车工业（集团）有限公司联合重组。

目前，一汽集团公司产品结构已形成中、重、轻、轿、客、微的全系列汽车产品格局。经过50多年的发展，逐步形成了东北、华北及西南三大基地，一汽集团已成为我国最大的汽车企业集团之一。

一汽集团现有17个职能部门，22个全资子公司、14个控股子公司，其中有4个子公司已上市，分别是一汽轿车股份有限公司、长春一汽富维汽车股份有限公司、天津一汽夏利汽车股份有限公司及一汽启明信息技术股份有限公司。现有员工13.2万人，资产总额达1340亿元。

一汽汽车公司发展历程如下。

1953年7月15日，第一汽车制造厂在长春动工。

1956年7月15日，第一辆国产"解放牌"汽车诞生。

1958年5月，第一辆"红旗牌"轿车诞生。

1982年，组建第一汽车集团公司。

1991年，与德国大众汽车公司合资成立一汽大众汽车有限公司。

2003年9月，一汽集团公司与天津汽车工业（集团）有限公司及日本丰田汽车公司合作组建了天津一汽丰田股份有限公司。

2004年5月28日，一汽解放公司发动机分公司成立。

2005年1月8日，一汽客车（无锡）有限公司成立。

2. 主要品牌及车标

1）红旗品牌及车标

红旗品牌属于一汽集团的自有品牌。红旗品牌轿车自诞生之日起就成为国家和民族精神的象征，被誉为"国车"，它在相当长一段时间被用作国家领导人的专用车、国家唯一的礼宾车。1980年，"红旗"因耗油量大、成本高、产量低而停产。

红旗品牌现已有红旗HQ3、旗舰、名士及世纪星等车系。红旗2009款HQE型轿车如图4-21所示。红旗HQE是一汽集团献礼国庆60周年庆典的车型，其有三排座椅，长度超过6 m。整车采用全手工制造，全铝车身轻量化设计，外观及细节都蕴涵着"中国式"的尊贵。HQE在造型上继承了第一代红前高后低的船型车身、对开式车门以及三排侧窗的造型，配以V型12缸发动机（CA12GV）。该发动机是一汽集团专门为全新HQE开发的一款具备先进水平的汽油发动机，也是我国第一款自主开发的顶级乘用车发动机。

图4-21 红旗2009款HQE型轿车

红旗车标（图4-22）是在椭圆中有一个带羽毛的"1"，表示中国第一汽车集团，该车标镶嵌在散热器的正中；文字"红旗"车标则标注在车尾。红旗新车标以"第一"的"一"的阿拉伯数字"1"字形为依托，将代表全球的椭圆与"1"字

图4-22 红旗车标

▶汽 车 文 化

形有机结合起来，构成简洁、流畅、活泼的造型，强调了"第一"的品牌名称及其意义。

2）解放品牌

解放品牌是新中国成立后的第一个汽车品牌，现已拥有轻、中、重三大车系，产品包括普通载货车、自卸车、牵引车、半挂车、搅拌车及邮政车等600多个品种，年产销量达20万辆之多。

解放 J6 是一汽集团最新的代表车型。J6 是一汽自主开发研制的适应我国国情的世界级商用车，按驾驶室的不同分为 2250 和 2490 两大系列，涵盖 8~24 t 全系列产品，功率为 130~460 hp（1 hp=0.735 kW）。

3）一汽大众品牌

一汽大众汽车有限公司是由一汽和德国大众汽车股份公司、奥迪汽车股份公司及大众汽车（中国）投资有限公司合资经营的大型乘用车生产企业，于 1991 年 2 月 6 日成立。一汽大众发展至今已经拥有长春、成都两个整车生产基地，建有轿车一厂、轿车二厂、轿车三厂和发动机传动器厂。一汽大众品牌分为大众品牌和奥迪品牌两大名牌产品。大众品牌有迈腾、速腾、高尔夫、新宝来、宝来经典、捷达及开迪等车型。

大众全新捷达轿车如图 4-23 所示。全新捷达车身尺寸较老款有所增加，后备厢容积达到了 660 L，比一般的轿车大很多。全新捷达轿车配以捷达经典发动机、五速手动变速器，起步及加速顺畅有力，更加适合城市驾驶。

迈腾轿车如图 4-24 所示，"迈"寓意自信、果决、动感，"腾"表示腾飞、超越、激情。该款车配以 TSI 发动机及 Tiptronic 六速手自一体变速器，是同级别车型中技术含量最高的车型。

图 4-23 全新捷达轿车

图 4-24 迈腾轿车

4）一汽马自达品牌

一汽马自达品牌的车型主要为马自达 6 和马自达 6 睿翼。一汽马自达 6 睿翼如图 4-25 所示。

马自达 6 是马自达公司（图 4-26）著名的车型之一，于 2002 年 2 月在日本投产，短短 8 个月就在全球 20 多个国家获得 50 个奖项。它凭借扎实的底盘功夫，一流的操控水准,享有"弯道王子"的美誉。

图 4-25 马自达 6 睿翼轿车

图 4-26 马自达车标

(二) 上海汽车集团公司

1. 建立与发展

上海汽车工业(集团)总公司(以下简称上汽集团)是我国三大汽车集团之一,主要从事乘用车、商用车和汽车零部件的生产、销售、开发、投资及相关的汽车服务贸易和金融业务。上汽集团持有上海汽车集团股份有限公司(以下简称为上海汽车)78.94%的股份,同时持有独立供应汽车零部件业务上市公司华域汽车系统股份有限公司 60.10%的股份。

上汽集团在中国企业联合会、中国企业家协会联合发布的"2006 年度中国企业 500 强"名列第 18 位,"2007 年度中国企业 500 强"排名第 19 位。

2008 年,上汽集团整车销售量超过 182.6 万辆,其中乘用车销售量为 111.8 万辆,商用车销售量为 70.8 万辆,在国内汽车集团排名中继续保持第一位。

2012 年,集团以 762.3 亿美元的合并销售收入第九次入选《财富》杂志世界 500 强企业,排名第 103 位。

上汽集团总部在上海,在柳州、烟台、沈阳及青岛等地建立了自己的生产基地,下属二级企业 55 家,员工约 6 万人。

上汽集团与德国大众、美国通用汽车等全球著名公司合作,形成上海通用、上海大众、上汽双龙、上海通用五菱和上海申沃等合资企业公司。

上海汽车公司发展历程如下。

1957 年 9 月,第一辆 58 型越野车在上海汽车装配厂试制成功。

1958 年 9 月 28 日,上海汽车装配厂制造出第一辆凤凰牌轿车,实现上海汽车工业轿车制造"零"的突破。

1964 年,凤凰牌轿车改名为上海牌轿车。

1975 年,上海汽车工业年产汽车达 5000 辆。

1978 年以来,上海汽车工业抓住改革开放的机遇,加快发展,成为我国重要的轿车生

▶汽 车 文 化

产工业基地之一。

1985年,上海大众汽车有限公司成立。

1995年,上海汽车工业正式更名为上海汽车工业(集团)总公司,同年,成功开发桑塔纳2000型汽车。

1997年,上海通用汽车有限公司、泛亚汽车技术中心有限公司成立。

2002年,上海通用五菱汽车股份有限公司成立。

2006年11月1日,上汽首款中高档自主品牌产品荣威750轿车以及在其技术平台上开发的新能源混合动力轿车首次公开亮相。

2007年5月17日,由上海拖拉机内燃机公司与美国天纳克公司共同投资的上海天纳克研发中心正式成立。该中心的成立,显示上汽集团在零部件业务上从生产领域进一步深入研发领域。同年6月,荣威第10000台KV6发动机在上海汽车乘用车公司宝山发动机工厂成功下线,标志着我国中高档汽车发动机制造跨入新的台阶。

2. 主要品牌及车标

1) 上海大众品牌

上海大众汽车有限公司是一家中德合资企业,成立于1985年,双方投资比例各为50%。公司总部位于上海安亭国际汽车城,占地面积约333万 m^2。上海大众目前具备了年生产60万辆整车的能力,是国内规模最大的现代化轿车生产基地之一。公司目前拥有桑塔纳、帕萨特、波罗、途安、朗逸、明锐、晶锐及昊锐八大汽车产品。

上海大众桑塔纳轿车是上海大众汽车合作成功后的第一个品牌汽车,其动力强劲,燃油消耗量低,备受关注。桑塔纳3000型轿车如图4-27所示,它集现代设计、制造工艺及配备于一身,是目前较受欢迎的一款车型。

与桑塔纳相比,上海大众帕萨特轿车的流线设计更为突出,整车风阻系数仅为0.28左右。其具备良好的空气动力性、节能性,百公里耗油量约为5.8 L,最高时速可达206 km,已达到世界先进水平。帕萨特新领驭轿车如图4-28所示。

图4-27 桑塔纳3000轿车

图4-28 帕萨特新领驭轿车

上海大众汽车有限公司是我国最早的轿车合资企业,成功探索创造了利用外资引进技术与自我发展相结合的模式,在自身滚动发展的同时,带动了一大批相关产业的发展进步,成为我国汽车产业的领头羊。

2)上海通用品牌

上海通用汽车有限公司成立于1997年6月12日,由上海汽车集团股份有限公司、通用汽车公司共同出资组建而成,目前拥有浦东金桥、烟台东岳、沈阳北盛三大生产基地,拥有4个整车生产厂、2个动力总成厂,2012年全年销售超过139万辆。

上海通用汽车公司连续多年获得"中国最受尊敬企业"的称号,堪称我国汽车工业的重要力量。公司坚持"以客户为中心、以市场为导向"的经营理念,不断以丰富的产品和优质的服务满足日益增长的市场需求。

上海通用汽车公司目前已拥有别克、凯迪拉克、雪佛兰等品牌,共25大系列的产品矩阵,覆盖了从顶级豪华车到经济型轿车,以及高性能豪华轿车、MPV、SUV等宽泛的领域。凯迪拉克CTS轿车如图4-29所示。

上海通用别克注重绿色环保,三元催化、4T65E自动变速器采用了一系列的最新科技成果,电子控制负载离合系统、电子管道压力控制器和一个庞大的液力变矩器,能自动调整换挡质量并保持最佳换挡感应,同时由PCM动力总成计算机模块控制。别克君威轿车如图4-30所示,其外形大气而尊贵,又充满时代感,深受年轻一族的欢迎。

图4-29 凯迪拉克CTS轿车

图4-30 别克君威轿车

3)上汽荣威品牌

荣威是我国汽车工业的第一个国际化品牌,是上汽在2006年基于罗孚75技术核心,全面汇融欧洲豪华车技术而全力打造的。

荣威品牌的命名融入我国传统元素,体现了自强不息的精神和深厚的文化积淀,同时也传递出经典、尊贵的气度。其中,"荣"有荣誉、殊荣之意;"威"含威望、威仪及尊贵地位之意。荣威合一,体现了创新殊荣,威仪四海的价值观。

荣威车标(图4-31),其整体结构是一个稳固而坚定的盾形,暗寓其产品可信赖的尊崇品质,及上海汽车自主创新、国际化发展的坚强决心与意志;以红、黑、金3个主要色调构成,这是我国最经典、最具内蕴的3个色系,红色代表热烈与喜庆,金色代表富贵,黑色则象征威仪和庄重;核心形象以两只站立的东方雄狮构成,双狮图案以直观的艺术手法展现出荣威汽车尊贵、威仪、睿智的强者气度;图案下方用现代手法绘成的符号是字母

▶汽车文化

"RW"的融合,是品牌名称的缩写,同时,"RW"在古埃及语中亦代表狮子。此外,图案的背景为对称分割的4个红黑色块,暗含着阴阳变化的玄机,代表了荣威求新求变、不断创新与超越的企业意志。荣威750轿车如图4-32所示,其车身内外弥散着纯正浓厚的英伦新经典主义气息,于沉稳时尚之中呈现出鲜明的审美风尚,气派非凡,个性十足。

图4-31 荣威车标

图4-32 荣威750轿车

(三) 东风汽车集团公司

1. 建立与发展

东风汽车公司始建于1969年,是我国汽车行业骨干企业之一。公司主要业务分布在十堰、襄樊、武汉及广州四大基地,形成了"立足湖北,辐射全国,面向世界"的企业布局。公司总部设在武汉,主营业务涵盖全系列商车、乘用车、发动机及汽车零部件等。

东风汽车集团公司现有总资产732.5亿元,员工12.4万人。2012年,销售汽车261.5万辆、实现销售收入2692亿元,在国内汽车细分市场中,重卡、SUV、中客排名第一位,轻卡、轻客排名第二位,轿车排名第三位。2010年,公司位居"中国企业500强"第13位,"中国制造企业500强"第2位。东风汽车集团公司总部大楼如图4-33所示。

图4-33 东风汽车集团公司总部大楼

进入21世纪,东风汽车集团公司着手参与国际竞争,按照"融入发展,合作竞争,

— 92 —

做强做大"的发展策略，积极推进与跨国公司的战略合作，先后扩大和提升与法国标致—雪铁龙集团的合作，与日产进行全面合资重组，与本田拓展合作领域，整合重组了悦达起亚等。全面合资重组后，东风集团的体制和机制再次发生深刻变革。按照现代企业制度和国际惯例，构建较为规范的母子公司体制框架，东风公司成为混合控股的国际化汽车集团。

目前，东风汽车集团通过不懈的努力已经跻身国际汽车品牌行列。

东风汽车公司发展历程如下：

1967年4月1日，第二汽车厂在湖北十堰动工兴建。

1978年7月，东风5t载货车投产。

1981年7月，东风汽车集团公司成立。

1993年，郑州日产汽车公司成立。

1998年7月1日，东风本田发动机有限公司成立。

2001年11月27日，东风、悦达起亚在北京签署合作协议。

2003年1月23日，神龙汽车有限公司在武汉成立。

2004年12月30日，由全国主要省市的15家媒体联袂打造的权威评选活动——中国年度汽车总评榜颁奖典礼在广州举行。东风汽车集团公司的天籁轿车摘取了"2004年度最佳高级车"的桂冠。

2005年3月1日，东风集团乘用车公司第20万辆轿车在广东花都举行下线仪式。

2006年2月26日，东风本田公司在武汉隆重举行12万辆乘用车项目建成投产庆典仪式，正式宣告该公司已形成年产12万辆的生产能力。

2007年5月25日，东风康明斯发动机有限公司生产的东风康明斯第100万台发动机下线。

2007年1—11月公司生产汽车105万辆，销售102万辆，产销双双突破百万辆大关，提前完成打造百万辆级汽车企业这一具有里程碑意义的事业目标。

2. 主要品牌及车标

1）东风品牌

东风乘用车公司（东风集团内部称为乘用车事业部）创立于2007年7月25日，是东风汽车集团公司组建的以研发、制造、销售东风自主品牌乘用车为主的新兴事业板块，由东风汽车集团股份有限公司授权经营，属于分公司性质，并模拟子公司运行。东风乘用车公司的首款汽车产品为东风风神S30。

东风风神S30如图4-34所示，它是东风乘用车公司秉承"人性、自然、科技"的造车理念而设计的，整车内外洋溢着自由的气息，自2009年4月在上海车展上亮相至今，已荣获10项大奖。

2）东风日产品牌

东风日产乘用车公司成立于2003年6月16日，是东风汽车集团公司旗下重要的乘用车板块，从事乘用车的研发、采购、制造、销售、服务业务，是我国为数不多的具备全价值链的汽车生产企业。东风日产花都、襄樊两工厂年总生产汽车数量达46万辆，产品品质和生产效率与国际先进水平基本持平。

目前，东风日产旗下拥有新一代天籁、蓝鸟、奇骏、逍客、轩逸、骐达、颐达、骏逸及骊威等多款畅销车型，完成了五大车系的战略布局，覆盖轿车、MPV及SUV等领域，成为行业内车型最多、产品线最完整的企业之一。

东风日产新蓝鸟智尊轿车如图4-35所示，它采用三合一超强双模式双孔电控喷射技术的发动机，配备可视倒车影像监视及车载蓝牙电话通信系统，并配备气动按摩座椅。它代表了日产汽车未来的造型风格。

图4-34　东风风神S30轿车

图4-35　东风日产新蓝鸟智尊轿车

3）东风本田品牌

东风本田汽车有限公司是一家由东风汽车集团股份有限公司与日本本田技研工业株式会社各出资50%共同组建的整车生产经营企业。公司成立于2003年7月16日，注册资本5.6亿美元。

东风本田公司现拥有具备强大技术研发力量的研究开发中心，以及冲压、焊装、合成树脂、涂装、发动机铸造、机械加工、装配及汽车总装等先进工艺的生产车间。其中，车身总成生产线具备在线检测功能，可制造更高刚度和精度的车身；合成树脂车间拥有3台世界最高速成型机；涂装车间采用水性涂料，使有毒气体下降了80%，相关工位的温度、湿度及压力等均属自动化控制，设备先进；总装车间采用国内首条空中摩擦输送链生产线，自动变速传动，能耗小；整车检测线引进先进检测设备，采用板链输送，满足高速可变节奏生产；发动机铸造车间缸体及缸盖的毛坯铸造采用铝合金轻质材料，集中快速熔化，高压/低压铸造成型，能耗少，尺寸精度高。

东风本田汽车公司的主要汽车产品为思域（图4-36）、思铂睿和CR-V（图4-37）。

本田CR-V是东风本田汽车公司引入国内生产的第一款车型。自2004年正式上市销售以来，在低迷的车市掀起了一阵狂澜，2004年6月整车销售1791辆，占整个SUV市场的13.2%。CR-V是Comfortable Runabout-Vehicle的缩写，从名字就可以看出它对舒适性的要求是首要的，东风本田CR-V装配排量为2.0 L发动机，采用了双顶置凸轮轴i-VTEC

图4-36 本田思域轿车

图4-37 本田CR-V

系统,最大功率为110 kW,动力性及越野性虽不及纯正的越野车,但作为一款都市多功能车,其舒适性和实用性是越野车无法比拟的。

东风本田以"信念突破边界"作为品牌理念,将始终遵从中国汽车工业发展的政策,为成为QCD具有国际竞争力,与社会、环境和谐共存的大型乘用车企业而不断努力。

(四)长安汽车集团公司

1. 建立与发展

长安汽车集团公司(以下简称为长汽)是我国微型车之王,公司总部设在重庆市拥有员工约4万人,在"重庆市工业企业50强"中占首位。

在国际汽车制造商协会(OICA)发布的2010年全球汽车企业销量排行中,中国安汽车集团以168万辆的自主产量,跻身中国汽车企业第1位、全球车企第13位。

长安汽车拥有雄厚的生产实力,在国内拥有重庆、南京及河北三大产业基地,下属子公司包括重庆长安汽车股份有限公司、长安福特马自达汽车有限公司及长安铃木汽车有限公司等10余家公司。

长安汽车公司发展历程如下:

1862年12月,李鸿章授命英国人马格里和我国官员刘佐禹在上海松江城外一所宇中创办了上海洋炮局,次年更名为苏州洋炮局,这便是长安汽车集团公司的前身。

1958年,原长安厂试制柴油机、机床,并生产出国内第一辆吉普车——长江46轻型越野吉普车。

1962年,吉普车停产并移交北京吉普车厂。

1980年,原长安厂试制三牙轮钻头、摩托车发动机并投产。

1983年,第一辆长安牌微型汽车诞生。

1995年,原长安厂与原江陵厂合并为长安汽车有限责任公司。

1996年,重庆长安汽车股份有限公司成立。

1998年,长安汽车(集团)有限责任公司获国家正式批准成立,同年,"江陵""长安""奥拓"车标荣获重庆市首批著名车标称号。

2004年,长安集团推出我国第一款拥有完全自主知识产权的自主品牌汽车——长安CM8。

▶ 汽 车 文 化

2006年10月,"以我为主,自主开发"的长安汽车开发模式被国务院发展研究中心正式命名为"长安模式"。

2009年2月,长安集团第一次被国家正式列入我国汽车企业第一阵营,与一汽、二汽及上汽一同成为我国四大汽车集团。

2009年3月,具有世界品质的长安悦翔成功上市,尤其在NVH(振动噪声领域)中,其怠速噪声仅为41dB,达到国际高级轿车先进水平,产品供不应求。

2. 主要品牌及其车标

1) 长安马自达品牌

长安马自达(图4-38)是马自达品牌在我国重要的产品销售网络之一,目前承担着马自达2及马自达3在我国市场的品牌建设、市场销售和销售网络建设的全面市场营销工作。

马自达2劲翔轿车(图4-39)是一款典型的"素质"过硬车型。作为一款家用小车,马自达2劲翔的设计没有向保守拘谨妥协,依旧保留了马自达新锐设计的基因,跃动优雅的风格,夸张高调的腰线,散发着运动的气息。和两厢车型一样,马自达2劲翔尾箱盖上集成的高位刹车灯,给人以沉稳的感觉。马自达2劲翔配备排量为1.5 L的全铝合金发动机,其最大功率达到76 kW,最大扭矩达到138 N·m。

图4-38 长安马自达车标

图4-39 马自达2劲翔轿车

2) 长安铃木品牌

长安铃木汽车有限公司创建于1993年6月,由重庆长安汽车股份有限公司、日本铃木株式会社、日本双日株式会社及铃木(中国)投资有限公司四方持股,公司注册资本19000万美元,投资总额55500万美元。为了能稳定地提高汽车产品质量,长安铃木按汽车行业的质量管理要求,建立了更为完善的质量管理体系,并于2005年11月通过ISO/TS 16949质量管理体系认证。

长安铃木公司的汽车产品覆盖面较广,包括玲珑精巧的奥拓系列(图4-40)、简洁典雅的新羚羊系列(图4-41)、与世界同步的雨燕系列(图4-42)及全球首发的天语SX4系列(图4-43),为广大用户提供科技、安全、节能、环保的精品轿车。

3) 长安福特品牌

2001年4月,福特汽车公司和长安汽车集团公司合作创立了长安福特汽车有限公司,

项目四　著名汽车公司与汽车名人趣事

图 4-40　长安铃木新奥拓轿车

图 4-41　长安铃木新羚羊轿车

图 4-42　长安铃木雨燕轿车

图 4-43　长安铃木天语 SX4 轿车

双方各拥有 50% 的股份。

长安福特专业生产满足我国消费者需求的轿车。长安福特首辆投产的轿车福特嘉年华于 2003 年 1 月 18 日正式下线，同年 5 月，第二款产品蒙迪欧也正式上市。图 4-44 及图 4-45 分别为蒙迪欧致胜轿车及新嘉年华两厢轿车。

图 4-44　蒙迪欧致胜轿车

图 4-45　新嘉年华两厢轿车

4）长安汽车品牌

长安汽车产品包括杰勋、奔奔、长安星光、长安之星、长安星卡、长安运动星及长安运通等车型。

长安杰勋MPV造型大气、线条流畅，内部空间灵动、宽敞，其采用全球领先技术的HHRB高刚性吸能式笼形安全车身及激光焊接底盘，安全可靠。杰勋MPV如图4-46所示。

长安奔奔是长安的首款自主品牌轿车。它的开发历经3年，从发动机到外形全部是长安集团自主研发，配备排量为1.3L的发动机，百公里油耗仅为4.4L，是目前国内经济型轿车领域中的典范。奔奔轿车造型上以直线条为主，在大灯、前机舱盖及尾灯等处有突出的棱角设计。奔奔轿车如图4-47所示。

图4-46 杰勋MPV

图4-47 奔奔轿车

（五）广州汽车工业集团公司

1. 建立与发展

广州汽车工业集团有限公司（以下简称为广汽工业集团）成立于2000年，是广州市政府国有资产授权经营的企业集团。得益于我国汽车产业的持续、快速发展，广汽工业集团的生产规模、综合实力及核心竞争力得到了迅速提升和发展。

2006年，在全国15家汽车重点生产企业中，广汽工业集团的工业经济效益综合指数排名第一位，10项综合评价指标有6项指标排名行业第一位。

2007年，广汽工业集团汽车销售量为51.35万辆，排名全国第六位，在我国企业500强中排名第45位。

2008年，广汽工业集团实现产销汽车53万辆、摩托车93万辆，实现销售收入1125亿元、利税219亿元，成为我国汽车行业中继一汽、东风及上汽三大集团之后第四家工业总产值和销售收入双超千亿的大型汽车集团。2008年，广汽工业集团在我国企业500强中排名第40位。

广汽工业集团通过所属投资企业先后与多个国家和地区的世界著名企业合资建立了3个现代化轿车生产基地和一批高起点、专业化、系统管理的零部件生产及服务贸易企业，初步形成了乘用车、商用车、摩托车、零部件、服务贸易、研发六大事业板块，涵盖整车制造、零部件生产、技术研发、服务贸易等业务。

广州汽车工业公司的发展历程如下：

1986年9月，中法合资的广州标致汽车公司投产。
1997年6月，广州汽车集团有限公司成立。
1998年4月28日，广州本田汽车有限公司成立。
2000年6月28日，广州汽车工业集团有限公司成立。
2004年9月，广州丰田汽车有限公司成立。
2007年12月，广汽日野汽车有限公司举行成立暨奠基仪式。
2008年9月，广州丰田汽车有限公司更名为广汽丰田汽车有限公司。
2009年7月，广州本田汽车有限公司更名为广汽本田汽车有限公司。

2. 主要品牌及其车标

1）广汽本田品牌

广汽本田汽车有限公司（2009年7月1日前公司名称为广州本田汽车有限公司）于1998年7月1日成立，它由广州汽车集团公司和日本本田技研工业株式会社合资经营，双方各占50%股份，合作年限为30年。

广汽本田目前的产品有第八代雅阁轿车、新一代奥德赛商务车、锋范三厢轿车和飞度两厢轿车。图4-48及图4-49分别为锋范及本田飞度轿车。

图4-48 本田锋范轿车

图4-49 本田飞度轿车

2）广汽丰田品牌

广汽丰田汽车有限公司成立于2004年9月1日，由广汽集团与日本丰田汽车公司各出资50%组建，合作期限为30年，注册资本为26.93亿元人民币，总投资79.96亿元人民币。目前，共有员工5700余人，其中大专及其以上学历者达23.1%，平均年龄为23.9岁。

广汽丰田品牌的主要产品包括凯美瑞、雅力士和汉兰达等。公司投产的首款轿车凯美瑞是全球销量最大的中高档轿车之一，全球累计销售量已超过1000万辆。第六代凯美瑞轿车如图4-50所示，其外形在"动感而不失尊贵"的开发理念下，展现出焕然一新的面貌，进取之气浑然天成。其优异的舒适性加上出众的安全性能，使得驾乘凯美瑞成为一种真正的放松和享受。正是集大成于一身的特点，确立了凯美瑞的中高级轿车全球新标杆

▶ 汽 车 文 化

地位。

汉兰达是一款定位非常独特的豪华城市型 SUV，率先将高级轿车的豪华舒适与操控性能、SUV 的硬朗外形与通过性、MPV 的宽敞空间与便利性融于一体，实现商用、家用、休闲等各种用途之间"无界限"自由切换，满足了消费者全方位的用车需求。09 款汉兰达 SUV 如图 4-51 所示。

图 4-50　第六代凯美瑞轿车　　　　　　图 4-51　09 款汉兰达 SUV

（六）吉利控股集团公司

1. 建立与发展

吉利控股集团公司是我国汽车行业十强企业，1997 年进入轿车领域以来，凭借灵活的经营机制和持续的自主创新取得了快速的发展，其资产总值超过 140 亿元，连续六年进入我国企业 500 强之列，连续四年进入我国汽车行业十强之列，被评为首批"国家创新企业"和首批"国家汽车整车出口基地企业"，是我国汽车工业 50 多年历史中发展速度最快、成长最好的企业之一。

吉利控股集团公司现有员工近 6000 人，拥有整车、发动机、变速箱及模具的设计与制造能力，先后成立的吉利汽车研究院和吉利发动机研究所，每年可推出 2~3 款全新车型和发动机型。

集团总部设在杭州，在浙江临海、宁波、路桥、上海、兰州及湘潭建有 6 个汽车整车和动力总成制造基地，拥有年产 30 万辆整车及 30 万台发动机的生产能力。其现有吉利品牌、上海华普品牌、帝豪品牌、全球鹰品牌及上海英伦品牌等系列 30 多个品种整车产品。被喻为"中国第一跑"的都市休闲跑车美人豹获得了"中国工业设计创新"特别奖，成为永久收藏在国家博物馆中的我国自主设计开发的第一辆跑车。华普系列轿车被评为"性价出众产品"。吉利系列轿车被评为"消费者喜爱的自主汽车品牌"。自行研制的 MR479Q 系列发动机处于国内同类机型的先进水平。自主研发的乙系列自动变速箱成为国内第一款拥有自主产权的自动变速箱。吉利集团的自主研发能力和创新能力在我国轿车界处于领先地位。

吉利控股集团公司发展历程如下：

1986年11月6日，李书福以冰箱配件为起点开始了吉利创业历程。1989年，李书福转产高档装潢材料。

1994年6月，吉利汽车公司成功制造出我国第一辆豪华型踏板式摩托车。

1996年5月，吉利集团有限公司成立。

1997年，吉利进入汽车工业。

1998年8月8日，第一辆吉利汽车在浙江省临海市下线。

2001年，JL6360、HQ6360、MR6370及MR7130 4款车型登上国家经济贸易委员会发布的"中国汽车生产企业产品"公告，使吉利集团成为我国首家获得轿车生产资格的民营企业。

2002年，原浙江省财政厅党组成员、地税局总会计师徐刚出任集团首席执行官，标志着吉利集团开始从家族制企业向现代股份制企业的转型。

2004年1月，正式更名为吉利控股集团公司。

2009年10月，吉利控股集团月产销量再次突破30000辆。

2. 主要品牌及其车标

1）吉利品牌

吉利品牌的汽车产品有自由舰、吉利金刚、吉利金鹰和远景四大系。吉利远景如图4-52所示，它是一部经济性能非常好的家用小车，外观大气，内饰精致，配置在同级车型中也不逊色，符合我国消费者的需求。远景1.5 L搭载吉利自主研发的CVVT发动机，四大先进技术不仅保障了其高效率，也最大限度地提高了燃油效率，达到降低油耗的目的。

吉利车标如图4-53所示，作为特有的民族自主品牌，吉利车标有着其特殊的意义，"圆"表示地球，象征着吉利产品面向世界、走向国际化；蔚蓝的"内圈"象征广阔的天空，喻示吉利产品发展无止境；深蓝"外圈"象征无垠的宇宙，喻示吉利产品无限的发展空间。

图4-52　吉利远景轿车

图4-53　吉利车标

2）全球鹰品牌

2009年11月6日，吉利正式发布了全新的子品牌——全球鹰，而在广州车展上，吉利熊猫也作为全球鹰品牌下的首款车型正式上市，如图4-54所示。该款车的前部采用大嘴式设计，整体给人一种可爱的感觉；两前大灯酷似熊猫的黑眼圈；尾灯的设计来源于大

▶汽 车 文 化

熊猫的脚印图案,巧妙地设计成一大四小5个灯组;前雨刷采用有骨架式设计,对前车窗的附着力很到位。

吉利在2008年正式确定的全球鹰品牌的标志如图4-55所示,标志整体外廓为椭圆形,象征着全球化的背景,寓示吉利在全球市场的动态平稳的发展前景。椭圆形状呈掎角之势,意喻吉利的开拓、奋进、忠诚的精神和使命感。标志中间部分为吉利首字母"G"的变体,同时又是阿拉伯数字"6"的形状,"6"在我国传统文化中含有"吉祥顺利"的寓意,全球鹰造型则昭示着在新的阶段,吉利正以全新的激情和姿态,蓄势待发,并在不断的自我雕琢中崭露头角。

图4-54 吉利熊猫轿车

图4-55 全球鹰车标

3) 上海华普品牌

上海华普汽车有限公司是吉利控股集团下属企业,产品以中小型家用轿车为主,主要包括经典大气的海域系列轿车、运动激情的海迅系列轿车及时尚个性的海尚系列轿车。海迅轿车如图4-56所示。

海域轿车如图4-57所示,其汲取了源自欧洲成熟的轿车底盘技术,针对我国消费倾向及中等收入家庭和个人改善生活质量的需求而推向市场。它具有动力充沛、安全可靠、空间宽敞、操控灵活、人性设计、配置齐全等特点,是一款较为受欢迎的车型。

图4-56 海迅轿车

图4-57 海域轿车

4）帝豪品牌

帝豪品牌的口号是"开创新格局"，是吉利汽车的一个子品牌，其主要汽车产品为帝豪 EC 系列。

帝豪 EC718 如图 4-58 所示，它是吉利首款 B 级三厢轿车。EC718 引入了行人保护的理念，四气囊和侧气帘充分考虑了行人保护、各向碰撞等问题，独创的 BMBS（爆胎监测与安全控制系统）是帝豪 EC718 在安全配置上的突出亮点，使其成为一款不怕爆胎的轿车。

5）沃尔沃品牌

沃尔沃汽车公司是北欧最大的汽车企业，也是瑞典最大的工业企业集团，由 A·盖布里

图 4-58 帝豪 EC718 轿车

埃尔松和 G·拉松于 1927 年创建，总部设在瑞典哥德堡。自创立以来，沃尔沃始终将质量、安全和环保这三个因素贯穿于汽车设计、开发和制造的整个环节。尤其在安全方面，沃尔沃发明的安全底盘、三点式紧缩安全带和侧撞防护系列等已经成为当今一流汽车产品的标准配置。

1999 年，福特汽车公司收购了沃尔沃的轿车系。

2010 年 3 月 28 日，吉利控股集团有限公司与美国福特汽车公司在瑞典哥德堡正式签署收购沃尔沃汽车公司的协议，吉利控股集团以 18 亿美元收购了沃尔沃轿车公司 100% 的股份。

沃尔沃品牌的代表车型有 S 系列（S40、S70、S80、S90）、V 系列（V40、V70、V90）和 XC90 等。沃尔沃 XC90 如图 4-59 所示。

沃尔沃车标由图标和文字两部分组成，如图 4-60 所示，图形为车轮形状，并有指向右上方的箭头，文字为品牌名称的拉丁文"VOLVO"，意思是滚动向前，整个车标寓意着沃尔沃汽车的车轮滚滚向前和公司兴旺发达。

图 4-59 沃尔沃 XC90 SUV

图 4-60 沃尔沃车标

▶汽 车 文 化

任务二　汽车名人趣事

【任务目标】
1. 掌握汽车名人及其贡献。
2. 了解汽车名人成名过程。
3. 概述汽车史上的 6 座发展里程碑。

【任务描述】
汽车的诞生改变了人们的生活，也扩大了人们的视野。同时也铸就了无数的汽车名人，有勇于创新的发明家，有眼光敏锐的企业家，有技术超群的技术能手，有深具天赋的设计奇才，有叱咤风云的管理人杰，正是这些英雄们创造了一个神奇的汽车世界。

一、汽车名人

（一）汽车名人代表

1. 现代汽车之父——卡尔·本茨

卡尔·本茨（Karl Benz，1844—1929 年），德国著名的戴姆勒—奔驰汽车公司的创始人之一，现代汽车工业的先驱者之一，被称为"汽车之父""汽车鼻祖"。他既有工程师的基本素质，又有企业家的经营技巧。

本茨生于一个德国工程师之家，在母亲的支持下，他于 1860 年进入卡尔斯鲁厄综合科技学校，系统学习了机械构造与原理、发动机制造、经济核算等课程，这为其日后的发展打下了良好基础。最初，他在德国的曼海姆经营奥托四冲程煤气机，后来投入到汽油机的研制，1879 年，经历创业失败的他发明了第一台单缸煤气发动机。经过多年努力，终于又研制成功了单缸汽油发动机，并于 1886 年 1 月 29 日，得到了世界上第一个"汽车制造专利权"，而这一天也被认为是"世界汽车诞生日"。

1883 年，本茨与另外两个合作者建立了奔驰公司莱茵燃气发动机工厂，开始生产工业用二冲程发动机，同时向其他企业出售燃气发动机生产许可证。1886 年 1 月 29 日，本茨开发的三轮四冲程汽油发动机汽车获得发明专利。这辆汽车采用的是带有飞轮的水冷、单缸、四冲程汽油发动机，功率输出为 0.75 hp/400 r·min^{-1}，最高速度达 16 km/h。

1893 年，本茨经过 5 年的努力，研制成功了性能更加先进的"维克托得亚"牌汽车，本茨为了寻找出路，便开始在 1894 年生产便宜而带有发动机的"自行车"。后来，"维克托得亚"牌汽车又得到了进一步的改进，车厢内设计成 18 个座位，成为世界上第一辆公共汽车。1899 年，本茨汽车公司改组为奔驰莱茵汽车股份有限公司，成为当时世界上最大的机动车生产厂家。

1924 年，奔驰和戴姆勒两家汽车公司开始协作设计和生产。两年后，成立戴姆勒—奔驰公司。

2. 汽车工业先驱——戈特利布·戴姆勒

戈特利布·戴姆勒（1834—1900年，图4-61）是奔驰汽车的创造者之一，也是汽车工业的先驱。

1872年，戴姆勒和好友迈巴赫合作，开始自己研制发动机。1884年，戴姆勒研制出第二台发动机，因其外形独特，取名为"立钟"—即立式发动机。

在试验中以600 r/min转时功率达到了1 hp，它被戴姆勒安装在一辆橡木自行车上，制成了世界上第一辆摩托车（图4-62），并试车成功。1886年，戴姆勒把发动机安装在马车上，创造了第一辆戴姆勒汽车。

图4-61　戈特利布·戴姆勒　　　　图4-62　第一辆摩托车

1890年，戴姆勒发动机公司成立，并迅速发展成为大型企业，迈巴赫任总工程师。1896年，两人设计出第一辆载货汽车。该车的发动机装在车轮中部，靠齿轮驱动后轮，采用马车用的传统钢板弹簧，可载重1.5 t，装载功率为2.98 kW的汽油发动机。

1897年，戴姆勒的公司生产出"凤凰"牌小客车。这种小客车的前置发动机有35 hp，它的前车灯、挡风板、双门5座位敞篷车造型更加接近现代轿车的特征，比原来更轻、动力更大的引擎，更长的轴距，更低的重心。

1900年3月6日，66岁的戴姆勒离开人世。26年后，戴姆勒公司与奔驰公司合并成立了在汽车史上举足轻重的戴姆勒—奔驰公司，从此他们生产的所有汽车都命名为"梅赛德斯—奔驰"。

3. 杰出的汽车设计大师——费迪南德·保时捷

费迪南德·保时捷（1875—1952年，图4-63）是保时捷汽车公司创始人，德国著名的汽车工程师，被誉为"最杰出的汽车设计大师""赛车大王"。为大众制造汽车和设计制造划时代的赛车是他一生追求的两大理想。

1875年9月3日，保时捷出生于波西米亚的一个铁匠之家，在年轻时便显示出对机械和电工的天分和兴趣，18岁获荐进入维也纳一家电机公司（现瑞士公司ABB前身）工作，工作之余到维也纳工学院旁听工程课，从此开始了他的发明设计生涯。

▶ 汽车文化

1896年，21岁的他设计了一台能安装在汽车轮内的电动机，以替代当时在汽车上普遍使用的链条传动，因此获得了第一个专利——"混合传动系统"。

1900年，他首创的电动汽车"洛纳—保时捷"（图4-64）出现在巴黎世界工业产品博览会上。从此，他以"电动汽车之父"为世人所知晓。

图4-63　费迪南德·保时捷　　　　　图4-64　"洛纳—保时捷"电动车

1905年，保时捷被聘任为戴姆勒公司奥地利分公司技术部经理，由于成功设计了"玛哈"牌汽车而获得了他有生以来的第一枚勋章。1910年，保时捷设计出功能更为完善的"公爵"牌轿车。1926年，世界汽车界的两大巨头戴姆勒公司和奔驰公司合并成立了戴姆勒—奔驰公司。他专门为爬山赛事而设计的以SSK为代表的一系列产品，拥有更强大的动力和更短的轴距。后来由于在公司受到排挤而退出。

1934年，他以全新角度设计出了具有16缸增压式发动机的第一辆保时捷赛车"银箭"（图4-65），并以7.5万美元的价格将图纸卖给了德国汽车联盟。

图4-65　（洛纳—保时捷）SSK（超级短轴距）跑车

1933年1月，时任德国总理阿道夫·希特勒提出兴建连接全国的高速公路，让汽车在普通百姓中普及，保时捷承担了"国民轿车"计划这项任务。从1935年起，他带领设计小组按照"坚固可靠，经济实用，技术全面成熟"的3条原则开发设计出3辆大众型"V-1"轿车，并通过了技术鉴定。1937年5月，大众汽车公司成立，1939年8月生产出第一批"大众"轿车。

项目四 著名汽车公司与汽车名人趣事

第二次世界大战结束后,大众公司开足马力,加紧生产由保时捷先前设计的"甲壳虫"汽车,累计产销量已超过 2600 万辆。二战期间,保时捷曾参与过德军坦克的研制工作,战后被盟军指控为战犯入狱。1948 年,获释后的保时捷重操旧业,组建的保时捷设计有限公司制作了 50 辆功率为 30 kW、铝质车身的保时捷 356 型(因先后进行过 356 次设计变动而得名)跑车。1952 年 1 月 30 日,就在保时捷 356 型跑车开始为公司赢得荣誉时,费迪南德·保时捷因病去世,终年 77 岁。

4. 挑战极限的发明家——安德烈·雪铁龙

安德烈·雪铁龙(原籍荷兰,1878—1935 年,图 4-66)是法国雪铁龙汽车的创始人,也是发动机前置前驱汽车技术的发明者,是当之无愧的营销大师。被誉为"法国汽车之父",并有"热衷于挑战极限的发明家"的称号。

1878 年,安德烈·雪铁龙出生在法国巴黎的一个珠宝商之家。在他 6 岁时父母相继离世,依靠亲戚的救济,通过努力考进了著名的巴黎高等综合工科学院。在一次去波兰探亲途中,因注意到一个装置上按"人"字形拼成的齿轮而得到灵感,回来后发明了人字形齿轮传动系统,并获得专利。1913 年,他创立了自己的公司,专门从事齿轮传动机的生产。1915 年,雪铁龙创建了雪铁龙汽车公司,是法国第一家采用流水线生产汽车的厂家。20 世纪 30 年代,雪铁龙不惜巨资研制生产出了集前轮驱动、底盘车身一体化、液力制动三项尖端技术于一身的 T 型车(图 4-67)。

图 4-66 安德烈·雪铁龙

图 4-67 T 型车

1919 年,他在欧洲率先批量生产 A 型车,1922 年,大力推广分期付款售车方式,成立了全国第一个专司分期付款的机构,并在国外创办了不少汽车出租公司,在全国各地形成了一个游览车服务网。

1924 年 7 月 28 日,雪铁龙汽车公司正式成立。

1937 年 7 月,雪铁龙去世。今天的雪铁龙公司仍然名震全球,他的前轮驱动设计方案在 60 多年后仍未过时,法国政府为表彰雪铁龙的突出贡献,追授其二级荣誉勋章一枚。

5. 通用的缔造者——威廉·杜兰特

▶汽车文化

威廉·杜兰特（1861—1947年，图4-68）是世界汽车发展史上的一位传奇人物，他斥巨额资金创建了通用汽车公司。

杜兰特出生于美国的马萨诸塞州波士顿市。1886年，他投资1500美元与朋友共同建立了一家马车制造公司，凭借自己出色的销售经验和才华，使马车公司成为世界著名的厂家之一。

1904年，杜兰特拿出50万美元资助并控制了经营陷入困境的别克汽车公司。但由于公司生产能力有限，其经济和信誉两方面蒙受了损失，杜兰特因此被停职。

1908年，杜兰特以别克公司为核心创建了通用汽车公司。在获得领导权以后，由于扩张过于迅猛以及借贷经营，公司不久便陷入困境。在公司上下一片反对声中，杜兰特被迫于1920年辞职，永久地离开了通用汽车公司。

6. 汽车大王——亨利·福特

亨利·福特（1863—1947年，图4-69）是福特汽车公司的建立者，美国和世界汽车工业的主要奠基人之一。

图4-68　威廉·杜兰特　　　　　　　　图4-69　亨利·福特

亨利·福特出生于美国底特律附近的农民家庭。他从小就对机械感兴趣，12岁时，他花了很多时间建立了一个自己的机械坊。15岁时，他亲手制造了一台内燃机。1891年，福特成为爱迪生照明公司的一名工程师，并利用业余时间研究内燃机。1896年，他制造了第一辆汽车并将其命名为"四轮车"。1903年，福特与别人合作，按股份制模式成立了汽车公司，生产出第一辆福特牌汽车。1908年秋，令人瞩目的T型车隆重面世。1913年，福特创立了全世界第一条汽车流水装配线。这种流水线作业后来被称为"福特制"，并在全世界广泛推广。T型车的各种零件被首次设计成统一规格，使福特获得了巨大的成功，也成为普通民众的交通工具，改变了人们的生活方式、思维方式和娱乐方式，将人类带入了汽车时代。

亨利·福特的流水线大批量生产方式使汽车成为一种大众产品，它不但改革了工业生产方式,而且对现代社会和文化起了巨大的影响。

7. 机械天才——瓦尔特·克莱斯勒

瓦尔特·克莱斯勒(1874—1940年,图4-70)是美国克莱斯勒汽车公司创始人,被誉为"机械天才",是世界上越野车和厢式旅行车的开山鼻祖。

克莱斯勒出生在美国的一个铁路工人之家。17岁时,克莱斯勒立志当一名机械师。18岁时,他制造了一辆微型蒸汽车。

克莱斯勒在汽车设计上大胆创新,1924年,由克莱斯勒本人主持开发的第一款车型终于问世,即非常有名的"克莱斯勒6号"车型。1925年6月6日,他正式宣布成立克莱斯勒汽车公司,自己就任总经理。

1929年,克莱斯勒汽车公司跃升为美国三大汽车公司之一,后来还曾有过超过福特并位居第二位的辉煌。

1935年7月22日,克莱斯勒在过完60周岁生日后,辞掉了公司总经理职务,改任董事长,直至1940年7月22日去世。

图4-70 瓦尔特·克莱斯勒

图4-71 艾尔弗雷德·P·斯隆

8. 通用奇才——艾尔弗雷德·P·斯隆

艾尔弗雷德·P·斯隆(1874—1966年,图4-71)是通用汽车公司第八任总裁,被誉为第一位成功的职业经理人,20世纪最伟大的CEO,事业部制组织结构的首创人。美国《商业周刊》75周年时,斯隆获选为过去75年来最伟大的创新者之一。

斯隆出生于美国康涅狄格州的一个经营茶叶和咖啡的商人家庭,于1895年毕业于麻省理工学院,获电子工程学士学位(他后来资助该学院成立闻名世界的"斯隆管理学院")。斯隆大学毕业后,他在联合汽车公司担任电气工程师,后来公司并于通用。1919年,他进入通用担任副总经理。在任副总经理期间,他对通用的管理不善深感不安,曾给总经理写过3份有关内部管理弱点的专题报告,可惜杜兰特对此不理不睬,最终导致通用几乎倒闭的严重危机。1921—1924年,斯隆带领通用进行了一系列的整顿与改组,涉及范

▶ 汽 车 文 化

围包括公司的经营方向、相互协作、行政管理体制、组织系统、生产计划、报告制度、产供销管理、人事管理、财务管理、海外扩张战略等。由于这次改革的全面与成功,通用发生了一次质的变化,在不长时间内就跻身于世界工业企业的行列。

1923年5月,斯隆成为通用公司的总裁。之后,一直任通用公司总裁、首席执行官、董事会主席,直至20世纪50年代。

斯隆的成就,不在于让濒临破产的通用汽车公司在短短3年内反败为胜,而在于他建立的企业原则,虽历经半个多世纪的经营环境变动,但其管理创新仍被公认为是企业思考的典范。

9. 汽车生产革新之父——丰田喜一郎

丰田喜一郎(1894—1952年,图4-72)出生于1894年,是丰田汽车工业的创始人,是发展日本汽车工业的功臣,日本称他为"国产车之父"。他创造的"丰田生产方式"风靡全球,美国将这种生产方式总结为"精益生产"。

图4-72 丰田喜一郎

丰田喜一郎的父亲丰田佐吉既是日本有名的纺织大王,又是日本大名鼎鼎的"发明狂"。丰田喜一郎曾就读于东京帝国大学工学系机械专业。大学毕业后,在父亲的丰田纺织株式会社当一名技师。经过10年磨炼,丰田喜一郎担任管技术的常务经理。为了考察西方国家的纺织工业,1921年,他第一次来到欧美国家。西方国家的汽车普及率令他吃惊,他预感到汽车行业具有广阔的发展前景,同时激发了他制造汽车的决心,决定将其作为自己的终身事业,他的这一想法得到了父亲的大力支持。1929年底,他在英国花费了4个月的时间体验英国的汽车交通,走访英、美尤其是美国的汽车生产企业,彻底弄清了欧美国家的汽车生产状况。这次国外之旅给他留下了极为深刻的印象,坚定了他发展自己的汽车事业的决心。

不久,他的父亲丰田佐吉去世。临终前,他父亲的最后一句话是:"我搞织布机,你搞汽车,你要和我一样,通过发明创造为国效力。"并亲手将转让专利所获得的100万日元专利费交给儿子,作为汽车研究的启动经费。

丰田佐吉去世以后,公司总裁的职位由丰田喜一郎的妹夫丰田利三郎担任。他与丰田喜一郎在许多问题上有分歧。1933年,他勉强同意公司设立汽车部。当年4月,丰田喜一郎购回一台美国雪佛兰汽车发动机进行反复拆装、研究、分析、测绘。在研究这台发动机的过程中,他有了指导日后公司发展战略的认识观点:"贫穷的日本需要更为适合全家一起乘坐的汽车。"同年9月,他着手试制汽车发动机,拉开了汽车生产的序幕。1934年,他托人从国外购回一辆德国产的DKW前轮驱动汽车,经过连续两年的研究,于1935年8月造出了第一辆"丰田G1"卡车(图4-73)。

1937年8月27日,他成立丰田汽车工业株式会社,从此开始了艰难的制造汽车的事

项目四 著名汽车公司与汽车名人趣事

图 4-73 丰田 G1 卡车

业。丰田喜一郎是一名实干家,且颇有战略家的眼光。他对汽车工业的第一个贡献是关注汽车生产相关产业的发展。他十分清楚,汽车生产所涉及的相关产业的发展水平直接影响着汽车的质量,其中以材料和机器制造两个行业的影响最大。于是,他一面向日本政府提出发展材料和机器制造两个行业的建议,一面在自己的公司里着手开发炼钢和机器制造。使材料工业、机械制造、汽车零部件业与汽车工业同步发展,为汽车的大批量生产创造了必要的条件,因此,日本人称他是"日本大批量汽车生产之父"。他的第二个贡献是对生产过程的科学管理,他所创立的"丰田生产方式"已超越国别、行业,成为世界许多国家争相学习的先进经验。

10. 日本的福特——本田宗一郎

本田宗一郎(1906—1991 年,图 4-74)是日本本田汽车创始人,被称为"日本的福特"。本田宗一郎出身贫寒却是天才发明家,拥有 470 项发明和 150 多项专利。他创立的 HONDA(本田)品牌成为世界上最大的摩托车生产厂家。

本田宗一郎出生在日本静冈县的一个穷苦家庭,他自幼便对机械表现出了一种特殊的偏好。16 岁时,他到东京一家汽车修理厂当学徒,6 年后回到家乡开设了一家汽车修理厂,由于他技艺高超、待人诚恳,生意非常兴隆。1934 年,本田宗一郎创建了东海精机公司。1946 年 10 月,本田宗一郎在滨松设立了"本田技术研究所",主要生产纺织机械。

因为第二次世界大战后运输粮食的需要,本田宗一郎将战争期间日本陆军留下的无线电通信机的小汽油机安装到自行车上,并用水壶做油箱,制成一种新型的"机器脚踏车"。1948 年 9 月,他正式组建了本田技术研究工业总公司并自任社长。他亲自主持研制推出了本田—梦幻 D 型和性能更好的四冲程 E 型发动机及本田—梦幻 E 型摩托车。经过几十年的合作发展,本田汽车公司成

图 4-74 本田宗一郎

▶汽 车 文 化

为名震全球的跨国集团。

1991年8月5日,为世界汽车业留下光辉一笔的本田宗一郎去世了。但他"三个喜悦"(购买的喜悦、销售的喜悦、制造的喜悦)的企业口号和"三个尊重"(尊重理论、尊重创造、尊重时间)的经营理念还继续发挥着其应有的作用。

(二)中国的汽车名家

1. 中国汽车业之父——饶斌

饶斌(1913—1987年,图4-75)是中国汽车工业的奠基人,享有"中国汽车之父"的盛誉。视汽车为生命的饶斌,表现出坚毅、执着和倔强。他的后半生几乎将全部的心血注入了中国的汽车工业中。

图4-75 饶斌

饶斌祖籍南京,原名饶鸿熹,早年学医。参加革命后,他曾担任过中共山西交城地委书记、抚顺市委书记、哈尔滨市市长等职务。新中国成立后,百废待兴,筹建第一汽车制造厂的重任赋予饶斌。1953年6月9日,毛泽东签发《中共中央关于三年建成长春第一汽车制造厂的指示》,这一天成为新中国汽车工业的发祥日。

1953年7月,他把第一锹黑土抛向毛泽东亲自题词的一汽建设奠基石。他接受了生产红旗轿车的任务。在全国人民的支持和建设工人的共同努力下,经过3年艰苦卓绝的努力,在长春市南郊一片荒野上饶斌建起了一座汽车城。

1956年7月13日,一汽总装线上开出由中国人自己制造的第一批解放牌载货汽车,结束了中国不能自己制造汽车的历史。1958年,在饶斌的领导下,一汽研制了我国自己的"红旗"高级轿车。

作为汽车厂厂长和建筑公司经理的饶斌,为掌握汽车工业制造技术和建筑技术,他虚心向技术人员请教,成为能够推车送浆、操作机床、摘掉不懂汽车工业"白帽子"的领导干部。

1964年,中国经济形势好转,确定在湖北十堰筹建二汽的工作又落到饶斌头上。1969年10月,来自全国30多家工厂、设计院和建筑单位的建设者以及2.5万多名民工,汇集在十堰周围数十公里的工地上,拉开了建设第二汽车制造厂的序幕。面对二汽建设的困难和要求,饶斌经过缜密思考,提出用"聚宝"的办法建设二汽,由全国的汽车和机械制造企业包建各个分厂,形成系统的现代化汽车制造企业。

二汽建成投产后,饶斌调回北京,担任机械部部长。改革开放之初,国家采纳饶斌的建议,决定在上海引进一条轿车装配线。在一些国家拒绝合作的同时,美国通用、福特和德国大众都表示了浓厚兴趣,经过60多轮谈判,基本上确定与德国合作生产15万辆汽车的项目,因为只有他们愿意提供1982年投产的桑塔纳新车。不料,中国代表团一行赴德国考察时,德国大众内部却出现分歧,谈判中不得不将15万辆的规模压缩为3万辆。1984年10月,上海大众合资的合同在北京人民大会堂签署,国内第一个轿车合资企业诞生。这一决定不仅成就了上海汽车业的崛起,而且为中国轿车业的兴起开辟了希望之路。汽车业的前辈们把他的果断决策之举称为"战略家的眼光"。

饶斌不仅是中国汽车工业的开拓者,而且是推动新时期汽车工业转型的引路人。尤其是在晚年,他把主要精力都放在了桑塔纳轿车零部件国产化上,希望通过零部件国产化来缩短与世界汽车的差距,圆中国人的轿车梦。

2. 中国汽车科技界的先驱——孟少农

孟少农(1914—1988年,图4-76)是汽车工程专家,中国科学院学部委员(院士)。他毕生致力于汽车工业建设事业,是新中国汽车工业技术的主要奠基人和领航者,被誉为"中国汽车科技界的先驱"。

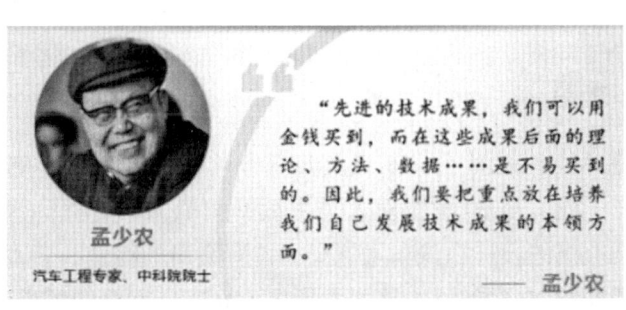

图4-76 孟少农

孟少农,原名庆基,祖籍为湖南省桃源县,曾经在清华大学机械工程系(本科)和麻省理工学院机械系(硕士)学习。赴美学习期间,他先后在美国福特汽车公司、司蒂贝克汽车公司等任技术员和工程师。1946年5月,他婉言谢绝了福特等几家大公司优越的待遇,乘第二次世界大战后,中美通航的第一班轮船回到母校清华大学任教,先后任机械系副教授和教授。后来,他加入中国共产党并奔赴解放区参加革命工作。

1950年,孟少农开始参与筹备创建一汽。他为一汽勤奋工作15个春秋,为一汽出汽车、出人才、出经验做出了卓越贡献。

1971年5月,孟少农被调到陕西汽车制造厂任革委会副主任,主管技术工作。他在艰

▶ 汽 车 文 化

苦的条件下，冒着风险，排除障碍，专心致志地研制开发延安250型5t越野车（于1978年8月获全国科学大会科技成果奖），改进6130型发动机（于1978年8月获全国机械工业大会科技奖），开发15t重型民用汽车。

20世纪70年代，孟少农由陕汽转战到了二汽。他在二汽艰苦奋斗整整10个春秋，为二汽闯过质量、滞销、缓建三大难关，为二汽发展横向联合经营，引进吸收国外先进技术，设想及早开发轿车和轻型车，为二汽长远兴旺发展奠定了基础并做出了巨大贡献。

孟少农为发展中国汽车工业，在培养人才方面下了很大功夫，他把自己的智慧才能、渊博的理论知识和丰富的实践经验，毫无保留地传给后人。20世纪50年代初，在一汽建厂时期，他根据工厂生产发展和管理需要，在苏联专家的帮助下，创办了长春汽车工业学校，培养了一大批中级汽车人才。为培养高级汽车工业人才，他倡议与地方合作，创办起中国唯一一所汽车、拖拉机学院（后改为吉林工业大学，并在2000年与其他五所院校合并组建为吉林大学），并选派一批技术骨干去任教。在二汽，他根据建厂需要和大学不能正常输送人才的情况下，大胆创办职工大学，自任校长，自编教材，亲自授课，使一大批文化水平较高，又有多年生产经验的青年工人获得深造机会。1983年，二汽职工大学获国家承认，成为具有本科资质的高等学校，更名为湖北汽车工业学院，孟少农任院长。

中国汽车工业、汽车产品、汽车人才发展的巨大变化和成就，无一不凝聚着孟少农的智慧和心血。他将毕生精力贡献给我国的汽车工业，功勋卓著，赢得了中国汽车界和学术界的衷心爱戴。

二、世界汽车之最

20世纪，人类进入工业化社会。制造业是工业化的龙头，它影响着整个工业化的发展进程，其中，汽车工业又是20世纪对人类生活影响最大的产业。汽车技术已有100多年的历史，一些独具一格的设计在汽车发展史上占有突出的地位，曾经影响甚至决定了汽车演变的方向，这里介绍20世纪汽车技术发展史上6座最重要的里程碑。

（一）"梅赛德斯"开创了汽车时代

19世纪末，法国的帕纳尔—勒瓦索公司将发动机装在车前部，通过离合器、变速装置和齿轮传动装置把驱动力传到后轮，这种方案后来被称为"帕纳尔系统"。人们常常称这种方案为常规方案，目前还有一些汽车生产制造厂采用这种方案，其中大多数是生产大型汽车的厂家，如载货汽车。

"帕纳尔系统"的地位是1901年由当时的戴姆勒发动机公司真正确立起来的，它被安装在威廉·迈巴赫设计的一辆汽车上，这种汽车成为全世界汽车制造的样板。当年，戴姆勒公司有一位杰出的汽车推销商，名叫埃米尔·那利内克，他很喜欢赛车。汽车比赛在当时就是一种有效的汽车广告，那利内克看到了这一点，并用他的那辆奔驰车参加过许多次比赛。但是，他那辆20 kW（28 hp）的汽车很难胜过法国的赛车，于是他说服设计师迈

项目四　著名汽车公司与汽车名人趣事

巴赫设计出了一款全新型号的汽车,在机械性能及外形上都做了较大的改进。埃米尔·那利内克于1901年3月用新的赛车参加了"尼扎赛车周"。他有个可爱的女儿叫梅赛德斯(图4-77),他用女儿的名字"梅赛德斯"作为汽车的牌号登记参赛,这种新赛车战胜了所有的对手,一鸣惊人。从此,德国人就喜欢将戴姆勒—奔驰的汽车叫"梅赛德斯"。

图4-77　梅赛德斯和他的女儿

(二) 福特T型车的大批量生产

1908年10月1日,汽车技术史上竖起了第二个里程碑,底特律开始生产一种以"福特"命名的汽车,型号为"T型"。这种汽车推动了一个新的工业时代的到来,在这个时代,工人们首次用大批量生产的部件在流水线上组装汽车。

亨利·福特的T型汽车是一种没有先例的技术典型。构造简单的四缸发动机只有14.7 kW(20 hp),工作容积为2884 mL,转速为1600 r/min。工作负荷低、转速慢,使得这种发动机非常坚固耐用,它可以使用最低劣的汽油,甚至可以用煤油比例很大的混合油。

亨利·福特的目标是生产"全球车"。自1908年10月1日第一辆T型车交货以来,直至1927年T型车成为历史,共售出1500多万辆。1913年底,美国售出的汽车近一半是福特生产的。到20世纪20年代,全世界一半以上的注册汽车都是"福特牌"。

T型车的许多创新永远地改变了汽车制造业。流水组装线是亨利·福特于1913年首创的。由T型车推广开来的创新还有许多,如方向盘左置使乘客出入方便。T型车第一个将发动机汽缸体和曲轴箱做成单一铸件,第一个使用可拿掉的汽缸盖以利于检修,第一个大量使用由福特汽车公司自己生产的轻质耐用的钒钢合金。T型车灵巧的"行星"齿轮变速箱让新手也觉得换挡轻松自如。

(三) 前轮驱动汽车的创造者——雪铁龙

继威廉·迈巴赫和亨利·福特之后,安德烈·雪铁龙于1934年在法国竖起了汽车史上的第三个里程碑。1919年,这位法国企业家第一个在欧洲实行汽车的流水线生产。

1934年,一种新型的汽车结构出现了:一款名叫7A的前驱动汽车问世。前轮驱动、

▶汽车文化

无底盘的车身结构、通过扭杆实现单轮减振以及液压制动等，这些技术都曾有人采用过，但从未有人把这些集中在一辆汽车上批量生产。在许多警匪电影中，这种车由于性能可靠而被用作逃跑的车辆，被人称为成功的"强盗车"。这种车，除了个别地方做了一些小修改外，连续生产了25年，最后被安德烈·雪铁龙设计的第二种汽车（雪铁龙ID/DS型汽车）取代（图4-78）。

图4-78 雪铁龙"强盗车"

（四）创造神话的"甲壳虫"

甲壳虫型汽车（图4-79）的成功是众所周知的。甲壳虫型汽车的基本结构在它的"一生"中都没有改动。"甲壳虫"的发动机是后置的，现在后置发动机的轿车早已淡出市场，只有赛车才装后置式发动机。

图4-79 甲壳虫汽车

目前，"甲壳虫"已经卷土重来，大众汽车公司再度推出"甲壳虫"车，并取名"新甲壳虫（New Beetel）"，引起了人们的极大兴趣。大众"甲壳虫"车的优点同样是结实耐用，不讲究豪华，价格大众化。

（五）难以超越的"迷你"汽车

在"迷你"汽车出现以前，从来没有见过这么"迷你（Mini）"（图4-80）的汽车。这款车车长为3.05 m，宽为1.4 m，重量仅为630 kg，25 kW（34 hp）横置的发动机使其时速较高。这种小型车在取得"观念上的突破"的同时，还在汽车赛中取得成就，其中，在蒙特卡洛汽车赛中三次夺魁,在无数次环形路车赛中获胜。同时,人们根据微型车的方案生产出各式各样新型的、与之竞争的汽车,除少数生产传统名牌汽车和豪华型汽车的公司外,几乎所有公司都模仿了"迷你"车的设计,微型轿车也成为汽车家族的重要成员。

图 4-80　迷你(Mini)汽车

图 4-81　雷诺 Espace MPV

(六) 20 世纪 90 年代风靡世界的多用途厢式车

多用途厢式车,缩写为"MPV",这种由法国雷诺汽车公司在 20 世纪 80 年代创造的 Espace 牌 MPV,以它新颖的车厢布局设计引起了车坛的轰动(图 4-81)。

以前汽车的后排座位是固定不动的,而 MPV 则是车内每个座椅都可独立调节,做成多种形式的组合,既可成为乘车形式,又可组合成有小桌的小型会议室。从车厢座椅位置的固定到可调,从固定空间布置到可变空间布置,标志着汽车使用概念上的变革。受 MPV 设计概念的启发,现代汽车上又出现了运动型多用途车,简称"SUV",它具有轿车和轻型卡车的特点。在 MPV 与 SUV 的基础上,又出现了近年风靡全球的休闲车热浪。休闲车,简称"RV",它在设计思想上,承袭了 MPV 的基本设计概念——可变的车厢空间组合。

【任务习题】

1. 我国有哪些自主品牌的汽车?
2. 说出奔驰、奥迪汽车字母代号的含义。
3. 我国最大的汽车集团公司是哪个?拥有哪些品牌?
4. 世界"汽车之父"是谁?其成功的原因是什么?
5. "最杰出的汽车设计大师"是谁?他对汽车造型发展的贡献是什么?
6. 丰田喜一郎对汽车工业的重大贡献是什么?
7. 谁是中国汽车业之父?他对中国汽车工业的贡献是什么?
8. 吉林工业大学和湖北汽车工业学院是谁创立的?

▶汽 车 文 化

项目五　汽车运动与展览

任务一　汽车与经济

【任务目标】
1. 了解世界和中国的几大车展及汽车文化。
2. 了解汽车影院、汽车杂志及汽车广告对汽车发展历史的作用。
3. 了解世界十大汽车城及中国的汽车城。
4. 认识汽车收藏的种类和概况。

【任务描述】

汽车展览会带来更多的概念型车、新型车，汽车展会风格和文化氛围、让人们感受到世界汽车工业跳动的脉搏。汽车展览是汽车制造商们展示新产品的舞台，也是汽车促销的一种方式。电影所产生的强烈视觉冲击以及电影中偶像的举动往往能引起消费潮流，提升汽车品牌的价值。汽车影院、广告、网络宣传等对汽车文化、经济有着很大的影响。

【任务知识】

一、世界五大车展

从1889年汽车首次亮相于巴黎世界博览会以来，车展文化已经从形成、正规化过渡到了成熟化阶段。各类汽车展示活动凭借其盛大的规模，将汽车文化的触角深入到了世界的各个角落。

世界最著名的五大车展是法兰克福车展、巴黎车展、日内瓦车展、北美车展和东京车展。

1. 美国北美车展

一年一度的北美国际汽车展（图5-1）的前身是原美国底特律国际汽车展览会，至今已经有近百年的历史，是美国创办历史最长的车展之一，由底特律汽车经销商协会主办。1900年11月，纽约美国汽车俱乐部召开了第一届世界汽车博览会，1907年转迁到底特律汽车城举办。当年，小小的展示区中，参加的厂商只有17家，车辆不过33

图5-1　2014年北美车展盛况

辆。1957年，欧洲车厂远渡重洋而来，首次出现了沃尔沃、奔驰、保时捷的身影，获得了美国民众的高度重视，底特律车展的"王旗"正式竖起。1989年，底特律车展更名为北美国际汽车展，每年1月办展。北美车展每年总能出现40~50辆新车。近年来，底特律每次车展都能进账5000万美元以上。

2. 法国巴黎车展

巴黎车展起源于1898年的国际汽车沙龙会，直至1976年都是每年举办一届。1976年之后，每两年一届，在当年的9月底10月初举办。与此同时，巴黎车展（图5-2）也是概念车云集的"海洋"，各款新奇的概念车常常使观众眼前一亮。第一届巴黎车展共有14万人参加。2012年，巴黎车展共接待了120万名观众和1万多名来自103个国家和地区的记者。

图5-2　首次亮相2014年巴黎车展的概念车标致Quartz

3. 瑞士日内瓦车展

日内瓦车展是欧洲唯一每年举办的车展，在位于日内瓦机场附近的巴莱斯堡国际展览中心举行，展览总面积达7万m^2。日内瓦车展创始于1924年，展会多在每年的3月举行，以展示豪华车及高性能改装车为主（图5-3），展品比较个性化。在五大车展中，瑞士是唯一一个没有汽车工业的国家，但却承办着世界上最知名的车展之一，它每年总能吸引超过30个国家的900多辆汽车参展，是世界上举足轻重的车展之一。

图5-3　2014年日内瓦车展上价值4000万的柯塞尼格One：1跑车

4. 法国法兰克福车展

德国是世界最早举办国际车展的地方。法兰克福车展（图 5-4）的前身为柏林车展，创办于 1897 年，1951 年移到法兰克福举办，每两年一届，轿车和商用车轮换展出。法兰克福车展是世界规模最大的车展，有"汽车奥运会"之称。每两年举办一次的法兰克福国际车展一般安排在 9 月中旬开展，为期两周左右。参展的商家主要来自欧洲、美国和日本，尤其以欧洲汽车商居多。法兰克福地处德国，"唱主角"的自然是德国企业，这似乎与底特律车展、东京车展的地域性如出一辙。

5. 日本东京车展

始于 1966 年的东京车展是五大车展中历史最短的，是亚洲最大的国际车展，被誉为"亚洲汽车风向标"，逢单数年秋季举办。该车展在日本东京旁的千叶县举行，其各类电子三维展示装备让车展的参观者有"头晕目眩"的奇妙感。与其他西方大型车展相比，日本车展（图 5-5）更具有亚洲的东方风韵。日本厂商的多款造型小巧精美、内饰高档的车总能成为车展的主角。同时，各种各样的汽车电子设备和新技术也是展会的一大亮点。

图 5-4　2013 年法兰克福车展之"大众之夜"

图 5-5　2013 年东京车展展示丰田概念车 FCV CONCEPT

图 5-6　保时捷 919 Hybrid 全球首发于 2014 年北京车展

二、中国的三大车展

随着越来越多的中国汽车品牌与商家参与到国际车展中，国内对本土车展的热情也日益高涨，目前中国有著名的三大车展：北京车展、上海车展、广州车展。

1. 北京车展

北京国际汽车展览会（图 5-6）于 1990 年创办，每两年举办一届。众多跨国汽车企业将北京车展列为全球 A 级车展。2014 北京车展（第十三届）在 2014 年 4 月 20 日揭幕，向观众展示的时间为 4 月 21—29 日，总展示规模达到 23 万 m²，共展示车辆 1134 台，全球首发车 118 台。跨国公司全球首发车 31 台，跨国公司亚洲首发车 45 台。

2. 上海车展

上海车展创办于 1985 年，是中国最早的专业国际汽车展览会，逢单数年举办，是亚洲较大规模的车展之一。在车展中，各大汽车品牌展示自身最新的高科技车辆，其中不乏初露庐山真面目的首发车。

2015 年上海车展（十六届）（图 5-7）以"创新、升级"为主题，集中展示了科技进步带来的汽车发展前景，同时也让观众感受到汽车文化与人类物质生活间的密切关系。参展车辆共 1343 辆，其中概念车 47 台。全球首发车 109 辆，其中 23 台为跨国车型，亚洲首发车 44 辆。此外，还有 103 辆新能源展车，其中 51 台国内自主品牌，52 台国外品牌。

图 5-7　2015 年上海车展哈弗展台　　　　图 5-8　2014 年广州车展法拉利展位

3. 广州车展

广州车展（图 5-8）是目前国内三大车展中"最年轻"的，于 2003 年创办。近年来，广州车展在硬件上有所进步，广州国际会议展览中心号称目前亚洲最大、世界第二大的展览中心，单个展馆面积超过 1 万 m²，硬件设施一流。不少厂商坦言参展目的是"促进销售，品牌推广"。

三、汽车影院、汽车杂志及汽车广告

（一）电影与汽车

1. 电影里的汽车

电影是体现汽车性能并影响人的思维和观念的舞台，其所产生的强烈视觉冲击以及其中偶像的举动往往能引起消费潮流，提升汽车品牌的价值。

真人版《变形金刚》将汽车与电影结合得天衣无缝，影片中的许多角色都由汽车来扮演。片中的汽车人摇身一变，成为吸引眼球的各款超级名车（雪佛兰、庞蒂克、悍马等）。导演为了拍摄这部电影，使用了数百辆汽车。

▶汽车文化

2. 汽车影院

汽车影院即观众坐在各自的汽车里，通过调频收听和观看露天电影，源于美国崇尚个人自由的汽车文化。1933年6月6日，美国新泽西州的理查德·M·霍林斯黑德在自家后院创办了世界上第一家汽车电影院。随后，这种休闲娱乐方式随着汽车的普及风靡整个北美地区。

汽车影院的电影银幕采用全钢铸的大屏幕，观众坐在车内，在不同的位置都能看到清晰、逼真和稳定的图像。声音是从汽车音响中发出来的，观众的鼓掌声是按汽车喇叭。汽车影院作为汽车文化的一个标志，已经出现在世界各地。

(二) 广播电视与汽车

1. 广播电视里的汽车

广播电视的发展，给汽车行业的发展提供了良好的宣传载体。因其受众和传播范围的广泛性及其传播形式的生动性，不仅加速了汽车进入家庭的步伐，而且使汽车知识迅速得到普及。如今，专门的汽车广播电台、电视台和介绍汽车知识的广播电视专栏比比皆是，广播电视上的汽车广告铺天盖地。一些汽车公司在广播电视上投入巨大，使汽车公司其产品的知名度、美誉度得到提升，使产品的销量上升、公司的品牌价值提高。

2. 汽车上的广播电视

最早的车载无线电收音机于1922年在一辆Daimler轿车上使用。广播电视在汽车上的使用，使汽车由一个普通的代步工具，发展成为一个流动的办公、休闲、娱乐场所。人们在旅途中能够欣赏到优美的电视画面、听到赏心悦目的音乐，同样可以听到各种创意的汽车广告。公交移动电视于2001年首次出现在新加坡的1500辆公交车上，之后，这种新的信息传播方式迅速普及。

(三) 报纸、期刊门户网站、公众号与汽车

无论是汽车文化、汽车知识的弘扬、传播和普及，还是汽车产品、汽车科技、汽车企业的信息报道等，报纸与期刊都起着重要的载体作用。

1. 报纸与汽车

1900年2月4日，《底特律新闻论坛报》周日特刊版的大标题是"比马的速度还快的家伙飞驰过结了冰的街道"。文章中详细记述了"在零度左右的低温下，胆战心惊地乘坐第一辆底特律出品的汽车的感受"。报道预见到，马儿一定会被汽车取代。同年，美国另一家报纸《星期六晚邮报》登出全球第一份汽车广告。从此，各汽车企业都将报纸作为重要的产品宣传平台，汽车广告也成为报纸创收的重要来源之一。

我国专业的汽车报纸有《中国汽车报》《当代中国汽车》等。

2. 期刊与汽车

世界上第一份汽车刊物是法国人拉乌尔·布尤蒙于1894年12月1日在巴黎创办的《汽车杂志》月刊。英国的《汽车》周刊是迄今最高寿的汽车杂志，它问世于1895年11月2日，目前仍在出版。

我国汽车杂志的发展与汽车工业的发展同步。目前的汽车杂志包括消费类杂志和专业

类杂志。消费类杂志是为了满足大众消费者对信息的需求而创办的，内容上多侧重于对汽车产品的介绍，大多设置有新产品介绍、产品测试、自驾游等栏目。我国销量较大的消费类汽车杂志主要有《汽车杂志》《汽车之友》《车主之友》等。专业类杂志相对注重内容的学术价值，偏重于汽车科研、整车和零部件相关市场及技术资讯等内容。业内具影响力的专业杂志有《汽车工程》《汽车技术》《汽车维修与保养》《世界汽车》等。

(四) 门户网站与汽车

互联网凭借着传播速度快、信息量大等优势，为广大车迷展示出一个精彩的网上汽车世界。各种汽车网站不仅提供及时的车市信息、详尽的汽车新品介绍与点评，还有准确全面的价格动态、丰富实用的驾车知识、大量的维修技巧，以及互动精彩的汽车论坛。

在网络媒体的细分市场，出现了"汽车频道"这个新名词。主要门户网站的汽车频道有搜狐汽车、腾讯汽车、网易汽车、新浪车魔等。这些网站每天的浏览人数已远远超越单一的传统媒体的受众人数，社会影响力与主流舆论导向均达到举足轻重的地位。比较著名的汽车咨询网站有中国汽车网、汽车之家、爱卡汽车网、中国二手车、购车网等。

(五) 微信公众号与汽车

2008年，微信公众平台受到各方的欢迎。微信订阅号凭借其强大的功能和优势，以微信软件为依托，而微信公众平台所具备的各样功能及其发展也为汽车圈提供了一个良好的平台，汽车企业将其作为一个重要的品牌推广平台；经销商对其进行深度挖掘以拓展其销售业务；汽车杂志、报纸、网站等将其作为一个有力的线上内容发布渠道；更有一大批汽车媒体人，借助微信公众平台进行汽车测评、车辆使用及维修保养技巧的推广。内容比较优质的公众号有汽车实用知识、酷乐汽车等。

四、汽车建筑

(一) 世界十大汽车城

全球汽车工业的发展主要是以产业集群为特征的，当今世界上有58个国家与地区从事汽车生产和制造。中国、美国、日本、德国等15个国家的汽车产量占全球总产量的90%。汽车城的设立，培育和提升了汽车产业的竞争优势，促进了企业和产业的整体发展。汽车城的建立还可以提高城市和国家的综合竞争力，避免重复投资造成的浪费。下面这10座城市在汽车界都是赫赫有名，可以说都是汽车王国的重要城市。

1. 美国底特律

底特律（图5-9）是美国第五大城市，也是世界闻名的汽车城。底特律位于密歇根州东南部的底特律河畔，与加拿大安大略省的温莎隔河相望，是世界最大的汽车工业中心，号称"世界汽车之都"。从1914年亨利·福特引进汽车生产线后，底特律已发展成为世界汽车中心。通用、福特、克莱斯勒公司总部均设于此，汽车年产量约占全美的27%。

由于受金融危机的重创，2013年7月18日，底特律申请破产。当时，底特律的债务非常庞大，有180多亿美元的长期债务和数十亿美元的短期债务，底特律的破产成为美国

▶ 汽车文化

图 5-9 现代化的底特律

目前规模最大的城市破产案，昔日辉煌不再。

2. 日本丰田市

丰田市因为丰田汽车公司的存在而成为日本闻名于世的汽车城，绰号"东洋底特律"。丰田市位于爱知县中央的西三河地区，总人口为 695.5 万。在丰田市，丰田汽车公司拥有 10 座汽车厂（图 5-10），可生产几十个系列的轻、重型汽车。此外，它还有 1240 家协作厂。丰田市的出口港是名古屋，建有世界第一、最高容量为 5 万辆的丰田汽车专用码头。全公司每个职工平均年产值 13 万美元，居世界之首。在丰田市内随处可见冠以丰田名称的建筑，如丰田鞍池纪念馆、丰田纪念医院、丰田运动中心等，这些都是丰田汽车为职员们建造的福利设施，同时也向公众开放。

图 5-10 丰田的研发成果展场

3. 德国斯图加特

斯图加特是一座"奔驰汽车城"（图 5-11），全城人口为 60 万，著名的戴姆勒—奔驰汽车公司建于此地。斯图加特这个地名源自于德语"马场"二字，古时这里曾是王公贵族的养马场。斯图加特每年要接待 14 万来自世界各地的汽车用户和汽车商及参观旅游的人，著名的奔驰和保时捷公司的总部都设在这里。奔驰汽车制造业是斯图加特的支柱产业。在斯图加特，几乎家家都有奔驰车。现在它已成为德国人均收入最高、失业率最低的城市之一。

4. 意大利都灵

都灵（图5-12）是世界著名的汽车工业城，位于意大利西北部。都灵的汽车工业十分发达，是意大利最大汽车集团菲亚特公司的总部所在地。都灵全城人口为120万，其中有30多万人从事汽

图5-11 奔驰博物馆

车工业，每年生产的汽车占意大利总产量的75%。该市仅汽车配件行业的年产值就达1500亿元人民币。

图5-12 历史积淀深厚的都灵

5. 德国沃尔夫斯堡

沃尔夫斯堡市也称狼堡，位于德国下萨克森州，总面积达310 km²，人口约为13万。欧洲最大的汽车制造厂商——大众集团总部就坐落于这里。自从大众集团1934年成立以来，带动了整个城市的发展。1938年，该市作为德国当时现代化的汽车城而兴建起来，开始逐步成为德国北部的工业重镇和欧洲最大的汽车制造中心。现在狼堡市民中有40%都在大众汽车厂（图5-13）上班，大众集团在狼堡的员工达5万人。

图5-13 大众汽车城

6. 日本东京

东京是日本的首都，也是世界上最大的城市之一。著名的汽车公司日产、本田、三菱、五十铃公司的总部（图5-14）均设在此地（其中，日产公司的总部2009年再次返回发祥地横滨）。日产公司在东京市的雇员总数近13万人，公司可年产汽车320万辆。本田公司雇员总数达11万人，汽车年产量已高达约300万辆。与传统意义上的汽车城不同的是，东京不单依靠汽车产业，同时还有其他各种支柱产业。

图5-14 日本东京三菱汽车公司总部

7. 法国巴黎

巴黎是法国的首都和历史名城，是欧洲大陆上最大的城市。法国最大的汽车集团公司，标致和雪铁龙汽车公司的总部设在巴黎，以生产汽车为主，兼营机械加工、运输、金融和服务业。汽车生产厂多设在距巴黎370 km处的弗南修·昆蒂省的雷恩市，雇员总数有11万人左右，年产汽车220万辆。

8. 英国伯明翰

伯明翰是利兰汽车公司所在地，位于英格兰中部亚拉巴马州，是仅次于伦敦的英国第二大城市。伯明翰是英国的汽车城，世界上众多知名的汽车生产厂商在这里设立公司，使它的工业产值占全国工业产值的1/5，并享有"世界车间"的美称。

9. 德国吕塞尔斯海姆

吕塞尔斯海姆是美国通用汽车公司最大的海外子公司——亚当·欧宝汽车公司总部所在地，其工业以汽车制造为主。欧宝工厂在1899年生产出了欧宝历史上第一辆汽车。2000年，欧宝投资15亿欧元在欧宝原厂旁边兴建新工厂，于2002年1月7日建成投产。欧宝吕塞尔斯海姆工厂目前拥有18300名工人，其中生产工人4500人，开发设计人员7000多人，其余为管理人员，最高日产量可达1100台。一辆汽车从冲压开始到组装完毕只需15个小时。

10. 法国布洛涅·比杨古

布洛涅·比杨古是世界著名汽车城，人口约为10.3万，世界十大汽车公司之一的雷诺汽车制造厂就设在此地。雷诺汽车制造厂创立于1898年，而今的雷诺汽车公司已被收为国有，是法国最大的国有企业。从1970年起，公司允许雇员购买公司股票，但最高不能超过25%。该厂以生产各型汽车为主，公司还涉足发动机、农业机械、自动化设备、机床、电子业、塑料橡胶业的垄断工业。工厂雇员总数为22万人，全年可生产汽车205万辆。

汽车城有两个显著特征：一是汽车产业所占比重大；二是当地经济严重依赖于汽车工业，是当地市民的第一就业渠道。

（二）中国的汽车城

随着汽车产业的发展，中国也形成了自己的汽车城。

1. 长春

长春是吉林省省会，中国汽车工业的摇篮——第一汽车制造厂（中国第一汽车集团公司）就设在这里，故有汽车城之称。中国自行制造的解放牌载货汽车和红旗牌高级轿车分别于1956年7月13日和1958年5月在这里诞生。1991年，一汽与德国大众汽车公司合资建立了一汽大众汽车有限公司。长春市拥有大规模汽车工业企业近百家，形成了以一汽集团为主体，以汽车研究所、吉林大学等科研机构为依托，以多家为第一汽车集团（图5-15）配套的零部件企业为支撑的汽车工业体系，形成了一大批与汽车工业发展相关的企业群。

图5-15　第一汽车标志

2. 上海

上海是中国最大的经济中心城市，是国际著名的港口城市，也是中国最大的汽车生产基地之一，作为中国汽车工业三大集团之一的上汽集团便坐落于此。安亭国际汽车城由上汽集团、上海嘉安投资发展公司等共同出资建设，占地面积为68 km²，位于上海嘉定区。1985年3月，上汽与大众汽车公司在安亭合资建立了上海大众汽车有限公司。经过30多年发展，上海大众已成为中国生产规模最大的现代化轿车生产基地之一。近150家汽车零部件企业也纷纷在安亭设厂。目前安亭汽车城（图5-16）已建成核心区、整车和零部件配套制造区、国际赛车场、教育园区和安亭新镇区5个区域，并有上海汽车技术中心、机动车检测中心、二手车交易市场、汽车展示贸易街等一批功能性项目投入运营，使安亭形成庞大的汽车产业集群。

3. 重庆

重庆以长安集团为龙头，拥有庆铃、上汽红岩依维柯、东风小康、力帆汽车、华晨鑫源、上汽通用五菱等整车骨干企业14家，金冠、迪马、大江等专用车生产企业18家，形成了汽车制造优势产业集群（图5-17），拥有完善的乘用车、商用车、新能源汽车等整车及其配套零部件产业链，已具备发动机、变速器、制动系统、转向系统、车桥、内饰系统、空调等各大总成完整的供应体系，具有70%以上的汽车零部件本地配套化率。重庆能够生产中高档轿车和经济型轿车、SUV、高品质微型车、中高端商用车、新能源汽车等整车

▶汽车文化

图5-16 上海安亭汽车城

图5-17 重庆北部新区汽车城

产品。2014年,重庆的汽车年产量占全国的11%,在全国省市排名第一,重庆已成为全国最大的汽车生产基地。

4. 十堰

十堰位于湖北省西北。十堰是中国规模最大的汽车工业基地之一,是东风汽车公司的发源地,拥有众多实力雄厚的大型汽配企业(图5-18),拥有全国最具实力的汽车技术研究院和中国最大汽车配件交易市场。全市汽车及零部件企业达200多家,汽车工业资产450多亿元,从业人员近20万。十堰以汽车兴市,截至2014年,十堰汽车工业产值占整个十堰工业产值的70%左右,是全国对汽车依赖度最大的地区,是最为名副其实的汽车城。

图5-18 十堰国际汽车城

任务二 汽车运动

【任务目标】

1. 描述汽车运动的起源。
2. 概述汽车运动的分类。

3. 说明方程式赛车。
4. 列举F1赛车著名车队、主要车手以及主要赛道。
5. 阐明世界汽车拉力赛。
6. 举例说出其他汽车运动。

【任务描述】

汽车运动是指汽车在封闭场地、道路或野外，比赛速度、驾驶技术和车辆性能的一种运动，它是赛车手和赛车交融的体育竞技，具有很强的挑战性和观赏性，体现了人与科技最完美的结合，以及人类挑战自我、挑战极限的精神。

【任务知识】

一、汽车运动的起源

19世纪80年代，欧洲大陆出现了最早的汽车。汽车运动也随着汽车工业的发展而兴起。1887年4月20日，法国的《汽车》杂志社主办了世界上最早的汽车比赛，参赛的只有乔乐基·布顿一个人，他驾驶四人座的蒸汽汽车从巴黎沿塞纳河畔跑到了努伊伊。1888年，法国《汽车》杂志社再次举办了汽车比赛，路程从努伊伊到贝尔寒，全长20 km，结果，驾驶迪温牌三轮汽车的布顿获得冠军，第二名也是最后一名为驾驶赛尔波罗蒸汽汽车的车手。

1895年6月1日至13日，法国汽车俱乐部和《鲁·普奇·杰鲁纳尔》报社联合举办了世界上最早的长距离汽油车公路赛，线路由巴黎到波尔多往返，全程1178 km。埃米勒·勒瓦索的汽车获得比赛的第一名，用时48 h 45 min，平均车速为24.55 km/h。但是，由于比赛规定赛车必须是4个座位，而他的车只有2个座位而被取消了冠军的头衔，结果落后很远的凯弗林获得了冠军。此次比赛共有21辆车参赛，跑完全程的只有8辆汽油车和1辆蒸汽汽车。

为避免汽车在野外比赛时扬起的漫天尘土影响后面车手的视线，造成伤亡事件，汽车比赛逐渐改在封闭的道路赛场和跑道上进行，这就是汽车场地赛的雏形。1896年，在美国的普罗维登斯举行了最早的汽车跑道赛，为了吸引更多的人参加汽车比赛，使比赛更富刺激和挑战性，法国的勒芒市在1905年举行了第一次真正意义上的场地汽车大奖赛。从此，汽车大奖赛成为世界体育舞台上一项非常重要的赛事，小城市勒芒也因此闻名于世。

第一次世界大战中，欧洲汽车运动基本处于停顿状态，战后相当一段时间才恢复起来。第二次世界大战之后，由于汽车设计制造技术的提高，汽车大赛在欧洲逐渐从法国扩展到其他国家，再后来则扩展到美洲、大洋洲的大部分国家以及亚洲和非洲的某些国家。大多数欧洲国家都建有标准的赛车场。汽车比赛已成为世界人民非常喜爱的一项运动。

每一次汽车比赛都是速度的追求，都是高科技在汽车上的体现，都是人类对自身的挑战和超越。从下面所列举的历史上汽车比赛的速度记录我们可以清楚地明白这一点。

1894年7月，在法国举行的巴黎—鲁昂汽车比赛中，狄安伯爵驾驶蒸汽汽车获得第一名，参赛的汽油车均名落孙山，榜上无名。1895年6月，在法国举行的巴黎—波尔多汽车

▶汽车文化

比赛，全程长度为 1178 km，是一次真正意义上的汽车比赛，第一名至第七名全被汽油车垄断。本哈德创下平均速度 24.55 km/h 的纪录。

1903 年，美国的福特汽车公司制造了一辆装有 4 缸 60 kW 汽油机的 "999" 号赛车，在汽车比赛中一举夺魁，创下 146.9 km/h 的时速。

1909 年，汽车速度突破 200 km/h 大关，德国的奔驰车创下了 202.7 km/h 的纪录。20 世纪 30 年代，汽车的最高速度达到 500 km/h。1964 年，美国人创造性地将一台喷气式发动机装在一辆后轮驱动的 "蓝鸟二号" 赛车（图 5-19）上，车速达到了令人难以置信的 "危险速度" 648.6 km/h。次年的 11 月 13 日，在美国的犹他州，这一纪录被改写成 658.53 km/h。至今仍没有人用汽油机、车轮驱动的汽车将此纪录改写。

1970 年 10 月 23 日，一辆用喷气式发动机推进的 "蓝焰" 号特制车在美国犹他州的盐湖跑道上，创下了历史性的 1001.63 km/h 的速度纪录，汽车速度首次突破 1000 km/h 大关。

1983 年，还是在犹他州的盐湖跑道上，用喷气式发动机推动的英国 "推力 2 号" 赛车（图5-20）速度达到了 1018.5 km/h，这是至今世界上得到正式认可的最高车速纪录。

图 5-19　蓝鸟二号赛车

图 5-20　"推力 2 号"赛车

二、汽车运动的管理机构

早期的汽车运动由于主办单位各异，参赛者可以驾驶各种各样的汽车参加比赛。输赢在很大程度上取决于发动机的输出功率。随着汽车运动的发展，汽车运动种类越来越多，

图 5-21　国际汽车联合会会标

为推动汽车运动的发展，1904 年 6 月 10 日，在汽车运动兴盛的法国成立了国际汽车联合会（法文缩写为 FIA，当时不用此名，1946 年改为现称，图 5-21），由它负责管理全世界汽车俱乐部和各种汽车协会的活动。1922 年，成立了 FIA 的一个下属机构，国际汽车运动联合会（缩写为 FISA），负责制定参赛车辆、车手、路线及比赛方法等相应规则，对比赛纪录进行认可，调整或协调各地举行的汽车比赛。从 20 世纪 30 年代起，参赛汽车的发动机类型、排量及重量都有了规定，使比赛趋于公平。这样，汽车运动由自由参赛方式发展成为正式的体育项目，出现了所谓的 "方程式" 赛车运动。

国际汽车运动联合会（FISA）由世界汽车运动委员会的 22 人小组掌管，此委员会负责制定、监督和管理全球与赛车有关的所有事宜。在 FISA 之下还设有若干具体赛事委员

会，协助世界汽车运动委员会小组处理事务，这些机构是：①赛车委员会；②国际小型赛车委员会；③越野赛车委员会；④越野吉普车委员会；⑤登山越野车委员会；⑥一级方程式赛车委员会；⑦轿车锦标赛委员会；⑧老式汽车委员会；⑨太阳能车及电动车委员会；⑩技术委员会；⑪赛车日程委员会；⑫安全及赛场委员会；⑬制造厂委员会；⑭记录委员会；⑮医药委员会。

其中，⑩⑮为服务机构。此外，各个国家的汽车运动委员会（ASN）也是FIA的下设机构，它们就汽车赛有关事宜和FIA进行接触。中国汽车运动联合会（FASC）于1975年在北京成立，1983年加入国际汽车联合会。

三、国际汽联的重要赛事

国际汽联的主要赛事有：国际汽联一级方程式锦标赛；国际汽联方程式3000国际锦标赛；国际汽联GT锦标赛（耐力赛）；国际汽联三级方程式洲际杯；国际汽联杯老爷车GT赛；国际汽联杯萨罗布莱德大奖赛；国际汽联青少年方程式卢拉尼奖杯赛；国际汽联老爷房车欧洲挑战赛；国际汽联世界拉力锦标赛；国际汽联2L厂商世界杯赛；国际汽联欧洲拉力锦标赛；国际汽联非洲大陆拉力锦标赛；国际汽联中东拉力锦标赛；国际汽联暨太拉力锦标赛；国际汽联欧洲老爷车拉力赛大奖赛；国际汽联拉力越野世界杯赛；国际汽联爬坡欧洲锦标赛；国际汽联爬坡国际挑战赛；国际汽联老爷车爬坡挑战赛；国际汽联直线竞速锦标赛；国际汽联拉力越野赛手和1.4L杯欧洲锦标赛；国际汽联场地越野赛手和1.6L杯欧洲锦标赛；国际汽联太阳能动力杯赛。

四、汽车运动的类型

汽车运动的类型（表5-1）有很多，按照比赛路线划分主要类别有：长距离比赛、环形场地赛和无道路比赛。

表5-1 汽车运动分类

场地赛	方程式汽车赛	世界一级方程式锦标赛F1、F3000、F3
		A1大奖赛、印第500大奖赛、美国卡特车赛、雷诺方程式、宝马方程式、福特方程式等
	非方程式场地赛	勒芒24h汽车耐力锦标赛、场地越野赛、直线竞速赛
		FIA GT大奖赛、德国房车大师赛、越野车大赛和卡车人赛
非场地赛	汽车拉力赛	世界拉力锦标赛WRC、巴黎——达喀尔拉力赛、欧洲拉力锦标赛、亚洲拉力锦标赛、中东拉力锦标赛和老爷车拉力锦标赛
	汽车越野赛	
	汽车登山赛	
	汽车沙滩赛	
	汽车泥地赛	

▶ 汽 车 文 化

(一) 长距离比赛

长距离比赛是指从一地到另一地的长距离比赛,包括拉力赛和越野赛。

汽车拉力赛的"拉力"来自英语 Rally,意思是"集合",即拉力赛是将参赛的汽车集合在一起进行比赛。拉力赛是所有赛车项目中最苛刻也最接近真实的一种比赛,所有参赛车辆都是按实际情况研制的,在全球各地最具代表性的险恶道路中行驶。

越野赛是在一个国家的公路和自然道路上举行的、允许对该国进行考察的汽车比赛。经过几个国家的领土、总长度超过 10000 km 或跨洲的比赛称为马拉松越野赛。越野赛的比赛形式与拉力赛大致相同,不同的是越野赛是在荒山野岭、沙漠戈壁等条件艰苦的地域展开,增加了比赛的难度。

除国际汽联特别批准外,越野赛的赛程不得超过 15 天,比赛必须在白天进行,采用单车发车方式,每经过 10 个阶段后,至少休息 18 h。每阶段的行驶距离自定,但每个赛段的最大长度,越野赛规定不超过 350 km,马拉松越野赛规定不超过 800 km,必须使用在国际汽联注册的全轮驱动汽车参赛。

1996 年,国际汽联首次对越野赛实行世界杯赛制,其中较著名的比赛有巴黎—达喀尔越野赛、突尼斯国际汽车赛、巴黎—莫斯科—北京马拉松汽车越野赛、阿拉伯联合酋长国沙漠挑战赛等。

(二) 环形场地赛

环形场地赛是指起点和终点都在同一地点的比赛。环形场地赛分为方程式汽车赛、运动原型汽车赛等。

方程式赛车不注重汽车的舒适、经济、外观和费用,只注重速度。方程式汽车赛项目有 F1、F3、亚洲方程式、卡丁车方程式等。运动原型车赛使用的汽车与通常的汽车外观相似。它是在规定的时间内看谁行驶的路程长或看哪辆车行驶的圈数多来决定名次。运动原型车赛中最著名的是勒芒 24 h 世界汽车耐力锦标赛。

(三) 无道路比赛

无道路比赛是指在泥土场地进行的比赛。这种比赛需在场地内设置一些障碍,使得场地内崎岖起伏,参赛车辆间隔出发,最后根据每辆赛车的成绩排出比赛名次。

五、汽车运动的魅力

汽车运动是世界范围内一项影响较大的体育活动,它不断推动着各国汽车工业的技术革命,而汽车工业日新月异的变革又推动汽车运动水平的不断提高。多姿多彩的汽车运动激烈、惊险、浪漫、刺激,成千上万的观众为之痴迷。汽车运动的魅力表现为以下 6 个方面。

(一) 有助于改善汽车的性能

汽车比赛有助于改善汽车的性能,尤其是其动力性。汽车诞生百年来,汽车技术得以不断发展,在很大程度上是依托各种各样汽车比赛所做的大量试验。汽车比赛场就是汽技术的试验场。赛车的比赛环境非常严酷，它是强化了的道路试验，它大大超过一般汽车的使用条件，能够使汽车的所有零部件处于最大应力状态下工作，对新技术、新材料而言是最好的考验，将正常使用条件下几年之后才能出现的问题在短短的几个小时之内暴露出来，节省了大量的时间。许多新技术、新材料就是在这种考验中不断发展成熟的。

通过汽车比赛考验的赛车往往就是汽车制造厂日后生产新车型的参考样本。20世纪50年代，当日本汽车厂家决定加快汽车生产步伐时，首先选中的"基地"就是汽车比赛场。20世纪60年代，他们又将自己的赛车驶向国际赛场，向车坛霸主欧、美赛车宣战，在屡败屡战中吸收了对手的优点，找到了自己的不足，通过改进，他们不仅在赛车场获得了一席之地，而且为日本汽车工业的全面崛起奠定了坚实的基础。

（二）动态的车展

汽车赛可喻为动态的车展。一级方程式汽车比赛每年举行18场，分赛场遍布全世界。赛车几乎总是先进技术的结晶。今天，在汽车大赛中推出的每一部新赛车，几乎都代表着一家汽车公司甚至一个国家在汽车方面的最新技术水平。不仅如此，赛车还体现了普通汽车发展的方向。比较当代新型轿车与20世纪30年代的赛车设计，不难发现它们之间有一些共同点，如较高的发动机转速、较大的压缩比、较小的汽车质量和流线型的车身等。从某种意义来说，赛车是汽车发展的先驱。一级方程式赛车最能代表赛车的技术，福特汽车公司形象地把一级方程式汽车大赛称作"高科技奥运会"。在汽车大赛中推出的新型车，从设计到制造都凝聚着众多研制者的心血。

（三）最佳的流动广告

汽车大赛是各大汽车公司乃至整个汽车工业的流动广告。组织得好的汽车比赛，尤其是国际性高水平大赛能够吸引成千上万的观众。在赛场上，大到赛车，小到车手的手套，都印满了花花绿绿的广告。著名的车队和赛车是汽车制造商和赞助商的最佳广告宣传载体，可以促进产品销售，为企业带来巨大的经济利益。正因为如此，许多车队才高薪争聘优秀的车手，许多大的公司才慷慨解囊赞助大型车赛，提高企业的知名度。

（四）促进汽车大众化

汽车比赛促进了汽车大众化。除职业性比赛外，世界各地的汽车爱好者还自行组织进行一些小型的汽车比赛，这对汽车工业的发展有着别样意义。许多地方性的汽车俱乐部，联系着千千万万汽车运动爱好者，其广泛性和群众性是汽车大赛所无法比拟的，这些小型赛事能够把众多的人吸引到汽车上，传播汽车技术，扩大汽车爱好者队伍，培育潜在的汽车制造、使用、维修方面的人才和汽车市场。

（五）带动城市经济建设

汽车运动促进了赛事举办地一些相关产业的发展，还带动了城市的经济建设。F1方程式的观众有70%左右来自举办地以外的其他地方，每年众多的观众从世界各地赶到举办城市观看比赛，因而带动举办地的旅游、航空、餐饮、酒店以及周边地区商业的发展。

▶ 汽 车 文 化

（六）人车合一的综合较量

汽车运动是人车合一的综合较量，不仅是车手个人技艺、意志和胆量的竞争，而且是汽车设计、产品质量的角逐，体现了人与科技最完美的结合，体现了人类对自然的征服能力。

汽车比赛丰富而又复杂的内涵超过了世界上任何一项体育运动。以高科技产品的汽车公司做后盾，以雄厚经济实力的企业集团做资助，再加上热心汽车运动的人们的积极参与，这就是汽车运动能够经久不衰的关键所在。

六、中国的汽车运动

（一）中国汽车运动组织

1. 中国汽车运动联合会

中国汽车运动联合会是全国性体育社团，是全国体育总会的会员，其前身为中国摩托运动协会，1975年成立于北京，1983年加入国际汽车联合会。1993年5月，汽车运动项目从中国摩托运动协会分离出来，单独组成"中国汽车运动联合会"。它是中国境内管辖汽车运动唯一的全国性组织。中国汽车运动联合会会徽如图5-22所示。

图5-22 中国汽车运动联合会会徽

2. 中国汽车运动联合会组织形式

中国汽车运动联合会的最高权力机构是全国理事会，实行会员选举制，设主席、副主席、秘书长、副秘书长若干名。该组织的日常工作在秘书长领导下进行，下设有办公室、外事联络部、运动竞赛部、教练员委员会、裁判员委员会等办事机构。

3. 中国汽车运动联合会主要任务

中国汽车运动联合会负责全国汽车运动的业务管理，举办国内外汽车比赛和体育探险活动，指导群众性活动，培训运动员、教练员和裁判员，参加国际交往和技术交流。

（二）中国的国际赛车场

中国于1996年创建了国内第一座符合国际汽车联盟一级方程式标准的国际级赛车场——珠海国际赛车场。之后，又创建了上海国际赛车场、广东国际赛车场、北京金港国际赛车场、南京空港国际赛车场、成都国际赛车场、桂林锦龙国际赛车场等。

1. 珠海国际赛车场（ZIC）

珠海国际赛车场（简称ZIC）位于珠海经济特区金鼎镇。ZIC赛道长为4.3 km，有10个右弯、4个左弯，大直路长达900 m，这为世界一流赛车手壮观的超车表演提供了具有挑战性的弯道。符合国际标准的珠海国际赛道是亚洲的赛车中心。ZIC赛道如图5-23所示。ZIC在1996年首次主办国际赛、BPR环球GT锦标赛。除了国际赛之外，珠海国际赛车场还主办相当多的本地赛事，包括亚洲赛车节、香港房车锦标赛、澳门房车锦标赛、亚洲三级方程式挑战赛、莲花跑车挑战赛、超级跑车挑战赛、亚洲雷诺方程式挑战赛、迷你车赛、珍藏车赛、ZIC摩托车锦标赛、中国全国场地锦标赛、康巴斯方程式系列赛等。

2. 上海国际赛车场

上海国际赛车场位于上海市嘉定区，赛车场赛道（图5-24）总长度为7 km左右，由一级方程式赛道和其他类型赛道组成。一级方程式赛道单圈长度为5451.24 m，宽度为12~18 m，具有7处左转弯道及7处右转弯道，最长的直道长度为1175 m（最高允许时速为327 km/h，平均时速为205 km/h），在窄弯道处要求制动到87 km/h的时速，给观众带来一种赛车运动所特有的激烈、紧张和刺激的感受。赛道整体造型犹如一个翩翩起舞的"上"字，它既是有利于大功率发动机发挥的高速赛道，又是具有挑战性、充分体现车手技术的弯道。

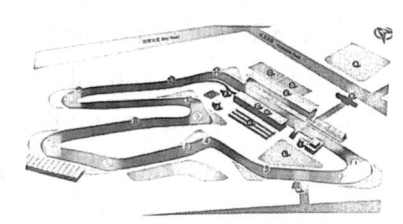

图5-23 ZIC赛道

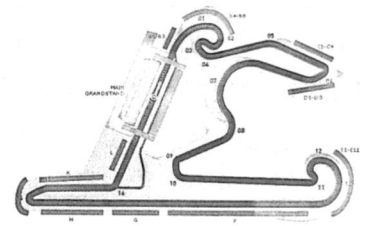

图5-24 上海国际赛车场赛道

上海国际赛道举办过的赛事有世界一级方程式锦标赛（F1，第一次是2004年9月24—26日）、世界杯汽车大奖赛（A1）、世界摩托车大奖赛（Moto GP）、全国房车锦标赛（CTCC）、中国方程式公开赛（CFO）等，以及各种表演赛。

（三）中国的汽车赛

1. 中国汽车场地锦标赛（CCC）

2003年12月19日，由中国汽车运动联合会、央视体育中心与上海国际赛车场在珠海签署三方协议，确定三方将从2004年起联手打造和经营全国汽车场地锦标赛，简称全锦赛（CCC，China Circuit Championship）。

全锦赛是按照赶超F1的目标打造的，相对于中国现有的赛车运动，更加正规和庞大。它从6月到10月共有6站比赛，分别在上海、珠海和北京3个拥有国际赛车场的城市举行，每个城市连续举办两站。不管全锦赛能否达到F1的运作规模和影响力，其蓬勃的开展对于中国国内汽车赛事的气氛和国内车手的成长是绝对有利的，并会加快中国赛车事业的发展。

2. 全国汽车拉力锦标赛（CRC）

在国内越来越多引进国际赛事的情况下，中国汽联为推动国内汽车运动的发展，统一制定了比赛规则、规程。1997年，第一届全国汽车拉力锦标赛（CRC，China Rally Championship）在全国范围内展开，无论在赛事组织、参赛车手、俱乐部数量和运动水平上均有很大提高，这是中国汽车运动走向规范化、系列化的一个良好开端。近几年，全国汽车拉力锦标赛得到了社会各界的更多支持，是国内赛车爱好者的盛会。

▶汽 车 文 化

任务三　著名汽车赛事

【任务目标】

1. 说明方程式赛车。
2. 认识F1赛车著名车队、主要车手以及主要赛道。
3. 阐明世界汽车拉力赛。

【任务描述】

初期的汽车赛无论汽车的动力方式、动力大小是否相当，均可参赛，以至于汽车赛就是发动机的功率比赛。直到20世纪30年代，人们逐渐制定出比赛的规则，如发动机的类型、气缸容量等，使比赛公平化。方程式汽车赛名称中的方程式（FORMULA）原意是"惯例、常规、准则、方案"，与数学的方程式并无联系。方程式赛车就是以共同的方程式（规则限制）所造出来的赛车，对车辆的长度、宽度、发动机排量、轮距等都有严格限制。

【任务知识】

一、方程式汽车锦标赛

自从汽车问世以来，人们就对汽车进行车速和耐久性竞赛。由于其竞争激烈，刺激性强和充满趣味性，吸引了众多的汽车爱好者。20世纪30年代，为了规范汽车比赛并使比赛的胜负不再由发动机的功率来决定，而是由车手的技术来决定，人们开始规定发动机的类型和气缸容量，于是有了方程式（FORMULA）的概念。

属于方程式汽车比赛的项目有一级方程式汽车赛（F1/Formula）、三级方程式汽车赛（F3/Formula 3）、方程式3000（F3000/Formula 3000）、雷诺方程式（Formula Renault）、亚洲方程式（Formula ASIA）、无限方程式、福特方程式、卡丁车方程式等。

（一）一级方程式锦标赛（F1）

（1）定义。世界一级方程式锦标赛（FIA Formula 1 World Championship）是由国际汽车联盟（FIA）举办的最高等级的年度系列场地赛车比赛，是当今世界最高水平的赛车比赛，与奥运会、世界杯足球赛并称为"世界三大体育盛事"。1950年，国际汽联在英国银石赛车场第一次举办了F1世界锦标赛。F1比赛场景如图5-25所示。

（2）赛道。专用赛道均为环形，每圈长度为3~8 km，每场比赛距离为300~320 km。赛场不允许有过多、过长的直道，目的在于限制高速，以免发生危险。

（3）比赛。每场比赛均分为计时排位赛和决赛两个过程。排位赛（Qualifying）是在正式比赛前专门举行的比赛，以单圈最快者排在首位，获得杆位。正式比赛开始，各车手按各自排位从相距不远的位置出发。跑完规定圈数（每场为超过305 km的最小圈数），时间短者获胜。

（4）计分方法。车队积分方法与车手相同。2003年以前取前6名，车手获得分数依

图 5-25 F1 比赛场景

次为 10、6、4、3、2 和 1；2003 年开始取前 8 名，车手获得分数依次为 10、8、6、5、4、3、2 和 1；从 2010 赛季开始实行新的积分系统，每场比赛取前 10 名，车手获得分数依次为 25、20、15、10、8、6、5、3、2、1。在每一赛季结束后，将车手在全年若干场比赛中的比赛成绩相加得出总积分，得分最高者为当年世界冠军。在积分相同的情况下，车手将以得分时获得的名次做比较，如得冠军的次数相同则比较第二名，得第二名的次数仍相同则比较第三名，以此类推。

（5）车手。车手必须持有由国际汽车联合会签发的超级驾驶执照（FIA Super Licence）。这张车手执照只发给在 F3000、F3 或 CART 系列赛事中表现杰出的车手。通常，一位车手要花 8 年的时间从小型赛车逐步晋级到 F1 赛车。每年，全世界持有这种执照的车手不超过 100 人。通常一场比赛车手必须换挡 2500 次，平均 2 s 要换挡一次，因此车手的注意力必须高度集中，过弯时 4g 的加速度让车手的重量变成 4 倍，身体有安全带可固定，但头部就需要极为强壮的颈部肌肉才能支撑。对于车手来说，除了天分与丰富的赛车经验外，不断努力才是他们成功的因素。

（6）PIT。PIT 指 F1 比赛中的维修站（图 5-26）。比赛过程中必须视轮胎的磨耗及油耗的状态进入维修站（Pit）换胎及加油，称为 Pit Stop。一次 Pit Stop 需要 21 个人来共同

图 5-26 赛车在维修站加油、换胎

▶汽车文化

完成，用6~12 s来为赛车加油及换胎。以现今F1车队的水准来说，通过团队的合作可在7 s内完成换胎并加满60 L的汽油。

F1赛车外形是综合考虑减小车身迎风面积、增加与地面附着力以及赛车运动规则等因素而成型的。F1赛车车身酷似火箭倒放在4个轮子上，发动机则位于赛车中后部。底盘材料采用碳素纤维板，内夹铝制蜂窝状结构板，比传统铝板重量轻1倍而强度高1倍。赛车车高速行驶时，会遇到极大的空气阻力，为了减小空气阻力，赛车外形要尽量呈流线型，以获得较小的迎风面积。

轮胎也是赛车的关键技术。为了使发动机的动力能可靠地传递到路面，轮胎较宽大，用以增加与地面的接触面积。在比赛中，高速行驶及频繁的强力转向和急刹车使轮胎磨损极快，经常需要在比赛中途换胎。因此，赛车轮胎只有一个紧固螺栓，便于迅速拆装。

赛车把所有的控制及显示元件几乎全部都集中在车手的方向盘上，每个按键功能各不相同（图5-27），大大节省了车手的操作时间。

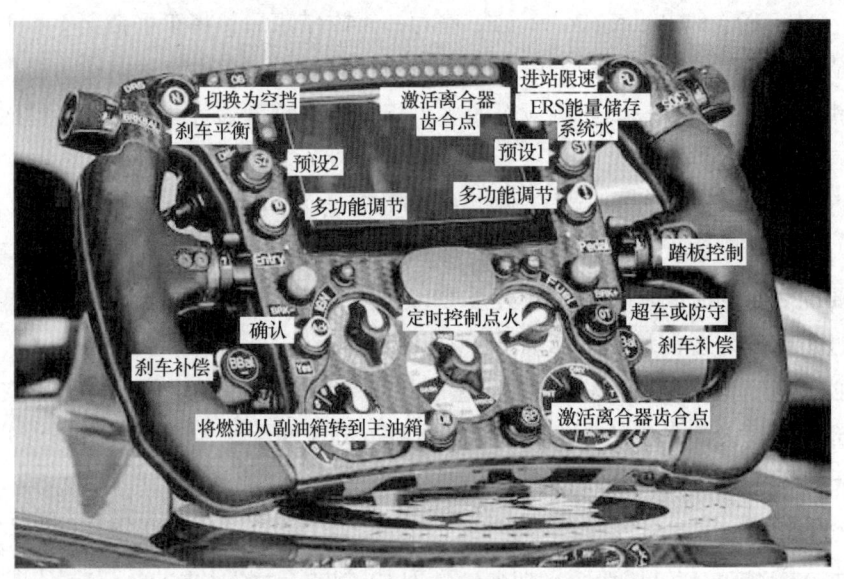

图5-27 F1各赛车方向盘上各按钮功能

(二) 世界著名车手

车坛明星，灿若星辰。他们都有着优秀的身体素质、过人的胆量、超人的智慧和非凡的驾驶技巧。他们是国家的骄傲，车迷心中的偶像。

(1) 赛车王子——巴西人埃尔顿·塞纳。他以其勇敢、智慧奔驰在赛场上10年，他不仅在晴天比赛时是一名优秀车手，就是在乌云翻滚、暴雨倾盆的恶劣条件下，也能以其超人的胆量和娴熟的技术在赛道上奋勇争先。其最佳表现在1988年的铃鹿赛道，第一圈比赛结束时，塞纳尚处在第16名，到比赛结束时，他后来居上，夺取了冠军。

(2) 纪录之王——德国人迈克尔·舒马赫。他是F1车手队伍中最有天赋的人物，他以赛前准备最全面稳妥、赛场内外全神贯注的优秀品质成为车队的一面旗帜。其最佳表现在 1995 年的霍根海姆赛道，在湿滑的赛道条件下，舒马赫只用了几圈就超过了所有的对手并最终夺取了冠军。

（3）集三种冠军于一身的赛车手加拿大人雅凯·维伦纽夫。加拿大首位印第安纳波利斯 500 赛冠军，印第安纳波利斯 500 赛最年轻的冠军车手，首次参加 F1 世界锦标赛就获得 4 个分站冠军。

（4）黑人冠军——英国人刘易斯·汉密尔顿。他毕业于剑桥大学艺术和科技学院，是 F1 史上首位夺取分站冠军的黑人车手。

（三）其他方程式汽车赛

A1 大奖赛（图 5-28）是首次以国家为参赛单位的赛车运动，成立于 2005 年，享有"赛车运动世界杯"的美誉。

图 5-28 A1 大奖赛

2010 年 3 月 10 日，总部设在英国的 A1 管理公司开始进行赛车拍卖，共有 20 辆法拉利引擎的第二代 A1 和 12 辆老款 Lola-Zyteks 一起出售。至此，A1 正式宣布倒闭。

二、汽车拉力赛

拉力赛亦称多日赛，是汽车道路比赛项目之一，在有路基的土路、沙砾路或沥青路上进行，是一种在一个国家内或者跨越数国举行的，既检验车辆性能和质量，又考验驾驶技术的长途比赛，因此，可以把拉力赛看成是一项长距离的耐久性试验。

汽车拉力赛在规定日期内分若干阶段进行，每阶段内设置由行驶路段连接的、数个测速赛段交替进行，每个赛段的长度最短为 3 km，最长可达 30 km。比赛采用单个发车方法，每隔 2~3 min 有一辆赛车出发投入比赛。每个车组由 1 名驾驶人和 1 名副驾驶人（领航员）组成。以每个车组完成全部特殊路段比赛的时间和在行驶路段所受处罚时间累计计算最终成绩，用时越短排名越靠前。

（一）拉力赛里的 F1——世界汽车拉力锦标赛

世界汽车拉力锦标赛（WRC，World Rally Championship）始于 1973 年，是 FIA 四大赛事之一，与 F1 齐名。与 F1 不同的是，所有参赛车辆必须以量产车研发制造而成，并在世界各地的雨林、泥泞、雪地、沙漠及蜿蜒山路等不同的路况进行比赛（图 5-29），是最

▶汽车文化

严酷的赛事之一，但也是最有魅力的比赛之一，每年全球有近 10 亿人次通过各种方式观看 WRC。同时，WRC 还以其"不要门票的比赛"或者叫"家门口的比赛"而闻名，因为 WRC 的赛道多是利用乡村、野外的砂石、沙漠或者沥青路面设计组成。在比赛时，赛车会在村庄中穿行，而观众就站在赛道两侧的安全区域观战，可以说是"零距离"体验赛车飞驰的刺激。

图 5-29　WRC 比赛车辆驶过沙地、雪地、沼泽

（二）巴黎—达喀尔拉力赛

巴黎—达喀尔拉力赛（The Paris Dakar Rally，图 5-30）是以严酷的大自然为对手，驱动人类自身的全部智力、体力和精力进行挑战的、世界上最艰巨的、充满冒险精神的汽车赛程，被称为"勇敢者的游戏""世界上最艰苦的比赛""魔鬼般的赛事"。至今，赛程的全程跑完率只有 38%，更有"跑完全赛程者均为胜利者"一说，可见赛事的艰辛程度。每年 1 月 1 日以法国为赛程起点，以非洲沙漠为舞台，以赞助商或地区名称冠名。

图 5-30　巴黎—达喀尔拉力赛穿越沙漠的摩托赛车和越野赛车

巴黎—达喀尔拉力赛每年举行一次。比赛中需要经过的地形比普通拉力赛的要复杂且艰难得多，而且参赛车辆均为真正的越野车，而非普通拉力赛中的改装轿车。该比赛为多车种的比赛，共分为摩托车组、小型汽车组（包括轿车和越野车）以及货车组。

巴黎—达喀尔拉力赛的一个较大的特征是，无论是专业选手还是业余赛车爱好者都可自由参赛，共同竞技，80% 左右的参赛者都为业余选手。正如巴黎—达喀尔拉力赛创始人泽利·萨宾所说："巴黎—达喀尔拉力赛是一个对于专业选手充满吸引力的专为业余爱好

— 140 —

者设计的比赛"。

(三) 其他拉力赛

国际著名的蒙特卡罗拉力赛,比赛时间是每年的1月,赛程为4~5天,地点在摩纳哥附近长约4000 km的山区。此外,还有摩洛哥拉力赛、奥地利阿尔卑斯拉力赛、希腊何克罗波利斯拉力赛、法国阿尔卑斯杯拉力赛,美国奥林巴斯拉力赛、芬兰千湖拉力赛等。

三、越野赛

越野赛(Cross Country)是汽车道路比赛项目之一,是在一个国家的公路和自然道路上举行的、允许对该国进行考察的汽车比赛。经过几个国家的领土、总长度超过10000 km或跨洲的比赛称马拉松越野赛。越野赛必须使用在国际汽联注册的全轮驱动汽车参赛。

除国际汽联特别批准外,越野赛的赛程不得超过15天,比赛必须在白天进行,采用单车发车方式,每经过10个阶段后,至少休息18 h。每阶段的行驶距离自定,但每个赛段的最大长度不超过350 km,马拉松越野赛规定不超过800 km。

四、耐力赛

每年6月举行的被称为最辛苦、乏味的单项赛事——"勒芒24小时耐力赛"(24 HEURES DU MANS)是汽车耐力赛的典型例子。该赛事是在位于巴黎西南200 km的小镇勒芒举行的重大赛事。从1923年开始举行至2013年,已经举办了81届。勒芒比赛场景如图5-31所示。

图5-31 勒芒比赛场景

该赛事赛道是将当地的高速公路和街区公路封闭成一个环形路线,单圈长为13.5 km,沥青和水泥路面。比赛一般从第一天的下午4时许开始,一直持续到次日的下午4时许,历时24 h。

▶汽车文化

每部赛车由 3 名赛车手分别驾驶,采用换人不换车的方法,所有的加油、换胎和维修时间都包括在 24 h 以内。最后,行驶里程最多的赛车获胜,一般一昼夜下来,成绩最好的赛车行驶的里程将近 5000 km。

由于勒芒耐力赛是全球各种耐力赛中时间最长的比赛,而且选手驾车在同一环形赛道上要不停地转上 350 多圈,因此比赛显得单调、乏味,不论是车手、维修技师还是观众,在下半夜都会变得疲惫不堪。

五、卡丁车比赛

卡丁车比赛(Karting)是汽车场地比赛项目的一种,分方程式卡丁车及国际 A、B、C、E 级和普及级六类,共 12 个级别。

卡丁车是有车厢或无车厢的微型汽车。卡丁车的结构十分简单,由钢管式车架、4 个小车、转向系统、脚蹬(加速踏板、制动踏板)、风冷式汽油发动机(二冲程或四冲程,排量为 0.1 L、0.125 L 或 0.25 L)、传动链护罩、车手座椅、前后及左右防撞保险杠及护套等组成。卡丁车单座,重心低,后两轮负责驱动,前两轮负责导向。

国际汽车联合会(FIA)在 1962 年成立了世界卡丁车联合会。中国汽车运动联合会(FASC)于 1995 年加入国际汽车联合会世界卡丁车联合会,完成了我国卡丁车运动与国际的接轨工作。

卡丁车是世界方程式赛车的最初级形式,始于 1940 年的东欧地区。由于许多著名的一级方程式赛手都是从卡丁车起步的,卡丁车被视为"F1 的摇篮",在欧洲也称"迷你方程式"。卡丁车比赛场景如图 5-32 所示。

图 5-32 卡丁车比赛场景

六、印地车赛

印地车赛(Indy Car Series)是汽车场地比赛的一种,也叫印地方程式赛,设有世界锦标赛。该车赛起源于美国,原为美国汽车协会主办的锦标赛。1978 年,由 18 支印地车队联合成立了"印地锦标赛赛车队有限公司",建立了赛事管理机构,举办系列车赛,并制定了独特的比赛规则。在 1979 年，该公司举办了第一次比赛，成为不受国际汽车联合会管辖的汽车比赛。

比赛使用的汽车整体结构类似一级方程式赛车，采用排量为 2.6~3.4 L、8 缸以下的涡轮增压发动机，使用不易挥发的乙醇为燃料。在印地赛车上不允许使用各种先进的电子装置，而应使用普通离合器、普通变速换挡装置。在印地赛车中，燃料总量是受限制的，每场比赛中分配给每辆赛车一定的燃料，油箱容量限定为 151 L，这使得一个车队在比赛过程中和冲刺阶段要采用不同的策略。

依不同的比赛场地，比赛距离为 320~800 km 不等。印地赛车与一级方程式赛车相比，既大又重而且结构简单，但并不意味着它比 F1 赛车慢。在整个印地车赛过程中，赛车手能充分显示出他们的操作技术、胆识、勇气和经验。

印地 800 km 大赛是美国车坛最重要的赛事，奖金最高，现场观众最多。美国赛车手希望赢得印地大赛冠军，因此这比赢得美国方程式锦标赛更重要。

七、直线竞速赛

直线竞速赛（Drag Racing）是汽车场地比赛项目之一。比赛按不同车型及发动机排量分为 12~14 个级别，在两条并列长为 1500 m、各自宽为 15 m 的直线沥青跑道上进行，实际比赛距离为 402.336 m 或 201.168 m。

比赛时每两辆车为一组，实行淘汰制，分多轮进行，直至决出冠军。采用定点发车方法，加速行进，通过电子仪器测量从发车线到终点线的行驶时间评定成绩。使用特别设计制造的活塞式或喷气式专用赛车，以汽油、甲醇或煤油为燃料，车重 500~1000 kg。

观看直线竞速赛成为一些人的最大乐趣，美国人常称其为 4S（Sights、Sounds、Smellsand Speed），即充满刺激的场面、震耳欲聋的发动机声、甲醇燃料的强烈气味和超乎寻常的车速交汇一起，构成刺激无比的沸腾景观。

【任务习题】
1. 什么是汽车运动？目前，国际上有哪些正规的汽车比赛？
2. 国际汽车联合会和中国汽车运动联合会分别是哪一年成立的？总部分别在哪里？
3. 介绍一种汽车运动的特点。
4. 简述汽车运动的魅力。
5. 方程式汽车赛与拉力赛之间有何差异？

▶汽 车 文 化

项目六　汽车新技术与未来汽车

随着科学技术的飞速发展，各种小巧、方便、人性化的设计越来越得到人们的喜爱。现代汽车的设计和生产越来越多地应用了高新技术，使汽车给人以驾乘享受的同时，增加了汽车的安全性、舒适性、环保性。本项目对汽车节能、安全、环保、智能化技术进行概述，介绍电动汽车、未来汽车构造、工作原理和未来汽车的发展前景。

任务一　汽车新技术

【任务目标】
1. 了解汽车节能和环保的新技术。
2. 了解汽车安全和汽车智能控制的新技术。

【任务描述】
现代汽车技术与能源、人类环境密切相关，汽车产业的迅猛发展，对机械、液压、电子、动力、能源、化学化工等专业提出了更高的要求，本任务主要对汽车节能、环保、安全和汽车智能控制的新技术进行简要介绍。

【任务知识】

一、节能技术

汽车主要的节能技术有汽油缸内直喷技术、涡轮增压技术、可变配气相位技术、汽车轻量化技术等。

（一）汽油缸内直喷技术

汽油缸内直喷技术源于柴油发动机的喷油技术，可使汽油发动机能像柴油发动机一样具备较高的燃烧效率，达到节省燃油的目的。1995 年，首台汽油缸内直喷发动机（GDI）由日本三菱汽车公司制造，并安装在三菱的量产车上。

大众公司的保时捷、奥迪、大众、斯柯达的新款车型均采用 FSI 燃油缸内直喷技术，FSI 发动机通过一个高压油泵提供所需的油压，在 1 ms 内将燃油在最适合的时刻喷入气缸。

（二）涡轮增压技术

涡轮增压技术是在 FSI 发动机的基础上增加增压技术，主要包括一个涡轮增压器和一个机械增压器。涡轮增压是对吸入的空气进行压缩，增大气体密度，从而增加每个进气冲程进入燃烧室的空气量,增加循环供油量,提高功率和扭矩,提高燃烧效率,提高使用经济性。

(三) 可变配气相位技术

采用可变配气相位技术,可以满足发动机各种工况对气门准确开闭的要求,改善了发动机在低、中转速下的扭矩输出,大大增强了驾驶的操纵灵活性,发动机转速也可因此设计得更高。

可变配气相位控制系统(图6-1)主要是通过调整气门的打开或关闭时间来改变发动机的性能,包括可变气门正时系统和可变气门升程系统两大类。

(a) 本田的VTEC

(b) 丰田的VVTL-i

(c) 本田的i-VTEC

图6-1 可变配气相位控制系统

配置了可变气门升程系统的发动机有:本田的VTEC;既配置了可变气门正时系统又配置了可变气门升程系统的发动机有丰田的VVTL-i、本田的i-VTEC。

(四) 汽车轻量化技术

世界铝业协会的报告指出,汽车自身质量减少10%,燃油的消耗可降低6%~8%。轻量化技术的主要方式是广泛使用超轻高强度钢板(图6-2)、铝合金、镁合金、塑料和碳纤维复合材料等轻质材料。轻量化这一概念最先起源于赛车运动,它的优势其实不难理解,重量轻了,就可以带来更好的操控性,发动机输出的动力就能够产生更高的加速度;由于车辆轻,起步时加速性能更好,刹车时的制动距离更短。

图6-2 速腾超轻高强度钢板车身结构

图6-3 轻量化的赛车

▶ 汽 车 文 化

汽车轻量化（图6-3）就是为汽车瘦身，在确保稳定提升性能的基础上，节能化设计各总成零部件，持续优化车型。实验证明，若汽车整车重量降低10%，燃油效率可提高6%~8%，汽车重量降低1%，油耗可降低0.7%；汽车整备质量每减少100 kg，百公里油耗可降低0.3~0.6 L。实践证明，在降低使用费用和提高燃料消耗效率上，可通过两个途径来减轻汽车的总体质量：一是采用高强度合金材料、碳纤维材料等轻量化材料，二是改变汽车各零部件的结构。

1. 采用轻量化材料

目前，轻量化被最广泛应用的是铝合金的技术。在1990年9月开始销售的日本本田Nsx车（图6-4）采用了全铝承载式车身，这比用冷轧钢板制造的同样车身轻200 kg，该款车型在当时引起了全世界的瞩目。作为大范围量产的轻量化材料，铝合金固然理想，但其也有自身的缺点，如工艺复杂且后续维修费用高。

图6-4 本田Nsx汽车

当然，还有更多的轻量化材料和科技应用在汽车当中，例如，第六代宝马7系所使用的i3与i8轻量化科技，其中就包括碳纤维车身。碳纤维的车身多用于超跑，其昂贵的成本一直让平民车对其敬而远之，宝马i3（图6-5）的到来刷新了这一领域的历史价格。宝马i3的碳纤维座舱，该款座舱是在宝马与德国SGL碳纤维公司合资建立的全新工厂内，以高度自动化的方式生产。该材料强度可媲美钢材，但密度小了50%，甚至比铝材还低30%。宝马i3车身的长、宽、高分别为3999 mm、1775 mm、1578 mm，轴距为2570 mm；采用高强度碳纤维，在同等强度条件下，该材料重量比钢材轻50%，比铝材轻30%，宝马i3车身的净重控制在1250 kg左右。虽然碳纤维能够用于制造汽车的很多部位，但是全部使用碳纤维是不可能的，因此，很多汽车所使用的轻量化技术是多元化的，镁合金也是其中的一种。

镁的密度约为铝的2/3，在实际应用的金属中是最轻的。镁合金的吸振能力强、切削

(a)   (b)

图 6-5 宝马 i3 轿车

性能好、金属模铸造性能好，很适合制造汽车零件。镁铸件在汽车上使用最早的实例是车轮轮辋。在汽车上应用镁合金的实例还有离合器壳体、离合器踏板、制动踏板固定支架、仪表板骨架、座椅、转向柱部件、转向盘轮芯、变速箱壳体、发动机悬置、气缸盖和气缸盖罩盖等。

在 2012 年欧洲镁协 20 届年会上，来自奔驰汽车公司的专家介绍了镁合金在奔驰汽车中的应用，特别是在奔驰新一代 SLK 跑车折叠车顶框架的应用，该车顶框架由 4 个镁合金压铸件组成，分别是车顶框架（重为 3825 g），后窗框架（重为 2075 g），左、右 C 柱（重为 980 g）。这些镁合金压铸件都在奔驰 Esslingen-Mettingen 的镁压铸厂生产。

镁合金在汽车上的应用虽然早有应用，但是目前镁合金并没有广泛地推广，这是因为在制造加工方面，制造薄板的镁合金包含有 96% 的镁、3% 的铝及 1% 的锌，需要在约 450℃ 的环境下以一个非常慢的过程进行冲压成型，这使得制造的工艺要求和制造成本非常高。

以上我们列举了一些轻量化材料在汽车制造中的应用，汽车归根结底是机械制造的产物，机械构成才是不断革新的最根本因素，所以结构上的改变是轻量化的另一个方向。

2. 结构的改变

1）发动机的轻量化

这个方向的主要趋势是在不影响汽车安全性能的前提下整合零件，减少零件数量，减小总成零件的体积。目前，很多厂家都在积极地进行总成的轻量化，其中对发动机进行轻量化改装是非常典型的。发动机总成的轻量化由来已久，上至豪车下至平民车型都在积极推进，发动机作为一部整车中最重要的大总成，其轻量化意义重大。

为了达到发动机性能中控制废气排放、提高动力性等目的，必须引入新的组件，如涡轮增压器、EGR、后处理器和电控系统等；或强化原有零部件，如喷油泵的加强等，不过这样一来，又会使发动机的重量有所增加。由此可见，要实现发动机轻量化并非易事，决

▶汽 车 文 化

不是通过单一的措施就能实现的。

发动机的轻量化可以通过替代材料减轻重量，还有就是结构组成的优化。另外，对组件的模块化和关键零件的结构优化也可以达到轻量化的目的。

2）变速器的轻量化

变速器是汽车动力总成的主要组成部分，变速器齿轮传动机构作为汽车变速器机构的主要组成部分，其轻量化技术同样是一个系统工程，可采用细化（小型化）、优质、减免、整合、改质、异构、优化等措施进行设计。

3）发动机的小型化

尽管各种零件和总成的小型化和效率更加密切，但也可以将其归结到轻量化的科技中，如三缸发动机在近两年里突飞猛进地发展。

二、安全技术

随着人们对汽车安全性能的日益重视，传统的制动系统已逐渐升级为防抱死制动系统（ABS）。近年来，在ABS的基础上又发展了相关的ASR、ESP、EBD、EDL、EBC等电子制动控制系统，目的是使汽车在各种操控及路面条件下都能得到最佳的控制和行驶稳定性。

汽车安全技术分为主动安全技术和被动安全技术。

（一）主动安全技术

1. 防抱制动装置（ABS）

防抱制动装置也称防抱死制动系统（Anti-lock Braking System，简称ABS）是汽车制动系的部件之一。在汽车制动过程中，它能自动地控制车轮在旋转方向上的滑移程度，维持最佳的制动力，减少交通事故的发生。

ABS防抱死制动系统具有如下优点：

(1) 缩短制动距离。在同样紧急制动的情况下，ABS系统可以将滑移控制在20%左右，即可获得最大的纵向制动力。

(2) 增加汽车制动时的稳定性。汽车在制动时，4个轮子上的制动力是不一样的，如果汽车的前轮抱死（图6-6），驾驶员就无法控制汽车的行驶方向，这是非常危险的，倘若汽车的后轮先抱死（图6-7），则会出现侧滑、甩尾，甚至使汽车发生整个调头等严重事故；所有车轮全部抱死的汽车运动情况如图6-8所示。ABS系统可以防止4个轮子制动时被完全抱死，提高了汽车行驶的稳定性。

(3) 减少汽车制动时轮胎的磨损程度。车轮抱死会造成轮胎杯形磨损，轮胎面磨耗也会不均匀，使轮胎磨损消耗费用增加。因此，装用ABS系统具有一定的经济效益。

(4) 使用方便，工作可靠，可减少驾驶员的疲劳强度。ABS系统的使用与普通制动系统的使用几乎没有区别。制动时，只要把脚踏在制动踏板上，ABS系统就会根据情况自动进入工作状态，如遇雨雪路滑，驾驶员也没有必要用一连串的点刹制动方式进行制动，ABS

项目六 汽车新技术与未来汽车

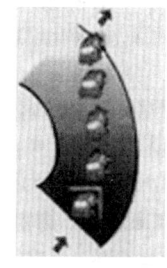 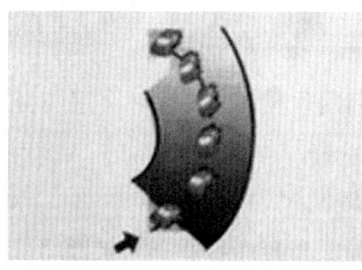 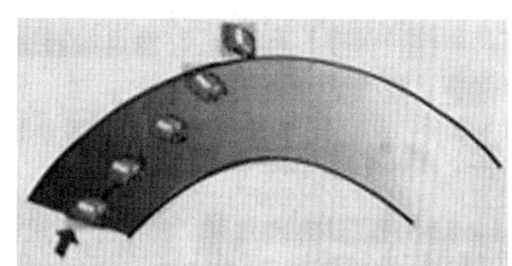

图 6-6　前轮抱死　　　　图 6-7　后轮抱死　　　　　　图 6-8　所有车轮全部抱死

系统会使制动状态保持在最佳点。ABS 系统工作十分可靠，并有自诊断能力。如果它发现系统内部有故障，就会自动记录，并点燃 ABS 琥珀（黄）色故障指示灯，让普通制动系统继续工作。此时，维修人员可以根据记录的故障进行修理。

2. 驱动防滑系统（ASR）

驱动力控制系统又称驱动轮防滑转调节系统（Acceleration Slip Regulation，简称 ASR），是继防抱死制动系统（ABS）之后，设置在汽车上，专门用来防止驱动轮起步、加速和在湿滑路面行驶时防止驱动轮滑转的电子驱动力调节系统。它可以在驱动状态下，通过计算机帮助驾驶员实现对车轮运动方式的控制，以便在汽车的驱动轮上获得尽可能大的驱动力，同时保持汽车驱动时的方向控制能力，以此改善燃油经济性，减少轮胎磨损。

3. 电子稳定控制系统（ESP）

ESP 是电子稳定控制系统，全称是"Electronic Stability Program"。电子稳定控制系统（ESP）综合了 ABS 和 ASR 系统的功能，目前主要应用在高端车型上，如奥迪、奔驰等。在其他车型上，相同或相近功用的系统采用了不同的名字，如宝马车上称为 DSC、丰田车上称为 VSC、本田车上称为 VSA 等。车辆有无 ESP 系统在行车制动时的差别如图 6-9 所示。

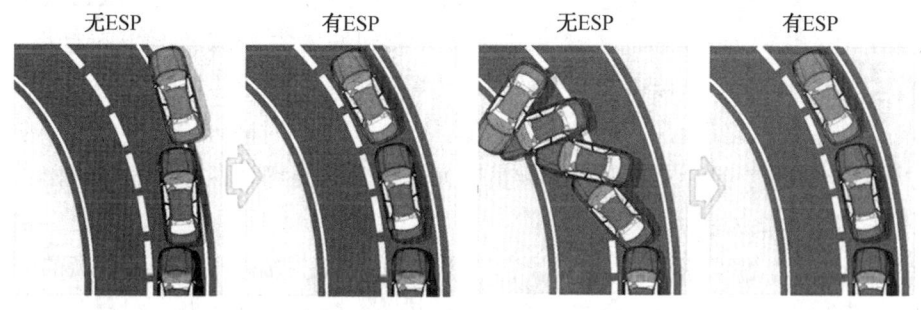

图 6-9　有无 ESP 在行车制动时的差别

ESP 具有以下特点：

（1）实时监控。ESP 能够实时监控驾驶者的操控动作、路面反应和汽车运动状态，并不断向发动机和制动系统发出指令。

（2）主动干预。ABS 等安全技术主要是对驾驶员的动作起干预作用，但不能调控发动

▶汽 车 文 化

机。ESP则可以通过主动调控发动机的转速,调整每个车轮的驱动力和制动力,来修正汽车的过度转向和转向不足。

(3) 事先提醒。当驾驶员操作不当或路面出现异常时,ESP会用警告灯警示驾驶员。

4. 电子制动力分配系统(EBD)

EBD是制动力分配装置,全称是"Electronic Braking Distribute",即电子制动力分配。电子制动力分配系统(EBD)实际上是ABS的辅助功能,它可以改善和提高ABS的功效。ABS使用特殊的ECU功能来分配前轴和后轴之间的制动力。EBD功能集成在ABS系统正常控制作用的逻辑范围之内。EBD在汽车制动时即开始控制制动力,而ABS则是在车轮有抱死倾向时才开始工作。EBD的优点还在于其在不同的路面上都可以获得最佳的制动效果,缩短制动距离,提高制动灵敏度和协调性,改善制动的舒适性。

(二) 被动安全技术

1. 安全气囊(图6-10)

安全气囊(图6-10)系统的全称是辅助防护系统或辅助防护安全气囊系统(Supplemental Restraint System,简称SRS)。安全气囊在车辆发生碰撞时能够起到缓冲作用,从而降低撞击对车内驾驶员及乘员造成的伤害。

图6-10 安全气囊

1) 安全气囊的作用

为了减小汽车发生正面碰撞时由于巨大的惯性力所造成的对驾驶员和乘员的伤害,现代汽车在驾驶员前端转向盘中央普遍装有安全气囊,有些汽车在驾驶员副座前的工具箱上端和乘员座位上也装有安全气囊,安全气囊的引爆条件如图6-11所示。当汽车发生正面碰撞事故,安全气囊控制系统检测到冲击力(减速度)超过设定值时,安全气囊电子控制装置立即接通充气元件中的传爆管电路,点燃传爆管内的点火介质,火焰引燃点火药粉和气体发生剂,产生大量气体,在0.03 s的时间内将气囊充气,使气囊急剧膨胀,冲破转向盘,缓冲对驾驶员和乘员的冲击,随后又将气囊中的气体放出,膨胀后的安全气囊如图6-12所示。

实践证明,汽车装有安全气囊后,汽车发生正面碰撞事故对驾驶员和乘员的伤害程度大大减小。有些汽车不仅装有前端的安全气囊,还装有侧向安全气囊,在汽车发生侧面碰撞时,也能使侧向安全气囊充气,以减小侧向碰撞时的伤害。据统计:气囊在汽车相撞时,可使头部受伤率减少25%,面部受伤率减少80%左右。

2) 安全气囊的结构组成

虽然安全气囊的种类较多,但其基本结构大同小异,主要由电控部分和机械部分组成,电子式安全气囊系统的组成框图如图6-13所示。

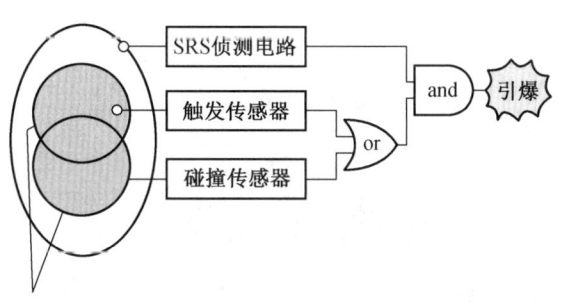
图 6-11 安全气囊的引爆条件

图 6-12 膨胀后的安全气囊

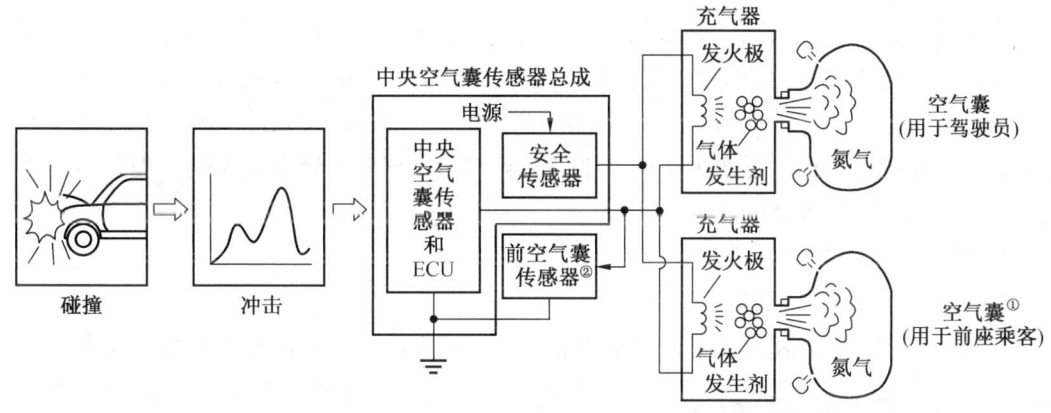

注：①仅限有前座乘客空气囊的型号；②仅限某些型号
图 6-13 电子式安全气囊系统的组成框图

（1）电控部分：安全气囊系统的电控部分由各种传感器、微处理器（CPU）、气囊和安全带预紧器的引爆装置、报警装置、接口、RAM 和 ROM 等组成。

（2）机械部分：安全气囊系统的电控部分由气囊组件、安全带预警器组成；预紧式安全带是在汽车发生碰撞事故的瞬间，乘员尚未向前移动时安全带首先拉紧，将乘员紧紧地绑在座椅上，然后锁止织带防止乘员身体前倾时使用的，可以有效保护乘员的安全。

（3）控制装置分为电子式控制装置及机械式控制装置。

3）安全气囊的基本工作原理

当汽车遭受正面碰撞和侧面碰撞时，安全气囊系统的工作原理完全相同。以正面碰撞为例，说明安全气囊系统控制原理（图 6-14）。

当汽车遭受前方一定角度范围内的碰撞时，安装在汽车前部和 SRS 的 ECU 内部的碰撞传感器均会检测到汽车突然减速的信号，并将信号输入 SRS 的 ECU，以便判断是否发生碰撞。当汽车遭受碰撞且减速度达到设定值时，SRS 的 ECU 发出控制指令将气囊组件中的点火器（电雷管）电路接通，电雷管引爆使点火剂（引药）爆炸。点火剂引爆时，迅

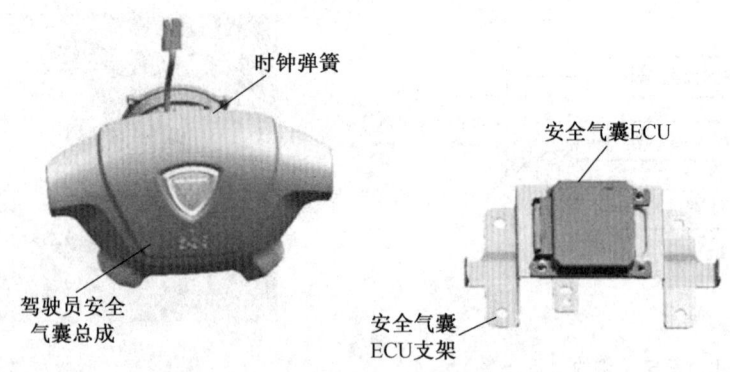

图 6-14 安全气囊系统控制原理

速产生大量热量，使充气剂（叠氮化钠固体药片）受热分解并释放出大量氮气冲入气囊，气囊便冲开气囊组件上的装饰盖板鼓向驾驶员和乘员，使驾驶员和乘员面部和胸部压靠在充满气体的气囊上，在人体与车内构件之间铺垫了一个气垫，将人体与车内构件之间的碰撞变为弹性碰撞，通过气囊产生变形和排气来吸收人体安全气囊系统控制原理碰撞产生的消能，从而达到保护人体的目的。

2. 赛车特殊安全装置

1）防滚架（图 6-15）

符合 FIA 标准的定制高钢性防滚架也是每一台赛车必不可少的安全装备。在赛车发生碰撞或者出现翻滚的情况下，防滚架能够最大限度保证车厢不变形，维持足够的空间以保障赛手的安全。

图 6-15 防滚架

2）六点式安全带（图 6-16）

时下，赛车座椅普遍采用束缚性能极佳的六点式安全带。事故发生时，六点式安全带配合 HANS（Head And Neck Support，头颈部支撑）系统能够有效保护车手免受与方向盘撞击的伤害，同时它们还可以吸收部分冲击能量。F1 所用的六点式安全带，相当于把车手牢牢地固定在车体上，最大限度减少车辆在制动和转弯时带给人体的负荷。此外，安全带旋钮可快速完成拆解，在事故发生后，车手能够在他人的帮助下以最快的速度逃离车体。如果车内配备安全气囊，试想一下，狭小的车舱空间极易被气囊堵住出口影响逃生。

3）头盔和 HANS 系统（图 6-17）

头盔是车手在赛车比赛中最重要的安全装备。在赛车事故中，头部的伤害是致命的，无论是场地赛、拉力赛、越野赛，甚至只是娱乐型的卡丁车追逐赛，车手们都必须佩戴头盔。F1 官方曾公布一个有关头盔的数据，F1 车手佩戴的头盔均由碳纤维合成，碳纤维是

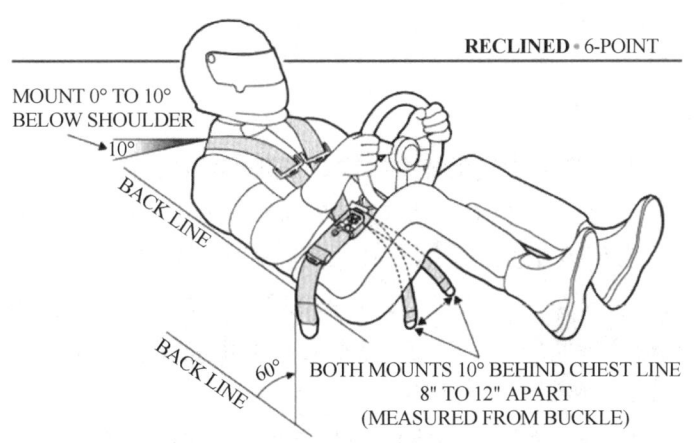

图 6-16 六点式安全带

一种超高强度的新型材料,有着比铝轻,但是比钢铁更结实的特点,据说这类头盔可以在 55 t 的坦克碾压后仍然不变形,在 800 ℃ 的高温下可以坚持 30 s 不损坏。

颈部是人体最为脆弱的部位之一。在赛车事故中,高速撞击产生的冲击力一瞬间施加在颈部,会对车手造成致命伤害。据数据表明,佩戴 HANS 后,撞击时车手头部受力减少 68%,颈部受力减少 86%,大大降低了车手颈部受伤害的风险。2003 年,F1 开始强制使用 HANS 系

图 6-17 头盔和 HANS 系统

统。这个置于肩颈部的框架可以通过连接带束缚住车手的头部,保护车手的颈部和头部不受伤害。毕竟就算车手的身体被牢牢地绑在座椅上,头部依然会不由自主地晃动。

在 HANS 系统应用之前,F1 时常出现车手因严重撞击冲击力,损伤颈椎和头部而造成重伤甚至死亡的案例。如今,即便在 200~300 km/h 时速下发生事故,绝大多数情况下,车手依然能清醒地走出车外。

4)赛车服(图 6-18)

F1 赛车手的赛车服必须是耐高温且重量轻的,赛车服在使用前还要经过一系列测试,包括各 15 次的水洗和干洗过程,还要保证耐火性并能防止热量的传导,在 600~800 ℃ 高温下坚持 11 s 后,赛车服内温度不得超过 41 ℃。千万不要小看这短短的 11 s,在危急时刻它可能成为至关重要的逃生时间。

图 6-18 赛车服

三、环保技术

(一) 三元催化技术

三元催化器是安装在汽车排气系统中最重要的机外净化装置,它可将汽车尾气排出的一氧化碳(CO)、碳氢化合物(HC)和氮氧化合物(NO_x)等有害气体通过氧化和还原作用转变为无害的二氧化碳(CO_2)、水(H_2O)和氮气(N_2)。

1. 三元催化器(图6-19)的结构组成

三元催化器一般由壳体、减振层、载体和催化剂涂层四部分组成。

图6-19 三元催化器

壳体由不锈钢材料制成,以防氧化皮脱落造成载体的堵塞。减振层的材料一般是膨胀垫片或钢丝网垫,起密封、保温和固定载体的作用,以防止振动、受热变形等原因对载体造成损害。膨胀垫片由膨胀云母、硅酸铝纤维和黏结剂组成。膨胀垫片在第一次受热时体积明显膨胀,而在冷却时只是部分收缩,这样就使壳体与载体之间的缝隙完全胀死和密封。催化器载体一般为蜂窝状陶瓷材料,也有少数用金属(不锈钢)材料。三元催化器的外面用双层不锈薄钢板制成筒形。在双层薄板夹层中装有绝热材料——石棉纤维毡。内部在网状隔板中间装有净化剂(净化剂由载体和催化剂组成)。载体一般由三氧化二铝制成,其形状有球形、多棱体形等。催化剂涂层主要为 Pt(铂)、Rh(铑)、Pd(钯)和助催化剂 CeO_2(二氧化铈)、氧化催化剂 Al_2O_3(三氧化二铝)组成,涂在载体中通气管路的内壁上。其粗糙多孔的表面可以使载体壁面的实际催化反应面积大大增加,助催化剂的主要作用在于提高催化剂的活性和高温稳定性。

(1) 燃油要求:车辆所用燃油必须为无铅清洁燃油。因为含铅油燃烧后,铅颗粒随废气排经三元催化器时,会覆盖在催化剂表面,使催化剂作用面积减少,从而大大降低催化器的转换效率,这就是常说的三元催化器铅中毒。低品质燃油也是导致三元催化器烧缩、烧结、堵塞的主要原因之一。对汽油中硫、磷等杂质的含量也有要求。

(2) 使用要求:三元催化器必须和闭环电喷控制发动机同时使用,才能保持比较高的转换效率,即发动机理论空燃比为 14.7∶1。

(3) 温度要求:三元催化器的最佳工作温度为 500~850 ℃,温度太低,三元催化器转化效率较低;温度太高,容易使催化剂失去活性和催化剂载体烧结。

2. 三元催化器的工作原理

三元催化器是对汽车及其他发动机固定污染源进行排气净化处理的主要部件。它采用铂(Pt)、铑(Rh)、钯(Pd)3种贵金属作为催化剂,对排气中的一氧化碳(CO)、碳氢化合物(HC)和氮氧化合物(NO_x)进行氧化和还原处理,生成二氧化碳(CO_2)、氮气(N_2)以及水(H_2O),从而达到净化的效果。其净化效率十分高,可以净化90%以上的有害物质。

(二) 废气再循环系统

1. 废气再循环系统定义

废气再循环系统用于降低废气中的氮氧化合物（NO_x）的排放量。

2. 废气再循环工作原理（图6-20）

EGR主要通过以下几方面发挥作用：EGR中的二氧化碳和水蒸气大大增加了工质的比热容，同时废气的加入也稀释了原来混合气体中的氧浓度，从而使燃烧速度变缓，使燃烧过程中的最高温度和平均温度都有所下降，破坏了一氧化氮（NO）生成的有利环境，从而大大降低氮氧化合物（NO_x）排放。

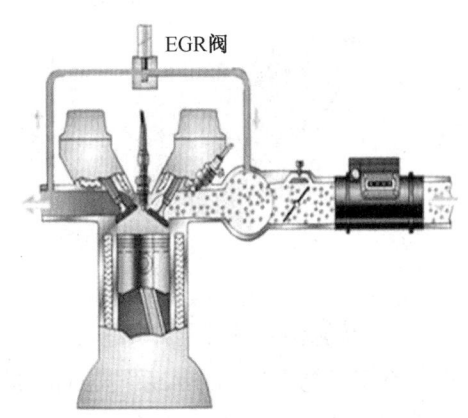

图6-20　废气再循环工作原理

因为汽油机的负荷调节方式通常为量调节，所以在汽油机上应用EGR可以相应的增加进气量，EGR率的增加能降低汽油机在中低负荷工况下的节流损失，降低汽油机的燃油消耗率。因为废气混入进气，参与燃烧，会使发动机中的各个环节和参数发生变化，对发动机也会产生多方面的影响，而且这一影响是整体化的，必须总体考量。

(三) 燃油蒸气回收系统

燃油蒸气回收控制系统的作用是阻止燃油箱内的汽油蒸气泄漏到大气中污染环境，同时收集汽油蒸气并适时送入进气管，与空气混合后进入发动机燃烧，提高燃油经济性。目前，常见的燃油蒸气回收系统主要由油气分离阀、活性炭罐、碳罐电磁阀等组成。

四、智能化技术

1. 智能轮胎

轮胎的功能是在汽车正常行驶时，当温度过高或轮胎气压太低时，及时向驾驶员发出警报，以防止发生事故；或使轮胎在不同行驶条件下保持最佳运行状况，提高安全系数。

智能轮胎一般是通过在外胎内嵌入特殊的带有计算机芯片的传感器而获得智能的。更为先进的智能轮胎还能感知光滑的冰面，探测出结冰路面后而使轮胎自动变软，增大轮胎与路面的附着力；在探测出路面潮湿后，甚至还能自动改变轮胎的花纹，以防打滑。

2. 智能钥匙

1) 智能钥匙系统的组成（图6-21）

常见的智能钥匙系统由发射器、遥控中央锁控制模块、驾驶授权系统控制模块及相关线束组成的控制系统组成。发射器集成在车钥匙上，车辆可以根据智能钥匙发来的信号，进入锁止或不锁止状态，甚至可以自动关闭车窗和天窗。

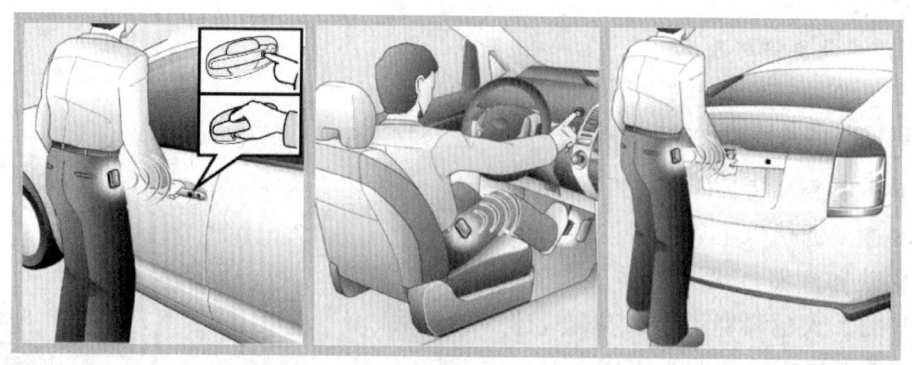

图6-21 智能钥匙系统的组成

2）智能钥匙系统的作用

汽车智能无钥匙进入系统简称PKE（Passive Keyless Enter），该产品采用了无线射频识别（RFID）技术和车辆身份编码识别系统，率先应用小型化、小功率射频天线的开发方案，并成功融合了遥控系统和无钥匙系统，沿用了传统的整车电路保护，真正地实现双重射频系统、双重防盗保护，为车主提供最大限度的便利和安全。技术的发展推动了产品的更新，进入系统由原先的机械钥匙变为遥控系统，随着RFID技术的广泛运用和汽车市场的需求，遥控进入系统被无钥匙进入系统替代成为必然趋势。

3. 智能玻璃（图6-22）

1）智能玻璃的定义

根据控制手段及原理的异同，调光玻璃可借由电控、温控、光控、压控等各种方式实现玻璃透明与否状态的切换。居于各种条件限制，目前市面上实现量产的调光玻璃，几乎都是电控型调光玻璃。电控型调光玻璃的原理比较容易理解：当电控产品关闭电源时，电控调光玻璃里面的智能分子会呈现不规则的散布状态，使光线无法射入，让电控玻璃呈现不透明的外观；虽然调光玻璃的价格已由刚问世时的每平方米上万美金降至目前每平方米不到万元人民币，但由于成本居高不下等原因，调光玻璃价格相对而言仍处在高位，这也决定

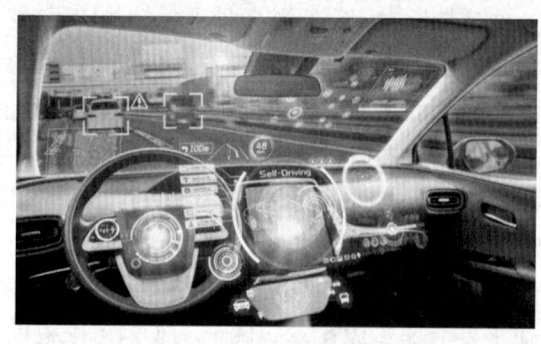

图6-22 智能玻璃

了其应用领域多定位在高端市场。

2）智能玻璃的分类

智能化汽车玻璃有许多种类：防光防雨玻璃、电热融雪玻璃、影像显示玻璃、防碎裂安全玻璃、调光玻璃及光电遮阳顶棚玻璃。

4. 汽车智能空调

智能空调系统能根据外界气候条件，按照预先设定的指标对车内的温度、湿度和空气清洁度进行分析、判断，及时自动打开制冷、加热、去湿及空气净化装置，调节出适宜的车内空气环境。

5. 车辆信息系统（图6-23）

车载信息系统是利用无线通信技术与外部网络相连接，实现人与外在信息资源之间单向或双向传输的互动系统。

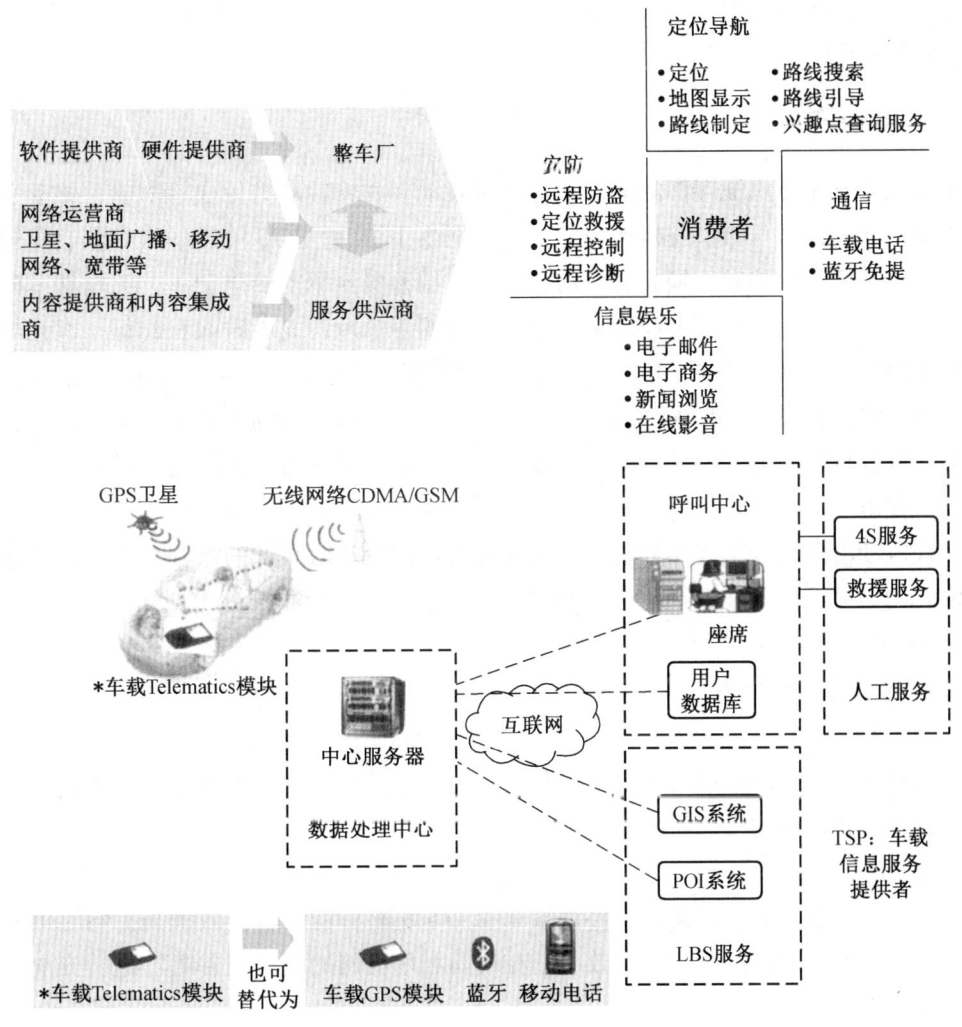

图6-23 车辆信息系统

▶汽 车 文 化

任务二　新能源汽车

【任务目标】
1. 了解新能源汽车的发展。
2. 了解电动汽车的电机和电池的分类。
3. 掌握纯电动汽车的基本结构和工作原理。

【任务描述】
汽车发展已经有一百多年历史了，它的动力源是内燃机，但是内燃机的缺陷是效率很低的，只有20%~30%。另外，目前内燃机的能源也愈显紧张，而且汽车的污染也已成为世界一大"公害"，加之燃料资源的有限性，对未来汽车动力来源提出了新的要求。从目前来看，汽车动力源燃料开始趋于多样化。

【任务知识】

一、电动汽车

电动汽车利用蓄电池存储的能量使电动机转动，并将转动力传递给车轮，驱动车辆行驶。电动汽车和内燃机汽车一样历史悠久，它诞生于19世纪70年代。1873年，英国人罗伯特·戴维森研制成功第一辆具有实用价值的、用蓄电池驱动的电动车，而电动车没有能够得到发展，是因为当时蓄电池能量密度低、使用寿命短、充电时间长，每一次充电后行驶路程太短，而汽油车轻便、快捷、舒适，一次加油能连续行驶400~500 km，所以人们越来越喜欢汽油汽车。近年来，人们所关注的电动汽车和早期的电动车有所不同，它是指从车载电源获取电力，以电动机驱动行驶，同时满足道路交通安全法规等各项要求的电动汽车。现代电动汽车与普通电动车是有区别的，它能在道路上快速而机动地行驶。

现代电动汽车是全部或部分由电能驱动电动机作为动力系统的汽车，它包括纯电动汽车、混合动力电动汽车、燃料电池电动汽车、太阳能汽车等类型。

(一) 纯电动汽车

1. 纯电动汽车的优势

1) 环保

纯电动汽车采用动力电池组及电机驱动动力，它工作时不会产生废气，不排尾气，对环境保护是有益的。

2) 经济

纯电动汽车使用成本低廉，只有汽油车的1/5左右；能量转换效率高，同时可回收制动下坡时的能量，提高能量的利用效率；在夜间利用电网的廉价"谷电"进行充电，能够起到平抑电网峰谷差的作用。

3) 易保养

项目六 汽车新技术与未来汽车

纯电动汽车采用电机及电池驱动，无须传统发动机那些繁琐的维护项目，如更换机油、滤芯、传动带等。电动汽车只需定期检查电机、电池等组件即可。

4）低噪声

电机在运行中的噪声和振动水平都要远远小于传统内燃机。在息速和低速情况下，纯电动汽车的舒适性要远高于传统汽车，随着速度的提升，胎噪和风噪成为噪声的主要来源，两者才回到同一水平上。

另外，国家对新能源汽车还有很多的政策优惠措施，如购置新能源汽车可以享受国家和地方的财政补贴；免征购置税、车船税等；在北京、上海、广州、深圳等限号城市可以优先选号挂牌等。随着技术的进步和消费观念的改变，纯电动汽车有着更加广阔和光明的前景。

2. 纯电动汽车的结构及工作原理

纯电动汽车是指以车载电源（铅酸电池、镍氢电池或锂离子电池）为动力，用电机驱动车轮行驶，符合道路交通、安全法规各项要求的车辆，如图 6-24 所示。

纯电动汽车以电池等电能元件作为驱动源，因此电机作为电动汽车最重要的动力驱动系统，与传统的内燃机汽车有很大的不同，其结构特点比较灵活，具体表现在：首先，能量由电缆传递，因此电动车的各部件可灵活布置；其次，电动汽车的布置不同不会影响系统结构，选用不同类型的电机会影响汽车的质量和尺寸等问题；此外，不同的补充能源装置具有不同的硬件和结构，储能装置也不同。

图 6-24 纯电动汽车

1）纯电动汽车的结构

纯电动汽车结构可分为 3 个子系统，即电力驱动子系统、主能源子系统和辅助控制子系统。具体原理如下：

（1）电力驱动子系统又由电控单元、功率转换器、电机、机械传动装置和驱动车轮组成。根据从制动踏板和加速踏板输入的信号，电子控制器发出相应的控制指令来控制功率转换器的功率装置的通断，而功率转换器的功能主要是调节电机和电源之间的功率流。

（2）主能源子系统由主电源、能量管理系统和充电系统构成能量管理系统和电控系统一起控制再生制动及其能量的回收，能量管理系统和充电系统控制充电并监测电源的使用情况，如图 6-25 所示。辅助控制子系统具有动力转向、温度控制和辅助动力供给等功能。

辅助控制子系统供给电动汽车辅助系统不同等级的电压并提供必要的动力，它主要给动力转向、空调、制动及其他辅助装置提供动力。除了从制动踏板和加速踏板给电动汽车输入信号外，转向盘输入也是一个很重要的输入信号，动力转向系统根据转向盘的角位置来决定汽车灵活的转向，如图 6-26 所示。

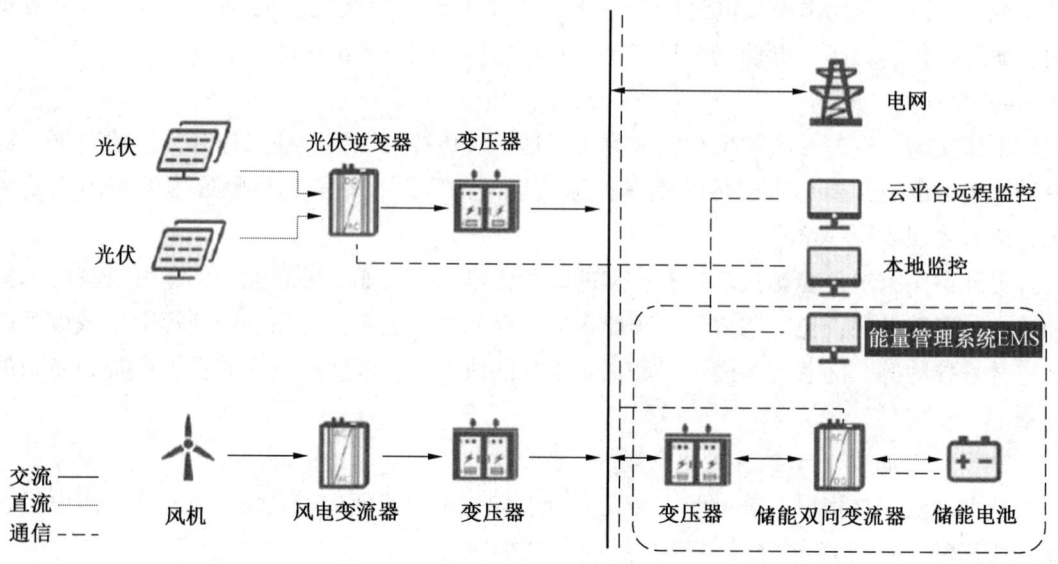

图 6-25 能量管理系统

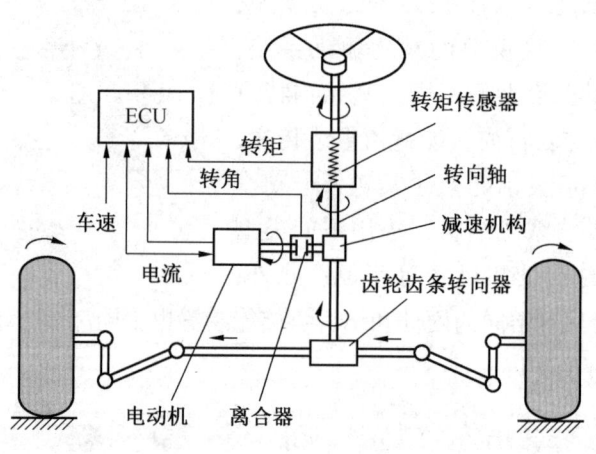

图 6-26 动力转向系统

（3）纯电动汽车的电驱动装置的典型形式：按照纯电动汽车动力驱动系统的不同进行分类，大体分为前置前轮的驱动形式、带有固定速比减速器的驱动形式、横向前置的驱动形式、双电机结构的驱动形式、轮毂电机结构的驱动形式 5 种。

① 前置前轮的驱动形式：由发动机前置前轮驱动的燃油车发展而来。由电机替代发动机，采用内燃机汽车的传动系统，它由电机、离合器、齿轮箱和差速器组成；其中，离合器用来切断或接通电机到车轮之间传递动力的机械装置；而变速器是一套具有不同速比的齿轮机构，驾驶员可选择不同的变速比，把力矩传给车轮；汽车在转弯时，内侧车轮的转弯半径小，外侧车轮的转弯率大，差速器使内外车轮以不同转速行驶。其结构复杂，效率低，没能充分发挥电机驱动的优势。如图 6-27 所示。

项目六 汽车新技术与未来汽车

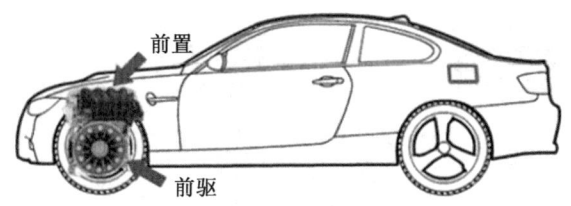

图 6-27 前置前轮的驱动形式

②带有固定速比减速器的驱动形式：这种结构由电机、固定速比的减速器和差速器组成电力驱动系统，由于没有离合器，减少了机械传动装置的质量、缩小了其体积，并且其具有良好的通用性和互换性，便于在现有的汽车底盘上安装，使用、维修也较方便。

③横向前置的驱动形式：这种结构类似于发动机横向前置、前轮驱动燃油汽车的布置方式，它把电机、固定速比减速器和差速器集成为一个整体，两根半轴连接驱动车轮，这种结构在小型电动汽车上应用比较普遍，如图 6-28 所示。

图 6-28 横向前置的驱动形式

④双电机结构的驱动形式：双电机结构，就是采用两个电机通过固定速比的减速器分别驱动两个车轮，每个电机的转速可以独立地调节控制，便于实现电子差速。因此，电动汽车不必选用机械差速器，如图 6-29 所示。

⑤轮毂电机结构的驱动形式：电机也可以装在车轮里面，称为轮毂电机，这种轮毂电机为内转子外定子结构，它能提供较大的减速比，来放大其输出转矩。高速内转子电机具有体积小、质量轻和成本低的优点。它可进一步缩短从电机到驱动车轮的传递路径，为了将电机转速降低到理想的车轮转速，可采用固定减速比的行星轮变速器，它能提供大的减速比，而且输入和输出轴可布置在同一条轴线上。

另一种使用轮毂电机的电动汽车结构，采用低速外转子电机，彻底去掉了机械减速齿轮箱，电机的外转子直接安装在车轮的轮缘上，车轮转速和电动汽车的车速控制完全取决于电动汽车的转速控制。

▶汽 车 文 化

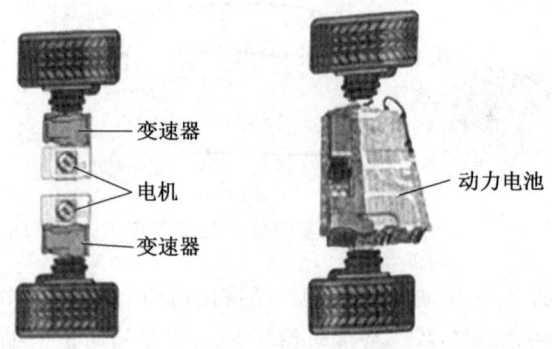

图6-29 双电机结构的驱动

(4) 纯电动汽车的两个重要指标。

①比能量：比能量指的是单位重量或单位体积的能量。比能量用 W·h/kg 或 W·hL 来表示。W·h 是能量的单位，W 是瓦，h 是小时；kg 是千克（重量单位），L 是升（体积单位）。例如，5号镉镍电池的额定电压为 1.2V，其容量为 800 mA·h，则其能量为 0.96W·h（1.2V× 0.8A·h）。同样尺寸的5号锂二氧化锰电池的额定电压为3V，其容量为 1200 mA·h，则其能量为 3.6 W·h。这两种电池的体积是相同的，但是锂二氧化锰电池的比能量是镉镍电池的 3.75 倍。

几种常见电池的比能量见表6-1。

表6-1 常见电池的比能量

电池类型	钠硫电池	镍氢电池	镉镍电池
比能量	109 W·h/kg	75~80 W·h/kg	55 W·h/kg

②比功率：比功率是单位时间电池的比能量。比功率的大小表征电池能承受的工作电流大小。比功率越大，则可用较大的电流放电。一般来讲，对同类型汽车而言，比功率越大，汽车的动力性越好。

(5) 纯电动汽车关键技术。

发展电动汽车必须解决好4个方面的关键技术：电池技术、电机驱动及其控制技术、电动汽车整车技术以及能量管理技术。

①电池技术：电池是电动汽车的动力源泉，也是一直制约电动汽车发展的关键因素。电动汽车用电池的主要性能指标是比能量（E）、能量密度（Ed）、比功率（P）、循环寿命（L）和成本（C）等。要使电动汽车能与燃油汽车相竞争，关键就是要开发出比能量高、比功率大和使用寿命长的高效电池。到目前为止，电动汽车车用电池经过了四代的发展，已取得了突破性的进展。第四代燃料电池是当今理想的车用电池，但目前还处于实验阶段，一些关键技术还有待突破，如图6-30所示。

②电机及其控制系统：电机及控制系统是电动汽车的关键部件，要使电动汽车有良好的使用性能，驱动电机应具有调速范围宽、转速高、启动转矩大、体积小、质量小、效率高且有动态制动强和能量回馈等特性。目前，电动汽车车用电机主要有直流电机、感应电机、永磁无刷电机和开关磁阻电机四类。随着电机及控制系统的发展，控制系统趋于智能化和数字化。变结构控制、模糊控制、神经网络、自适应控制、专家控制、遗传算法等非线性智能控制技术，都将各自或结合应用于电动汽车的电机控制系统。

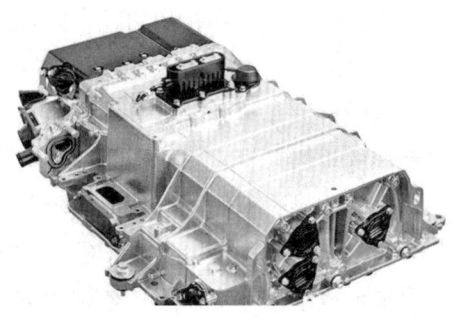

图 6-30　燃料电池

③电动汽车整车技术：电动汽车是高科技综合性产品，除电池、电机外，车体本身也包含很多高新技术，有些节能措施比提高电池储能能力还易于实现。采用轻质材料如镁、铝、优质钢材及复合材料优化结构，可使汽车自身质量减轻 30%～50%；实现制动、下坡和怠速时的能量回收；采用高弹滞材料制成的高气压子午线轮胎，可使汽车的滚动阻力减少 50%；汽车车身特别是汽车底部更加流线型化，可使汽车的空气阻力减少 50%，如图 6-31 所示。

图 6-31　汽车更加流线型化

图 6-32　动力电池管理系统

④能量管理技术：动力电池是电动汽车的储能动力源。电动汽车要获得非常好的动力特性，必须具有比能量高、使用寿命长和比功率大的动力电池作为动力源。要使电动汽车具有良好的工作性能，就必须对动力电池进行系统管理（图 6-32）。因此，能量管理系统是电动汽车的智能核心。

（6）纯电动汽车的优势及存在的问题。

①纯电动汽车的优势：电机可以从静止状态启动，提供 100% 转矩，而传统发动机需要不断旋转才能提供功率内燃机需要的精确的气门正时、活塞正时，如果发生故障，维修费用昂贵，电动汽车较少的部件也意味着较少的出错。现今，电机的效率在 80%～95% 范围内，而内燃机效率只有 5%～25%，电动车效率较高，并且电动汽车的能源消耗费用也非常小，因而总体费用减少了。综上所述，电动汽车具有零排放（环保）、高效、节能和经济等优势，可以使经济效益与社会效益达到最大化。

②纯电动汽车存在的问题：电动汽车最大的不足是续航里程短，充电时间长达数小时。目前的电动汽车续航里程在150 km左右，虽然这对于90%的上班族而言已足够，但传统内燃机汽车行驶里程一般在300~400 km。此外，由于电机、电池技术的限制，目前，电动车的价格昂贵，因而它还不能完全取代内燃机汽车。虽然我国纯电动汽车发展取得了一系列的成果，但仍处于小范围示范阶段。

概括起来我国纯电动汽车发展主要存在如下问题：①动力电池性能有待进一步提高。动力电池成组循环寿命短，是制约电动汽车发展的主要瓶颈。由于动力电池单体的性能差异，动力电池成组应用后，循环寿命较短，如图6-33所示，如单体循环寿命为800~1000次的锂离子电池，成组应用到电动汽车上后，其循环寿命只有400~600次，甚至更低，这导致电动汽车经济性偏差。②电动汽车能源供给基础设施建设薄弱，缺乏完善的标准规范，城市建设也未将电动汽车充电设施建设列入规划，这已成为影响我国汽车发展的主要因素之一，如图6-34所示。③推动电动汽车发展的市场机制亟须形成新发展阶段，电动汽车的推广应用需要巨大的资金投入，因此亟须探索电动汽车推广的商业化模式，引进市场化机制，加速电动汽车产业化的进程。④支持鼓励电动汽车发展的政策滞后，这已成为制约电动汽车发展的关键问题之一。直至目前，我国鼓励电动汽车发展的全国性政策和法规还在讨论制定中。

图6-33 动力电池组

图6-34 电动汽车能源供给基础设施建设

2）纯电动汽车工作原理

纯电动汽车由电力驱动系统、电源系统和辅助系统三部分组成。电力驱动系统包括控制器、功率转换器、电动机、机械传动装置和车轮等。电动机就像传统汽车中的发动机，其主要任务是在驾驶人的控制下，高效率地将动力电池存储的电能转化为车轮的动能驱动车辆，或者在制动时将车轮上的动能转化为电能反馈到动力电池中以实现车辆的制动能量回收。控制器就像人体的神经中枢，电动汽车必须通过一个整车控制系统来进行各子系统的协调控制，从而获得整车的最佳性能。电源系统包括蓄电池组、电池管理系统（BMS）等。辅助系统包括辅助动力源、动力转向系统、空调器、照明装置等。

纯电动汽车的工作原理流程为蓄电池组（提供电能）→控制器、功率转换器（调速控制)→驱动电动机→传动系统（驱动车轮）→汽车行驶。

（二）混合动力电动汽车

混合动力电动汽车是指拥有两种不同动力源的汽车。这两种动力源在汽车不同的行驶状态（起步、低中速、匀速、加速、高速、减速、刹车等）下分别工作或一起工作，通过这种组合达到最少的燃油消耗和尾气排放，从而实现省油和环保的目的。以丰田的混合动力汽车 Prius 为例，该车由燃油发动机和电池两种动力协同驱动，在汽车启动和低于 24 km/h 行驶时，燃油发动机并不工作，而是由轿车自带的电池提供动力，只有在汽车行驶速度超过 24 km/h 时，燃油发动机才开始工作；当汽车突然加速时，电池就会帮助燃油发动机一起加速；当汽车高速行驶时，电池会为汽车的空调、音响、前大灯和尾灯等汽车辅助设施提供能量，从而减少燃油发动机的负荷；当汽车减速和刹车时，汽车本身为电池进行充电，实现能量的循环使用，并最大限度地保存和节约能源。

1. 复合动力电动汽车的优点

（1）采用复合动力后，可按平均需用的功率来确定内燃机的最大功率，此时车辆处于油耗低、污染少的最优工况下工作。当大功率内燃机功率不足时，由电池来补充；负荷少时，富余的功率可通过发电给电池充电，由于内燃机可持续工作，电池又可以不断充电，故其行程和普通汽车一样。

（2）电池可以十分方便地回收制动时、下坡时、怠速时的能量。

（3）在繁华市区，可关停内燃机，由电池单独驱动，实现"零排放"。

（4）内燃机可以十分方便地解决耗能大的空调、取暖、除霜等纯电动汽车遇到的难题。

（5）可以利用现有的加油站加油，不必另行投资充电设施。

（6）可让电池保持在良好的工作状态，避免出现过充、过放情形，延长其使用寿命，降低成本。

复合动力电动汽车的基本工作方式为串联式、并联式和串并联（或称混联）式。复合动力驱动汽车的缺点是：有两套动力，再加上两套动力的管理控制系统，结构复杂，技术较难，价格较高。由于"新一代汽车伙伴合作（PNGV）"计划的推动，美国三大汽车公司对各种单元技术及其不同组织进行成百种方案的筛选、比较，认为采用复合动力是实现中级轿车百公里 3 L 油耗的可行方案。因此，复合动力电动汽车受到了更大的关注。经过多年研究，混合动力电动汽车已开发出一些成功的例子。美国克莱斯勒汽车公司 1998 年 2 月在底特律展出第二代道奇无畏 ESX2 型复合动力电动轿车，该车装用 1500cc 排量直喷柴油机带发电机，采用铅酸电池，交流感应电机驱动，铝车架，复合材料车身，自重为 1022 kg，百公里油耗降至 3.4 L。2000 年通用，福特，戴姆勒·克莱斯勒开发出百公里油耗达到或接近 3 L 汽油的样车，只是价格较贵。

2. 关键技术

混合动力系统的研发需要解决很多技术问题，如控制策略的设计、内燃机燃烧系统的优化、蓄电池的改进、传动系统的匹配设计以及新材料新工艺的应用等。

1）控制系统

这里的控制系统是指汽车动力总成集中控制系统,它是整车正常行驶的核心单元。传统内燃汽车的控制系统包括发动机的空燃比（喷油量）控制、点火控制和怠速控制,以及变速器的挡位变换和换挡感觉控制等。混合动力汽车的控制还需要根据转速、负荷及车速等信息和相关设备的状态确定发动机与电动机的功率分配策略,即当汽车的负荷给定后,首先要确定发动机与电动机输出功率的比例,以保证满足汽车动力性、经济性、排放性等性能指标的要求。为了满足混合动力汽车的各项要求,需要设计与混合动力系统相适应的控制系统和控制策略。

2）内燃机

经过 100 多年的发展,车用内燃机在动力性、经济性及排放控制方面获得了很大改善。近年来,随着电控燃油喷射、排气再循环、增压中冷、可变进气涡轮、高压共轨和催化后处理等技术的应用,使得汽车的性能飞速提高。作为一种成熟的动力设备,内燃机在混合动力电动汽车上的应用难度不大。由于可移动性能好、比功率大、热效率也较高,内燃机仍然是影响整车效率和性能的关键设备。

3）蓄电池

蓄电池是混合动力电动汽车发展的关键技术,也是提高整车性能和降低成本的重要发展方向。20 世纪 90 年代以来,蓄电池的比能量、比功率、循环寿命等问题一直是电动汽车发展的主要障碍;对于混合动力电动汽车来说,因其电动比例较高而同样面临着蓄电池技术改进的问题。一是,比能量相对不足,因而成本较高,比能量值越高,汽车经济性越好。二是,蓄电池的寿命相对较短,蓄电池寿命一般为充放电 1000 次左右,比整车寿命低得多,若在汽车十几年的生命周期中频繁更换蓄电池的话,混合动力汽车的运营成本将大大提高。三是,蓄电池的应用还涉及充电时间较长、电池荷电状态（SOC）判别等问题,这些问题都或多或少地影响着整车性能的高低。目前,在混合动力电动汽车上使用的蓄电池主要是铅酸电池、镍氢电池（MH-Ni）和锂离子电池,如克莱斯勒 ESX2 采用铅酸电池,丰田 Prius 和本田 Insight 采用镍氢电池,日产 Tino 采用锂离子电池。

4）其他技术

电动机技术、转矩合成技术和新材料应用技术对于混合动力汽车系统同样起着举足轻重的作用。例如,电动机技术涉及电机的工作效率和能量回收策略等问题;转矩合成器将发动机转矩和电动机转矩耦合输出,对系统运行平稳性和可靠性有重大影响;新材料技术的应用主要指轻质高强度材料的选择,这对提高汽车性能极为有利。

二、纯电动汽车的基础设施建设

（一）我国基础设施建设

目前,我国电动汽车充电基础设置主要包括充电桩和充换电站两大类,基本都集中在示范城市,主要由国家电网公司、南方电网公司和普天新能源公司承建,截至2015年5月,我国已建成充电桩2.8万个,充电站260座,如图6-35所示。

图6-35 电动汽车充电基础设置　　　　图6-36 交流充电桩

1. 交流充电桩

交流充电桩是一种安装在电动车外,与交流电网连接,通过车载充电机给电动汽车电池提供交流电源的充电装置。交流充电柱充电功率小,一般具有电费计量、多种充电方式自由选择(按金额充电、按时间充电、按电量充电、按时间预约定时充电和自动充电)、通信和异常保护等相关功能,一般分布于停车场、公共道路两旁、住宅及工作区域,如图6-36所示。

2. 直流充电站

直流充电站主要由配电系统、充电系统、电池调度系统和充电站监控系统组成,如图6-37所示。

图6-37 直流充电站

(1)充电站配电系统。配电系统为充电站的运行提供电源,它不仅提供充电所需电能,而且还要满足照明、控制设备的需要,包括变配电所有设备和配电监控系统等。如图6-38所示。

▶汽 车 文 化

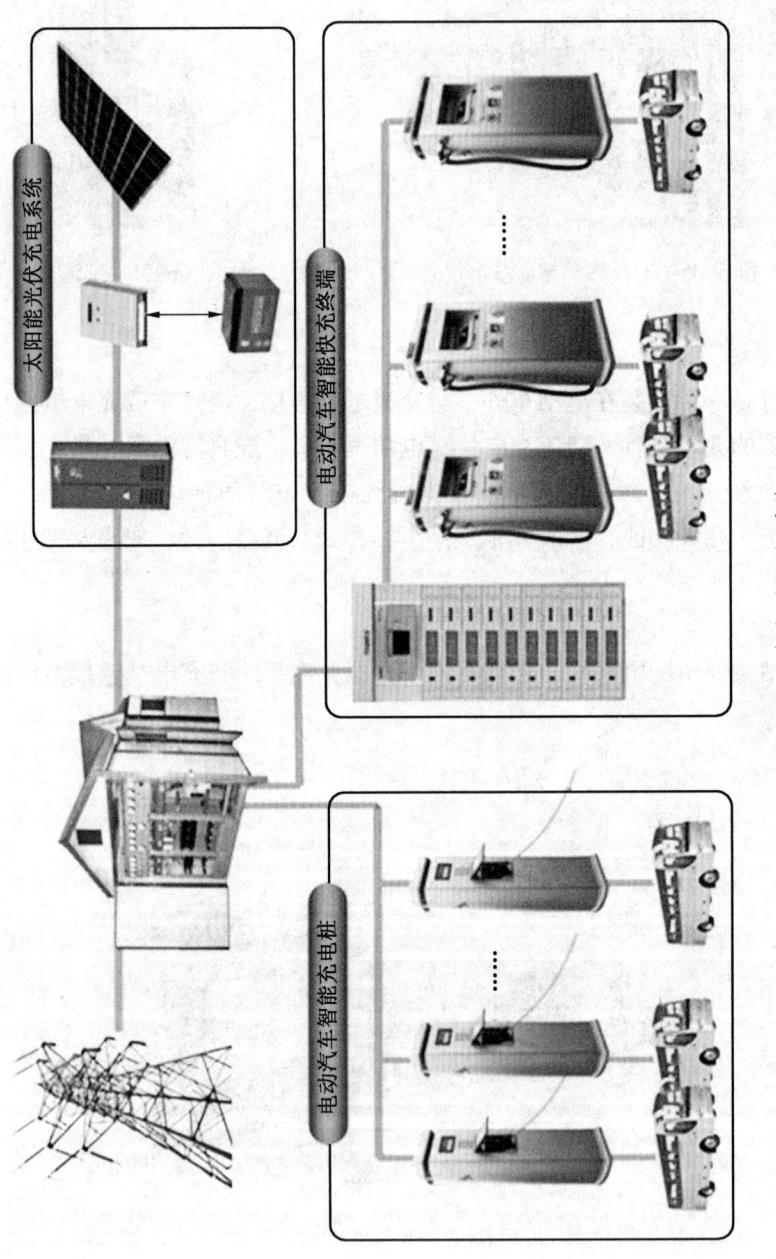

图6-38 充电站配电系统

(2) 充电站充电系统。充电系统是整个充电站的核心部分，根据电能补给方式的不同，可分为地面单相充电和整车充电两种系统。通常情况下，充电站采用单相充电方式为更换下来的电池充电。单相充电方式有利于提高电池组的均衡性，延长电池的使用寿命。

(3) 充电站电池调度系统。电池调度系统对所有的电池实时进行数量、质量和状态的监控和管理，具备电池储存、电池更换、电池重新配组、电池组均衡、电池组实际容量测试和电池故障的应急处理等功能。电池更换是电池调度系统的核心。

(4) 充电站监控系统。充电站监控系统是电动汽车充电站高效安全运行的保证，它实现对整个充电站的监控、调度和管理。该系统包括充电机监控、配电监控和视频监控等。

(二) 我国纯电动汽车基础设施发展目标

为落实国务院办公厅《关于加快新能源汽车推广应用的指导意见》［国办发（2014）35 号］，科学引导电动汽车充电基础设施建设，促进电动汽车产业健康快速发展，国家发改委组织编制《电动汽车充电基础设施发展指南（2015—2020 年)》。指南中指出，根据我国在公交、出租、环卫与物流等专用车、公务与私人乘用车等领域的汽车增长趋势，结合国家新能源汽车推广应用相关政策要求和规划目标，经测算，到 2020 年，全国电动汽车保有量将超过 500 万辆，其中电动公交车超过 20 万辆，电动出租车超过 30 万辆，电动环卫和物流等专用车超过 20 万辆，电动公务与私人乘用车超过 430 万辆。根据各应用领域电动汽车对充电基础设施的配置要求，经分类测算，2015—2020 年需要新建公交车充换电站 3848 座，出租车充换电站 2462 座，环卫和物流等专用车充电站 2438 座，公务车与私家车用户专用充电桩 430 万个，城市公共充电站 2397 座，分散式公共充电桩 50 万个，城际快充站 842 座。

1. 直流充电站

服务 50% 的电动商用车，同时少数充电站为乘用车提供直流应急充电，按照平均每座城市建设 50 座（按照一座充电站服务 30 辆车）直流充电站测算，需建设充电站 1000 座。按照每座充电站投资 1000 万元（不含征地）测算，共计投资 100 亿元，如图 6-39 所示。

图 6-39 直流充电站

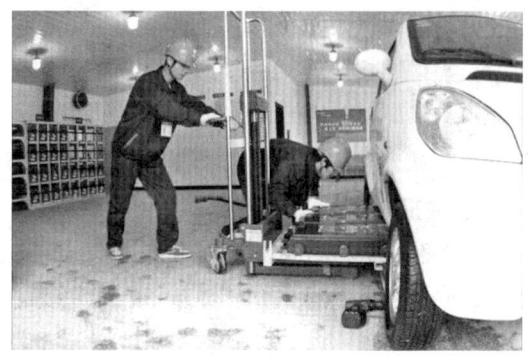

图 6-40 电池更换站

2. 电池更换站

服务 50% 的电动商用车、电动出租车和乘用车，按照平均每座城市建设 50 座电池更换站测算，需建设电池更换站 1000 座。按照平均一座站需投资 3400 万元，1000 座电池更换站需投资 340 亿元，如图 6-40 所示。

3. 交流充电桩

服务所有乘用车，按照每辆车配备 1 个充电桩考虑，需配备 44 万个充电桩，每个充电桩及配套按照 1 万元测算，共计投资 44 亿元。

按年度进行充电设施建设及投资情况见表 6-2。

表 6-2　按年度进行充电设施建设及投资情况

年份	充电设施			投资/亿元
	充电桩/万个	充电站/座	更换站/座	
2010	1.76	40	40	19.36
2011	3.96	90	90	43.56
2012	6.16	140	140	67.76
2013	8.36	190	190	91.96
2014	10.56	240	240	116.16
2015	13.2	300	300	145.2
合计	44	1000	1000	484

任务三　其他新能源汽车

【任务目标】

1. 了解燃气汽车的典型车型。
2. 了解醇类汽车的典型车型。
3. 了解太阳能汽车的典型车型。
4. 掌握燃气汽车的分类。
5. 掌握醇类燃料的特点。
6. 掌握太阳能汽车的工作原理。

【任务描述】

新能源汽车技术在不断改进完善的过程中，一些替代燃料既可以降低汽车的使用成本，又可以降低污染成分的排放量，从而得到一定的推广应用。本任务主要对以天然气为代表的燃气汽车、以生物醇类为代表的醇类汽车以及以太阳能电池为代表的太阳能汽车进行简要介绍。

【任务知识】

一、燃气汽车

众所周知,内燃机所使用的燃料不仅有汽油、柴油,还可用下列代用燃料:天然气(NG)、液化石油气(LPC)、人工煤气、氢、生物气(如沼气)、甲醇、乙醇等。多年的试验研究表明,综合环保、价格等方面的因素,在气体代用燃料中,天然气是公认的首选代用燃料,其次是液化石油气。通常把以气体燃料作为能源部分取代燃油的汽车称为双燃料或两用燃料汽车,而把以气体燃料作为能源全部取代燃油的汽车称为燃气汽车(又称专用燃气汽车或单一燃料燃气汽车)。在很多资料中,人们还习惯把这两类汽车统称为燃气汽车。

(一) 单一燃料燃气汽车

单一燃料燃气汽车主要包括压缩天然气(CNC)汽车(图6-41)和液化石油气(LPG)汽车(图6-42)根据天然气的保存方法,天然气汽车大体可分为两种类型:液化天然气汽车(LNC)(图6-43)和压缩天然气汽车(CNG)(图6-44)。

图6-41 压缩天然气汽车

图6-42 液化石油气汽车

图6-43 液化天然气汽车实物

图6-44 压缩天然气汽车实物

天然气汽车以环保效益明显、使用经济性较好、推广应用成本较低、安全性有保障和气源较丰富等优点为世界所重视,是国内节能减排的主要代用燃料汽车之一。我国从俄罗斯进口及海外进口大量液化天然气,同时大城市中对环保的要求逐渐严格,液化天然气汽

▶ 汽 车 文 化

车应用会在我国形成规模,具有很好的发展前景。随着我国沿海 20 多座液化天然气接受站建成后,其接受处理液化天然气能力近 7000 万 t,并且我国现已建成液化工厂 30 余座,年液化能力 500 万 t,可供 20 多万辆汽车使用;在西气东输一线、二线和中石化上海线相继建成的情况下,管输天然气不断发展,这些都为发展液化天然气汽车奠定了良好的资源基础。

目前,液化石油气主要是由石油和天然气精炼出来的。液化石油气的主要成分是丙烷,可储存在大型球罐中。由于瓶装气的工作压力小,对气瓶的耐压要求也比压缩天然气气瓶有所降低。另外,液化石油气汽车尾气中的氮氧化物、PM 排放低,工作噪声小。因此,液化石油气也成为 21 世纪备受关注的汽车代用燃料。

(二)双燃料燃气汽车

双燃料燃气汽车可以根据工况的不同,分开独立使用两种燃料其中的一种。由于汽油和柴油的特性有很大不同,人们只限于把汽油机改装或开发成两用燃料机。故双燃料燃气汽车一般分成:"CNG—汽油"汽车和"LPG—汽油"汽车。双燃料燃气汽车的特点是,两种燃料同时进入发动机气缸工作,从而达到降低排放的目的。目前,双燃料汽车只有"CNG—汽油"汽车一种,如图 6-45 所示。

图 6-45 双燃料汽车实物

(三)燃气汽车的工作原理

以压缩天然气汽车(CNG)发动机系统为例进行介绍。高压的压缩天然气从储气钢瓶出来,经过天然气滤清器过滤后,经高压电磁阀进入高压减压阀,高压电磁阀的开合由 ECU 控制,高压减压阀的作用是将高压的压缩天然气(工作压力为 20~30 MPa)经过减压将压力调整至 0.7~0.9 MPa,经减压后的天然气进入带调压装置的喷轨,其作用是根据发动机运行工况精确控制天然气喷射量。天然气与空气混合后进入发动机缸内,经火花塞点燃进行燃烧,火花塞的点火时刻由 ECU 控制,氧传感器即时监控燃烧后尾气的氧浓度,推算出空燃比,ECU 根据氧传感器的反馈信号和控制 MAP(进气歧管压力)及时修正天然气喷射量,如图 6-46 所示。

天然气发动机的主要结构包括燃料供给系统、点火系统、增压压力控制系统、传感器和电子控制模块。其中,燃料供给系统包含高压燃料切断阀部件、高压减压器、低压电磁

项目六 汽车新技术与未来汽车

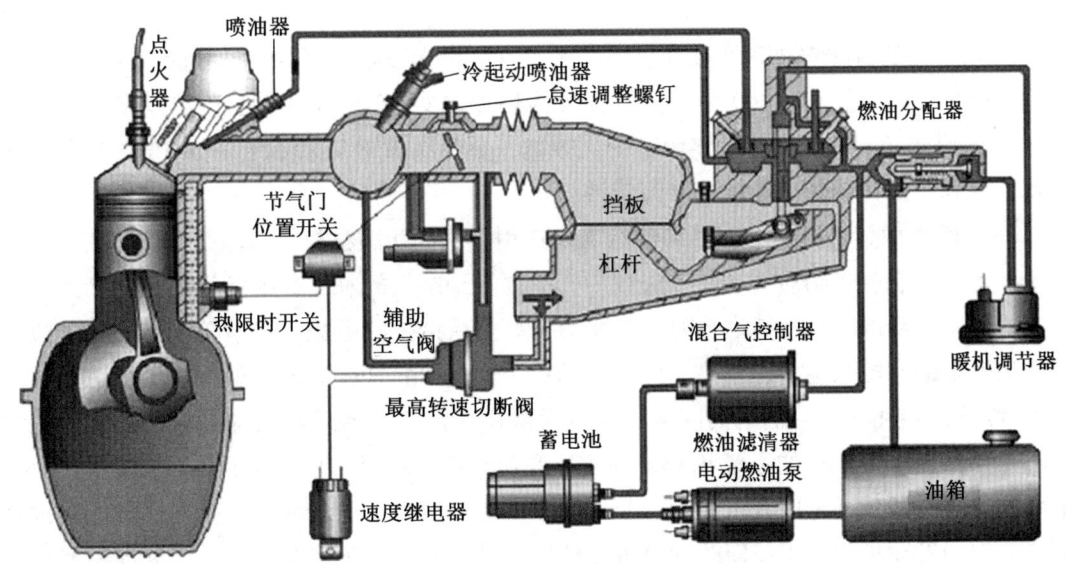

图 6-46 压缩天然气汽车（CNC）发动机系统的工作原理

阀部件、电控调压器部件（EPR 阀）、混合器部件和电子节气门。

二、醇类汽车

醇类燃料（甲醇、乙醇）作为新型的代用燃料出现在人们的面前，使用醇类等代用燃料替代或部分替代传统汽油、柴油，不但燃烧清洁，而且能够大幅度降低常规有害物质的排放，具有良好的环保特性。因此，在环保与能源的双重压力下，醇类燃料发动机作为新型的汽车动力将呈现出广泛的发展前景。

目前来说，市场上技术比较成熟的醇类汽车主要分为甲醇汽车和乙醇汽车两种，下面分别对两种醇类燃料各自的特点简单进行介绍。

（一）甲醇燃料

甲醇是一种易溶于水的无色透明液体，具有质量轻、略有臭味、易燃、易挥发、含氧高、闪点高和辛烷值高的特点，甲醇作为燃料，其燃烧特性接近于目前使用的液体燃料，其抗爆性好，燃烧时不产生黑烟，排放少，火焰热辐射比汽油的小，不易造成邻近的二次火灾。

甲醇作为内燃机燃料的 6 个特点如下：

（1）辛烷值比汽油高，因此可通过增大发动机的压缩比来提高发动机的热效率。

（2）甲醇的燃烧速度和火焰传播速度比汽油快，所以燃烧的定容性好，燃烧持续期短，过后燃烧程度小，有利于热效率提高。

（3）甲醇具有较高的含氧量，使用甲醇汽油可以有效提高发动机的热效率，减少汽车一氧化碳及碳氢化合物的排放，只是未燃烧的甲醇及燃烧后的醛类排放物则比普通汽油有

▶ 汽车文化

明显增加。

（4）甲醇的汽化热比汽油高2倍多，进入气缸后会吸收周围的热量才能汽化，吸热的过程降低了燃烧室内和气缸盖的温度，使外传热量减少，提高了发动机的热效率。

（5）甲醇的着火燃烧浓度界限范围比较宽，更容易稀燃，这将使发动机的工况范围比较宽，有利于提高排气净化性能和降低油耗。

（6）醇类内燃机的有关部件和油箱需要选用合适的防腐材料，原因是：甲醇在生产过程中一般会含有酸性物质；在储存过程中，甲醇受到空气的氧化或细菌发酵也会产生少量的有机酸；自身的吸水性使之含有少量水分；燃烧后产生的甲醛、甲酸等都会对发动机产生较为严重的腐蚀和磨损影响。专门设计的用于燃烧甲醇燃料的汽车就称为甲醇汽车，如图6-47所示。由于有冷启动的问题，所以甲醇用于汽车也多以与汽油混合的形式。最常见的是M85，就是85%的甲醇和15%的汽油混合溶液。我国一些地区现在示范使用含15%甲醇的甲醇汽油，这种甲醇汽油含有与汽油互溶的助溶剂，也含有抑制金属腐蚀的腐蚀抑制剂，汽油发动机不采用任何改动就可以使用这种燃料。由于甲醇有毒，因此在甲醇使用的各个环节中都要特别注意，要制订相应的管理制度和使用方法来确保使用安全。

图6-47 甲醇汽车

（二）乙醇燃料

乙醇（图6-48）俗称酒精，是一种易燃、易挥发的无色透明液体，它的水溶液具有特殊的、令人愉快的香味，并略带刺激性。以玉米为原料的淀粉质发酵生产乙醇工艺技术成熟，产品质量较好，是目前世界乙醇生产最主要的工艺。

乙醇作为内燃机燃烧的6个特点如下：

（1）辛烷值高、抗爆性能好，添加乙醇可以有效地提高汽油的抗爆性。

（2）乙醇含氧量高达34.7%，添加10%乙醇，氧含量可达3.5%。

图6-48 乙醇

(3) 通过添加乙醇改变汽油组成,可以有效地降低汽车尾气排放。美国汽车/油料(AQIRP)的研究报告表明：使用6%乙醇的加州新配方汽油与常规汽油相比,碳氯化合物排放减少10%~27%,一氧化碳排放减少21%~28%,氮氧化物排放减少7%~16%,有毒气体排放减少9%~32%。只是非常规排放物,如醛、醇、苯和丁二烯的排放有所增加。

(4) 乙醇的热值比常规汽油的热值低。因此,使用乙醇汽油,发动机的油耗随着乙醇掺入量的增加而增加,有资料报道,当使用10%乙醇的混合汽油时,发动机的油耗约增加5%。若在辛烷值相同的前提下,发动机的动力性能也会因乙醇的含量增加有不同程度的下降。

(5) 乙醇在生产过程中一般会含有酸性物质,而且在储存时由于空气的氧化或细菌发酵也会产生少量的有机酸,且其本身具有吸水性也会使其含有少量水分,这些都会对发动机产生较为严重的腐蚀和磨损。

(6) 乙醇调入汽油后,会产生明显的蒸气压调和效应,乙醇本身的饱和蒸汽压为18kPa,当乙醇添加量为3%~5.7%时,乙醇汽油的调和蒸气压随乙醇添加量增加而提高,最高可达58 kP；当乙醇添加量大于5.7%时,乙醇汽油的调和蒸气压随乙醇添加量增加逐渐降低,由于热值低,一般来说乙醇汽车跑同样多的里程需要更多的燃料。但是,由于辛烷值高,如果采用专门设计的高压缩比发动机,燃烧的热效率就会有所提高,可以适当补偿热值低的缺陷。由于含氧,在燃烧的时候乙醇就可以比汽油少消耗一点氧气,导致发动机燃料与空气相混配的比例与使用汽油不同。要想充分发挥乙醇的性能,需要设计专门的发动机。但是,汽车一般不会使用纯乙醇作为燃料,因为纯乙醇在汽化时需要更多的热量(汽化潜热大),这样,汽车在冷天的起动性能不好,故通常在汽油中加入一定量的乙醇作为燃料使用。一般最高使用E85乙醇汽油,即含85%的乙醇和15%的汽油的混合燃料。

世界上使用乙醇最多的是E22乙醇汽油。在巴西,全国都使用乙醇汽油,普遍使用的是E22乙醇汽油。这样大比例的乙醇汽油,就需要专门设计的发动机。

(三) 甲醇燃料汽车示范推广存在的问题

我国尽管已进行了大量的甲醇燃料汽车试验和研制工作,小范围应用也取得了成功,但也出现了一些问题。

1. 燃烧甲醇燃料会对汽车性能造成影响

(1) 出现气阻现象。在使用中、低甲醇含量混合燃料(M15~M30)的汽车出现发动机熄火时,油路中会产生较多的甲醇蒸气,形成气阻,从而造成汽车高温起动难的现象。

(2) 造成供油系统阻塞。甲醇汽油添加剂具有清洁作用,会清洗旧车供油系统的杂质,造成燃油滤清器和喷油器的阻塞。但这种现象只是在汽油汽车初次使用甲醇燃料时会出现,经过简单维修即可解决。

(3) 出现腐蚀现象。某些橡胶件、塑料件受甲醇侵蚀后会发生溶胀变形或脆裂的现象。目前的解决办法是燃油供应系统的部件采用聚乙烯、聚合树脂、氯丁橡胶和氟化橡胶等耐腐蚀、溶胀材料。

(4) 金属元器件出现早期磨损问题。甲醇和燃烧产物会腐蚀排气门座、进排气门、气

▶汽车文化

门导管、活塞环和缸套等。解决的办法一方面是要改变机件的材质和热处理工艺，另一方面是使用甲醇发动机专用润滑油。

2. 受原料成本和国际市场等影响甲醇价格不稳定

甲醇燃料/汽油的替代比为 1.8~2.0，当甲醇价格相当于汽油的 50%~55% 时，甲醇燃料的成本与汽油持平。我国甲醇生产能力和市场容量较小，没有甲醇燃料专业生产企业，也没有燃料甲醇的标准，用化工甲醇充当甲醇燃料，成本高、使用不合理，甲醇价格随国际市场和化学品价格波动大，和油品缺乏对应关系。

我国进行的各甲醇燃料汽车试验研究表明，甲醇汽车的常规排放比汽油车少，可以满足相应的排放标准。但对甲醇燃料汽车非常规排放物的控制，我国还需要进一步研究试验，取得详细的研究数据，改善甲醇的排放。

（四）乙醇燃料汽车推广存在的问题

（1）传统汽车使用乙醇燃料出现的问题通过对部分国产车燃用乙醇汽油进行行车试验和相关试验和拆解分析，没发现严重影响汽车性能的问题，但部分零部件出现了不同程度的溶账和腐蚀现象，可能对车辆性能构成潜在影响。

存水会使车用乙醇汽油出现相分离现象。

变性燃料乙醇的掺入可对紫铜等金属材料制成的零部件产生腐蚀，加入适量腐蚀抑制剂可以改善车用乙醇汽油的腐蚀性能。

通过车用乙醇汽油对国产橡胶件相溶性影响的分析，可以发现车用乙醇汽油对某些材料橡胶件的扯断强度和硬度产生明显降低作用。

（2）制取乙醇技术尚待完善，制取乙醇成本尚待降低。中国的燃料乙醇技术刚刚开始，关于废渣的处理还没有成熟的工艺。原有的粮食酒精厂大部分因为废渣量较小，很多作为饲料或其他副产品，但对于燃料乙醇企业，由于废渣量较大，这方面还没有较为经济可行的处理办法。国家规定，乙醇汽油必须与同标号的普通汽油"同升同价"，但是由于乙醇汽油生产成本偏高，加上销售环节几次降价让利后，加油站处于微利状态。因此，其售价高于成本，国家不得不拿出大笔资金对厂家进行补贴。如何把乙醇的生产成本降下来，以增强乙醇汽油的市场竞争力，是亟须尽快解决的现实问题。

三、太阳能汽车

太阳能汽车即靠太阳能驱动的汽车，这是与传统热机驱动的汽车最大的不同点。其实，太阳能汽车从某种意义上讲也是电动汽车，二者的不同点在于电动车的动力电池是克星，太阳能汽车用的则是太阳能电池，太阳能电池的作用就是将太阳能转化为电能，如图 6-49 所示。

图 6-49　太阳能汽车实物图

这个定义其实包含两种太阳能汽车的类型：一种是以装在车身表面的太阳能电池所得的电能为驱动能源的车辆，如图 6-50 所示；另一种是通过装在车身外部的太阳能电池得到的电源给车载动力电池充电，再利用动力电池上的电源作为驱动能源的汽车，如图 6-51 所示。

图 6-50 太阳能电池驱动的车辆

图 6-51 利用动力电池上的电源作为驱动能源的太阳能汽车

从目前来看，第一种太阳能汽车一般分为比赛用太阳能车和实用型太阳能汽车，而占设计研发绝大比例的是比赛用太阳能车。由于经济和技术的限制，单纯采用太阳能电池的实用型太阳能车还很少见。

（一）太阳能电动车的工作原理

太阳能电池板将收集的太阳光和其他形式的光照射在太阳能电池板表面上，在其内部建立电场生产电流，如图 6-52 所示。太阳能电池板根据太阳能电动车行驶条件的需要，将转化的电流传送到动力电池并储存起来，也可以直接输送到电机控制器，或是根据行驶的工况，与动力电池一起为电机提供电流。

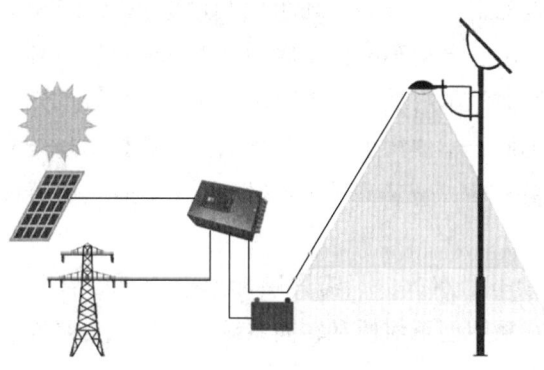

图 6-52 太阳能电池的工作原理图

晴天行驶时，太阳能电动车在开始运行阶段，太阳光转化的电能直接被传送到电机控制系统，随着行驶时间的增加，更多来自太阳能电池板的能量将超过电机控制器系统的范

▶ 汽 车 文 化

围。在这种情况下,一部分能量会提供给电机,额外的那部分能量会被动力电池储存起来,供以后行驶需要。在阴天或是在雨天,太阳光照射在太阳能电池板上产生的能量无法驱动电机时,被动力电池储存的能量将用来补充太阳能电池板上的那部分能量,使得太阳能电动车能正常行驶,满足行驶需求。当太阳能电动车停车不用时,此时太阳能电池板像产生的能量被动力电池储存起来。太阳能车在加速行驶或减速停车时,其使用的机械制动并不像传统汽车那样,而是通过对直流电机的电流控制,使电机转变成发电机,动力电池将其产生的电流储存,以便使用。在这种情况下使得电能回收利用,更充分有效地利用太阳能,达到节能目的。太阳能电动车通常安装太阳能最大功率跟踪装置,在太阳能电动车上的作用是控制所用的能量,使能量分配得更加合理。太阳能电动车储量匹配图如图 6-53 所示。

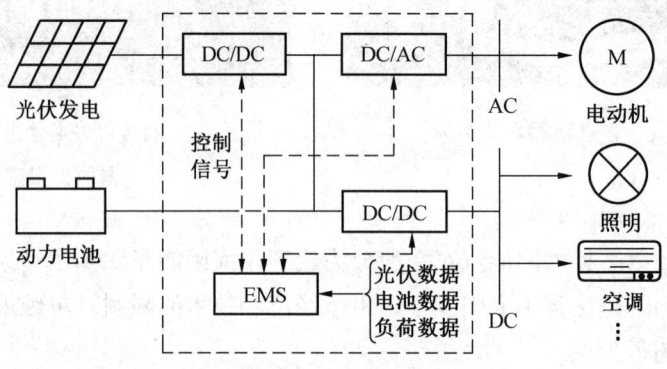

图 6-53　太阳能电动车储量匹配图

(二) 太阳能汽车的特有优势

太阳能汽车作为一种绿色能源汽车,相对于传统汽车而言有着其特有的使用优势。

太阳能电动车以光电代油,可节约有限的石油资源。在白天,太阳能电池把光能转换为电能自动储存在动力电池中,在夜间,还可以利用低谷电(220 V)充电。无污染,无噪声。因为不用燃油,太阳能电动车不会排放污染大气的有害气体。没有内燃机,太阳能电动车在行驶时听不到燃油汽车内燃机的轰鸣声。相对于传统的燃油汽车来说,实用型太阳能电动车除行驶速度远低于燃油汽车外,与燃油汽车相比,还是有诸多优势的。

(1) 太阳能电动车耗能少,只需采用 3~4 m 的太阳能电池组件便可使太阳能电动车行驶起来。

(2) 易于驾驶。无须电子点火,只需踩踏加速踏板便可启动,利用控制器使车速变化。另外,太阳能电动车采用创新前桥和转向系统,前后独立悬架,四轮鼓式制动从时速 30 km 到突然制动,制动线不超过 7.3 m。

(3) 由于太阳能电动车结构简单、除了定期更换动力电池以外,基本上无须进行日常维护,省去了传统汽车必须经常更换机油、添加冷却液等定期维护的烦恼。其小巧的车身,灵便转向,可以轻而易举地将车泊入拥挤不堪的都市停车场。

（4）太阳能电动车没有内燃机、离合器、变速器、传动轴、散热器和排气管等零部件，结构简单，制造难度降低。

四、汽车智能化

在汽车智能性上，新的智能技术层出不穷，如平视显示器（Head Up Display，HUD）和夜视系统。HUD 可以直接在玻璃上显示相关的图像和数据，能保证驾驶员视线不用随时观察仪表盘，如图 6-54 所示。通过夜视系统可以将物体发出的热量转换成为人类肉眼可见的图像，结合 HUD 显像功能让夜间驾驶变得安全可控。但是这些只是未来汽车智能化的冰山一角，未来的汽车应该是智能网联汽车。

图 6-54 宝马汽车的 HUD

1. 智能网联汽车的定义

中国汽车工业协会对智能网联汽车的定义为：搭载先进的车载传感器、控制器、执行器等装置，并融合现代通信与网络技术，实现车与人、车、路、后台等智能信息交换共享，具备复杂的环境感知、智能决策、协同控制和执行等功能，可实现安全、舒适、节能、高效行驶，并最终可代替人为操作的新一代汽车。未来智能网联汽车的想象图如图 6-55 所示。

图 6-55 未来智能网联汽车的想象图

2. 智能网联车的技术架构

智能网联汽车集中运用了计算机、现代传感、信息融合、模式识别、通信网络及自动控制等技术，是一个集环境感知、规划决策和多等级驾驶辅助等于一体的高新技术综合体，拥有相互依存的价值链、技术链和产业链体系。

1）智能汽车的价值链

如果说车联网在汽车安全，节能，环保方面的价值是间接的、基础性的，那么智能汽车在提高行车安全、减轻驾驶员负担方面的核心价值则是直接的、显而易见的，并有助于节能和环保。研究表明，在智能汽车的初级阶段，通过先进智能驾驶辅助技术有助于减少

50%~80%的道路交通安全事故。在智能汽车的终极阶段，即无人驾驶阶段，甚至可以完全避免交通事故，把人从驾驶过程中解放出来，这也是智能汽车最吸引人的价值所在。

2）智能网联汽车的技术链

智能网联汽车的技术体系由传感、决策、控制、通信定位及数据平台等关键技术组成，主要包括以下5个方面。

（1）先进传感技术，包括利用机器视觉的图像识别技术，利用雷达的周边障碍物检测技术，利用柔性电子光子器件检测和监控驾驶员生理状况的技术等。

（2）通信定位和地图技术（DSRC、3G/4G/5G、GPS/北斗），包括数台智能网联汽车之间信息共享与协同控制所必需的通信保障技术、移动自组织网络技术，以及高精度定位技术，高精度地图及局部场景构建技术。

（3）智能决策技术，包括危险事态建模技术、危险预警与控制优先级划分技术、多目标协同技术、车辆轨迹规划技术，驾驶员多样性影响分析、人机交互系统等。

（4）车辆控制技术，包括基于驱动、制动系统的纵向运动控制，基于转向系统的横向运动控制，基于悬架系统的垂向运动控制，基于驱动/制动/转向/悬架的底盘一体化控制，以及利用通信及车载传感器的车队列协同和车路协同控制等。

（5）数据平台技术，包括非关系型数据库架构、数据高效存储和检索、大数据的关联分析和深度挖掘、云操作系统、信息安全保障机制等。

3）智能网联汽车的产业链

智能网联汽车产业链主要包括以下4个方面。

（1）先进传感器厂商，能够开发和供应先进的传感器系统，包括机器视觉系统、雷达系统（激光、毫米波、超声波）等。

（2）汽车电子供应商，能够提供智能驾驶技术研发和集成供应的企业，如自动紧急制动、自适应巡航等。

（3）整车企业提出产品需求，提供智能汽车平台，开放车辆信息接口，进行集成测试。

（4）车联网相关供应商，包括通信设备制造厂商、通信服务商、平台运营商及内容提供商等。

4）智能网联车的发展阶段

从发展的角度来看，智能汽车将经历初级阶段（辅助驾验）和终极阶段（完全替代驾驶员的无人驾驶）。美国高速公路安全管理局将智能汽车定义为以下5个层次。

（1）无智能化（层次0）：由驾驶员时刻完全地控制汽车的原始底层结构运行，包括制动器、转向器、油门踏板及起动机。

（2）具有特殊功能的智能化（层次1）：该层次的汽车具有一个或多个特殊的自动控制功能，通过警告防范车祸的发生，该层次可称之为"辅助驾驶阶段"。这一阶段的许多技术大家并不陌生，如车道偏离警告系统、正面碰撞警告系统和盲点信息系统。

(3) 具有多项功能的智能化（层次2）：该层次的汽车具有至少两个原始控制功能融合在一起实现的系统，完全不需要驾驶员对这些功能进行控制，该层次可称之为"半自动驾驶阶段"。这个阶段的汽车会智能地判断驾驶员是否对警告的危险状况做出响应，如果没有，则会替代驾驶员采取行动，如紧急自动刹车系统、紧急车道辅助系统。

(4) 具有限制条件的无人驾驶（层次3）：该层次的汽车能够在某个特定的交通环境下让驾驶员完全不用控制汽车，汽车可以自动检测环境的变化以判断是否返回驾驶员驾驶模式，该层次可称之为"高度自动驾驶阶段"。目前，谷歌无人驾驶汽车基本处于这个层次。

(5) 全工况无人驾驶（层次4），该层次的汽车能够完全自动控制车辆，全程检测交通环境，实现所有的驾驶目标，驾驶员只需提供目的地或者输入导航信息，在任何时候都不需要对车辆进行操控，该层次可称之为"完全自动驾驶阶段"或"无人驾驶阶段"。

五、概念车

1938年，哈利杰·厄尔发明了世界上第一辆概念车——别克YJob（图6-56）。概念车代表着未来汽车的发展方向，能够给人以启示并促进相互借鉴学习，且鉴赏价值极高。概念车也是艺术性最强、最具吸引力的汽车。

图6-56 世界第一辆概念车

六、未来汽车工业

20世纪80年代以后，计算机和微电子技术的飞速发展使世界进入到了信息时代，汽车工业也随即全面应用计算机和微电子技术。未来世界汽车工业的总体规模将更大、分布将更合理，中国将由汽车制造大国转变为汽车制造强国。未来世界汽车工业将面临一系列的挑战，面对环境、能源、交通安全等问题，我们必须承担起相应的社会责任。为了优化资源配置，提高产业集中度，降低开发成本，加强竞争优势，汽车工业的产业组织结构必将做进一步的调整。为了进一步缩短产品开发周期、节省开发成本、提高产品的质量、解决大批量生产和个性化汽车需求的矛盾，汽车工业将更全面和有效地应用计算机技术和网

▶ 汽 车 文 化

络工具。为了适应经济全球化，进一步推动全球开发、采购和销售，将美国、欧洲、日本几大汽车标准统一为世界标准将是汽车工业界未来要面对的问题。汽车生产所消耗的资源和材料巨大，汽车消费所带来的能源、环境和交通安全问题依然严重，汽车工业唯有承担起社会责任，确保社会的可持续发展。

任务四　全球汽车行业分析

【任务目标】

1. 了解全球汽车的生产情况。
2. 了解全球汽车产业的流向。
3. 了解新能源汽车产业链结构。

【任务描述】

在 20 世纪 90 年代，世界汽车产业经历了近 10 年的持续增长。进入 21 世纪后，全球汽车产业的增长速度开始趋缓。由于亚洲汽车市场的全面扩容，加上中国汽车业的蓬勃兴起，亚洲正在形成与北美、欧洲鼎足而立的汽车市场规模。在经济全球化和技术进步不断加快的背景下，当前，世界汽车产业呈现出了一系列不同于以往的发展特点。汽车产业仍有发展空间，依然是世界经济发展的主导产业。本任务主要对全球汽车的生产情况、产业流向分析和新能源汽车产业链结构进行简要的介绍。

【任务知识】

一、全球汽车生产情况总概

2019 年，受市场需求影响，全球汽车产量下降；2020 年，在新冠病毒疫情形势影响下，全球汽车产量进一步下滑至 7771.17 万辆；2021 年，全球汽车生产情况有所回暖，同比增加了 3.13%，生产汽车 8014.6 万辆，其中中国生产汽车 2608.22 万辆，占全球的 32.54%。2021 年全球汽车行业行情有所回暖，但仍呈下行态势。随着全球经济逐步复苏，汽车行业情况有望进一步回暖。

2021 年，全球汽车生产 90% 以上都集中于亚洲、欧洲及北美三大洲，其中亚洲汽车生产量占全球 58.3%，欧洲占比 20.38%，北美洲占比 16.75%。全球汽车主要产自中国、美国及日本，分别占比 32.54%、11.44%、9.79%，占全球汽车生产份额的 50% 以上。2020 年，中国汽车产量为 2522.52 万辆，同比减少幅度较小，但全球范围内，由于疫情影响，汽车产量大幅下降，全球汽车生产份额进一步向中国集中。

全球范围内，中国由于其庞大的人口规模优势及各项汽车生产技术的突破，2021 年全球汽车生产份额进一步向中国集中，中国未来依旧是全球最大的汽车生产基地；美国汽车生产占全球汽车生产的 11% 左右，是全球第二汽车生产大国；近年来，日本汽车生产所占份额有所减少，到 2021 年其汽车生产份额占全球的 10% 左右，是全球第三大汽车生产国。

二、全球汽车生产格局及产业流向

近年来，欧洲、北美及大洋洲汽车生产全球占比份额减少，全球汽车生产份额逐渐向亚洲、南美及非洲转移。2021年，欧洲汽车生产占比为20.38%，北美占比为16.75%，大洋洲占比仅为0.01%，同2016年相比，这三大洲全球占比份额分别减少2.23%、2.34%、0.16%。2021年与2016年相比，亚洲汽车生产占比上升3.93%，达58.3%，全球汽车生产进一步集中。

亚洲由于劳动力生产成本较低且劳动力充足，一直是各制造业建厂、投资的优先考虑区域。近年来，全球汽车生产制造业中心从欧洲转到了亚洲，2021年，亚洲依旧是全球汽车行业生产集中地。亚洲汽车生产有56%以上来自中国，日本生产占16.79%，其他30%左右的汽车由印度、韩国、伊朗、巴基斯坦及其一些东南亚国家（地区）生产。

印度等亚洲国家由于劳动力成本较低且劳动力充足等优势，许多国家选择将其国内低端汽车制造业转至印度或一些东南亚国家，这些国家汽车生产总份额有所提高，但幅度不大；亚洲发达国家（如日本、韩国）汽车生产份额都有所减少；亚洲汽车生产进一步向中国集中。

近年来，亚洲的汽车生产技术和研发水平大幅度提高，随着中国等亚洲国家经济发展，亚洲汽车市场需求增大，亚洲总体经济、技术环境有利于汽车企业的生产销售，因此，亚洲成为全球汽车生产投资的优先选择，全球汽车生产中心转移。生产汽车的东南亚国家有泰国、印度尼西亚、马来西亚、越南、菲律宾及缅甸，汽车生产份额占全球的4.1%左右，所占全球汽车生产份额并没有大幅提升。全球汽车转向亚洲的生产份额占比基本集中流向了中国。

中国近年来劳动力成本增加，亚洲范围内，东南亚各国及印度等国的劳动力成本相对更低，但中国汽车生产份额依旧逐渐增加。主要原因在于印度等国及东南亚各国政治、技术等限制因素，使得他们的产业承接力不足，转移过去的产业并不能很好的发展；而中国整体政策环境友好，产业链完整，下游市场潜力巨大，因此中国成为车企投资者的首选。近年来，中国在新能源汽车方面技术突破显著，未来中国汽车制造业将进一步发展，对投资者吸引力也将进一步提升。

欧洲汽车的生产主要来自德国、西班牙、俄罗斯、法国、土耳其、捷克、斯洛伐克及英国，约占欧洲汽车生产总量的80%。其中，德国占比最高，占比为20.26%。欧洲汽车生产逐渐从发达国家转向发展中国家。2021年与2019年相比，德国、西班牙、法国等欧洲主要汽车生产国汽车生产份额同比减少；欧洲其他汽车主要生产国，如俄罗斯、土耳其等发展中国家，汽车生产份额同比增加。

北美洲汽车生产基本来自美国、墨西哥及加拿大三国。2021年，美国汽车生产量占北美洲总产量的68.27%，墨西哥占比为23.43%，加拿大占比为8.30%。与2019年相比，2021年北美洲汽车生产逐渐向美国集中，美国汽车生产份额增加3.52%，加拿大、墨西哥汽车生产份额皆有所减少。

▶ 汽 车 文 化

大洋洲工业生产主要集中于澳大利亚及新西兰，大洋洲汽车生产基本来自澳大利亚，近年来，澳大利亚汽车产量减少，占全球汽车生产份额逐年缩减，至2018年所占全球汽车生产份额稳定在0.007%左右。近年来，考虑到进行产业调整及生产成本等因素，许多国家将部分生产工业工厂迁往非洲及南美洲。因此，非洲、南美汽车生产份额逐年增加，2021年，占全球汽车生产的4.56%。

由于生产成本及人力资源等问题的出现，全球汽车生产开始从发达国家（地区）转向发展中国家（地区）。2021年，全球发达国家（地区）汽车生产占全球的42.89%，所占份额同比减少2.36%；发展中国家（地区）汽车生产占全球的57.11%，同比增加。

德国、西班牙等发达国家汽车生产份额虽有所减少，但德国等发达国家作为汽车制造业大国，其高端汽车制造产业依旧会在其本国扎根，不会向外转移，但其国内汽车低端制造业可能会进一步向外转移，完成其国内汽车制造业产能优化。就目前全球汽车生产产业流向来看，东南亚、非洲及南美洲很有可能成为未来全球汽车行业需要关注的汽车重点生产区域。

三、全球汽车产业发展现状与趋势

（一）全球汽车产业发展现状及格局

1. 汽车产业链日益全球性配置

随着经济全球化进程显著加快，汽车产业链包括投资、生产、采购、销售及售后服务、研发等主要环节也日益全球性配置。例如，过去跨国公司在本国建立、保持研发机构，对于目标国市场采取复制产品的方式进行投资，而现在则采取将各个功能活动和能力分配给全球市场的方式。由此导致了新的专业化分工协作模式的出现，特别是整车装配与零部件企业之间呈现分离趋势，零部件的跨国公司越来越多，零部件企业与整车装配企业之间以合同为纽带的网络型组织结构日趋明显。整车制造企业零部件的全球采购以及零部件工业的国际化，模糊了汽车产品的"国家特征"，使其成为典型的全球化产品。

2. 产业链中低端进一步向发展中国家集聚

全球汽车生产和消费总体上形成如下两大特征。一是美国、日本和欧洲等发达国家及地区，汽车生产和消费量均达到了一定的饱和状态，他们现在与今后所面临的问题都是如何来提高性能，包括汽车的整体性能，如轻量化、节能、安全舒适和多功能，以及从低污染到无污染的环保质量这两方面。因此，发达国家的汽车已进入到一个品质换代升级的新时代。二是广大发展中国家汽车生产和消费尚处于规模扩张阶段。这两大特征表明了全球汽车生产和开发的两个不同层次，发达国家对国内汽车开发生产进行结构调整，压缩一般汽车的产量，研发生产新一代汽车产品，向高档次汽车发展。他们将一般汽车的生产设备和生产基地转移到发展中国家进行生产并不断扩大产量，以适应一些国家和地区的消费需求，从而形成了一个中低档汽车的层次。作为经济正在崛起的一个世界人口大国，中国的汽车市场无疑被世界各大著名汽车厂家看好。

（二）全球汽车产业结构调整特征分析

随着调整步伐加快，全球汽车产业结构呈现出了如下5个新的特征。

1. 全球范围内汽车集团兼并与重组趋势加剧

1964年，全世界独立的较大规模的汽车公司有52家，到1980年减少为30家。进入20世纪90年代以来，由于全球汽车生产能力普遍过剩（年过剩约1000万辆），加之各国对安全、排放、节能法规日趋严格，促使汽车产业全球性结构调整步伐明显加快，许多发达国家的汽车公司通过扩张、合并、兼并等手段增强自身竞争力。产业链的全球化和大规模的跨国重组，从根本上改变了汽车产业的传统资源配置方式、企业的竞争模式和企业的组织结构。汽车跨国公司通过收购、兼并、控股和参股等联合和重组等手段，已形成十大汽车集团，其产量已占世界汽车产量的80%以上。

2. 零部件制造在汽车产业链中的地位加强

市场竞争的加剧，促使世界各大汽车公司纷纷改革供应体制，实行全球生产、全球采购策略。整车企业改变了只局限于采用本集团公司零部件产品的做法，由向多个汽车零部件厂商采购转变为向少数系统供应商采购；由单个汽车零件采购转变为模块采购；由实行国内采购转变为全球采购；而零部件企业也将其产品面向全球销售，不再局限于仅仅供给本集团的整车企业。全球采购最终导致了零部件制造从汽车企业中剥离出来，独立面对市场。这种整车企业与零部件企业之间的剥离、相互独立，提高了彼此的专业化分工程度。前者致力于整车开发、装配技术、动力总成的开发和生产；后者接替了由整车企业剥离出来的零部件生产和研发任务，在专业化生产的基础上实现大规模生产，满足全球同类企业的需要。如德尔福从通用、伟世通从福特整车企业中剥离出去，实施整车与零部件的相对分离，成为独立的汽车零部件巨头。通用汽车自制率下降到35%，而丰田仅占22%。同时，也使两者的关系更加紧密，即零部件企业在整车的开发和生产过程中的介入程度越来越深，汽车产业链的技术与研发重心逐渐开始向零部件制造商倾斜。

2004年，世界汽车配套零部件总产值达10000亿美元，不包括整车厂。自产配套零部件总额为3500亿美元，维修市场零部件总额为3500亿美元。同时，零部件的联合采购成为潮流。如米其林、固特异、普利司通整车厂家零部件采购的合作；戴克、三菱和现代三家的采购部长于2002年10月在首尔签署合作协议，实行在全球范围内的零部件统一采购，年采购额达130亿美元，是目前世界上汽车企业最大规模的采购行动；雷诺—日产联合采购集团联合采购量达70%。此外，零部件企业之间的兼并也在不断地发生。例如，在世界零部件制造业占有重要地位的美国汽车零部件公司TRW（天合），被美国诺恩罗曼—格罗曼公司以118亿美元收购后，仅保留天合中的军事业务部门，天合中的零部件还将被转让出去。

3. 国际竞争由制造链向服务链加速延伸

目前，全球主要汽车生产国生产能力过剩、行业利润率不断下降，汽车制造商已经无法单纯从生产制造中获取汽车产业的最高利润。而经济全球化趋势的日益加深，也促进了以市场营销全球化、售后服务全球化和服务贸易全球化为核心内容的汽车服务业的全球化

▶ 汽车文化

进程。汽车金融、电子商务等新型服务贸易方式的广泛应用,加快了国际竞争由制造业向贸易与服务领域延伸的步伐。在服务领域,销售和服务分离、租赁管理、维修、快递服务等各种汽车服务方式不断创新,各种汽车金融贷款、保险、物流配送体制不断完善。2003年10月,欧盟针对汽车制造商及经销商的新法规出台,制造商不能再无故解除与经销商的合同,汽车经销商将可以代理多家汽车制造公司的销售,而独立的汽车行业可以从事售后服务和汽车维修业务。新规则促使欧洲各国的汽车售价及维修价格向中等价位趋同,目前,在欧洲一些物价较低的国家,尤其是在丹麦,汽车价格已经开始上涨。同时,新规则改变了以往欧洲汽车制造商通过销售合同严格控制经销商的格局。以前避开竞争法约束、享受特殊待遇的德国、法国、英国等大型汽车制造商们,将失去控制分销渠道的主要手段,失去阻止经销商之间并购的权利,利润随之由制造商流向经销商、服务商,并最终导致汽车经销商与制造商之间的力量此消彼长,直至形成相互抗衡的战略伙伴关系。

4. 汽车产业技术创新加快

汽车产业技术创新的步伐加快,围绕安全、环保、节能等领域,新能源、新材料、新工艺、新车型不断涌现,氢燃料、燃料电池、混合动力、替代能源等发展加快,乘用车向平台化、系列化、轻量化、小型化、节能化、洁净化、电子化、柴油化、智能化、安全化方向发展。其中,柴油轿车在欧洲发展较快,1.4~2.0 L柴油轿车在德国占比为60%、在法国高达88%,整个欧洲2.0 L以上的柴油轿车占比为70%以上。

5. 跨国公司加快调整对华战略重点

面对中国汽车市场重要地位的持续上升,跨国公司的对华战略也随之升级。2002年,跨国公司在中国汽车市场主要采取"圈地运动"战略,通过合资划分中国汽车制造的势力范围,典型事件如一汽借入主天津汽车携手丰田、东风与日产合作等。从2003年开始,跨国公司对华战略重点开始转向大肆扩张产能。德国大众为了确保在中国市场的领先地位,宣布将在5年内投资60亿欧元扩充产能;戴姆勒—克莱斯勒确认将北汽控股公司作为重点合作伙伴长期合作,双方合作项目的投资总额预计为10亿欧元;福特汽车与长安汽车集团结成战略联盟,要在今后5年内共同追加投资10亿~15亿美元;通用把即将国产化的凯迪拉克和通用的汽车信贷业务带到了中国;日本本田推出10万元左右的经济型轿车"飞度",并与东风合资成立整车企业以生产越野车—本田CRV;丰田整合原有产品销售网络,调整合资构架,计划将中国合资厂的产能提高50%;日产与东风合资生产NISSAN乘用车。这些汽车跨国公司这样做的目的,是希望通过竞争性投资来进一步抢占市场份额。

四、新能源汽车产业链结构

新能源汽车产业链分为上游关键原材料及核心零部件、中游整车制造、下游充电服务及后市场服务(图6-57)。上游主要是为中游的整车制造提供原材料及零部件,原材料包括锂、钴等矿产资源;正极材料、负极材料、电解液、隔膜等共同构成电芯及PACK;动力电池、驱动电机、电控三大系统是构成整车的核心部件。中游是新能源汽车的整车制造，按照新能源汽车的功能细分为乘用车、商务车以及专用车。下游为充电服务和后市场服务两大部分，充电服务包括充电设备、换电设备及电池回收，后市场服务包括汽车金融、汽车保险、汽车租赁、二手车交易、汽车维修养护及汽车拆解回收等。

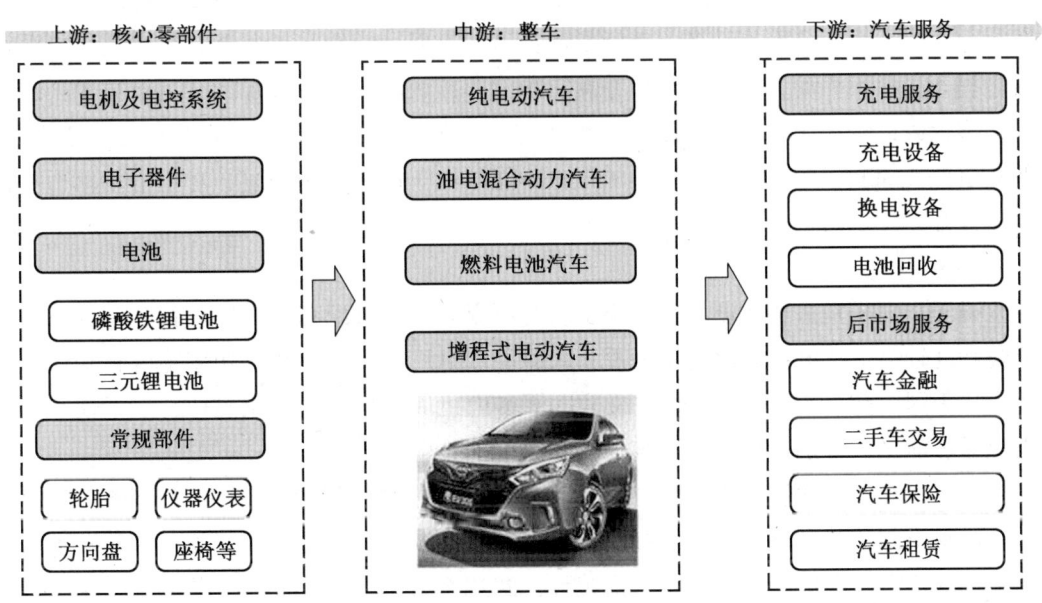

图 6-57 中国新能源汽车产业链全景图

（一）上游产业分析

1. 新能源汽车成本结构

在电动汽车的内部构件中，"三电"（电池、电机和电控）构成了新能源汽车的电动动力总成系统。三电作为电动汽车的主要零部件，与电动汽车产销情况密切相关。纯电动车的动力系统占车辆总成本的50%。其中，电池、电控和电机分别占车辆成本的38%、6.5%和5.5%。在燃料电池系统的成本构成中，电堆的成本占比最高，达67%。以质子交换膜燃料电池为例，电堆主要由"催化剂+电极"、双极板、隔膜、电堆平衡装置、膜电极骨架和气体扩散层构成。其中，催化剂及电极的主要原料为铂等贵金属，在电堆成本中占比高达49%，在电池系统成本占比中达33%，是燃料电池最大的成本来源。

2. 动力电池

目前，常见的锂离子电池正极材料包括钴酸锂、锰酸锂、磷酸铁锂、二元材料（镍钴锰和镍钴铝）等。其中，动力电池以三元锂电池和磷酸铁锂电池最为常见。在动力电池中，正极材料、负极材料、隔膜和电解液分别占电池成本的45%、10%、10%和10%。正极材料成本占整车成本近20%。

2020年是新能源汽车跌宕起伏的一年，也是动力电池行业爆发的一年。年中之后，随着新能源汽车市场回暖，动力电池市场同步回温，国内动力电池市场装机量增长迅速，

▶ 汽 车 文 化

2020年中国动力电池装机量累计63.65 GWh，较2019年增长1.46 GWh。其中12月动力电池装机量为12.95 GWh，较2019年同期增长3.24 GWh。

国家层面新能源汽车政策体系不断完善，《新能源汽车产业发展规划（2021—2035年）》通过，其中明确要加大关键技术攻关和基础设施建设，有望进一步优化国内新能源汽车行业发展环境，进而推动产业持续发展；另一方面，网约车、共享车等带动新能源汽车需求提升，政策推动，以及整车厂在新能源汽车领域的布局持续加大，关键技术不断突破，车型投放持续加大，叠加特斯拉示范效应下，国内新能源汽车产业链布局持续完善，行业竞争持续加剧，产品竞争力持续加强，新能源汽车销量逐步修复，有望带动动力电池装机量提升。

3. 电机

永磁同步电机是市场主流，行业集中度有所提升。电机配套量同样对新能源汽车的销量依赖程度较高。从电机装配类型来看，永磁同步电机因其效率高、功率密度高和体积小等优点成为国内配套的主流。其中，在永磁同步电机成本结构中，永磁体、定子铁芯、壳体占比排名前三，分别占成本的45%、17%和13%。

新能源汽车市场的迅猛发展为中国新能源汽车驱动电机行业带来巨大市场空间，目前，中国本土制造商在核心技术及制造工艺方面取得了较大进展，已具备自主开发满足各类新能源汽车需求电机产品的能力。据统计，2020年1—8月中国电动汽车电机装机量为61万台。

4. 电控

电机控制器主要包括电子控制模块（硬件电路和相应的控制软件）、驱动器、功率变换器等模块，目前发展趋势主要是高安全性、高功率密度、小体积、高压化、EMC高等级化等，其中，功率模块是制约国内发展的主要难题。依省内情况来看，相关布局较为薄弱，在政府采购新能源车时，可以考虑同时与企业合作，引进相关公司电控生产工厂。

电控装机量受主要配套车型产量影响较大。从国内电控行业现状来看，国内龙头整车乘用车以及客车整车企业以自配为主，且行业配套集中度整体提升，市场份额向头部企业集中，但是随着特斯拉国产化，以及海外整车厂在华布局加大，国内配套格局发生了较大变化。国内电相关技术起步相对较晚，虽然国内层面来看，电机技术与国外差距在逐步缩小，但是国内电机控制器的公里密度水平目前同国外仍然存在较大差距。据统计，2020年汇川技术电控产品出货14.34万台，同比增长139%，市占率达10.6%，仅次于比亚迪排名行业第二位。

（二）新能源汽车下游产业分析

1. 充电桩

对于电动汽车，充电桩类似于加油机，但与加油机不同的是，充电桩可以安装于个人停车位、公共停车场、充电站等。需要根据不同使用区域适配各类充电电压。按照充电方式区分，充电桩主要分为交流充电桩、直流充电桩和交直流一体充电桩；按照安装地点区分,充电桩主要分为公用充电桩、专用充电桩和自用充电桩;按照安装方式区分,充电桩主要分为落地充电桩和挂壁式充电桩。交流、直流充电桩对比见表6-3。

表6-3 交流、直流充电桩对比

	交流充电桩	直流充电桩
分类	入地式、壁挂式、广告式、移动式	一体式、分体式
使用场景	公共停车场、大型购物中心、小区私人停车位	运营车充电站、公共充电桩
充电方式	需要车载充电机作为中间媒介	直接对电动汽车电池充电
输入电压	220 V	380 V
输出电压	220 V	200~700 V
充电功率	7 kW、14 kW	30~120 kW
充电时间	8~5 h	20~150 min
价格	800~1200元(不含线路改造、扩容)	40000~50000元(不含土建、扩容)

充电桩硬件的核心在于充电模块。从充电桩的成本结构来看,充电机、充电模块是充电核心设备,其中充电模块占充电系统成本的近50%,其核心功能是将电网中的交流电转化成可以为电池充电的直流电。充电桩的其余部件成本不高,APF有源滤波、电池维护设备、监控设备分别占据了成本的15%、10%和10%。需要指出的是,充电桩的塑料要求具备阻燃、耐候、耐低温、壳体绝缘、耐老化等性能,这样才能减轻事故伤害、经受极端恶劣天气而不改变材质、保证质量、不易老化。近年来,全国充电桩保有量不断增加,私人充电桩增长速度快于公共充电桩,但相较于市场需求仍有较大差距,仍存在较大发展空间。据统计,2020年,中国充电桩共计175.1万台,其中私有充电桩为87.4万台,公有充电桩为80.7万台。截至2021年9月,公有充电桩保有量达104.4万台。

行业竞争情况加剧,运营商"新老交替"频繁。云快充和依威能源在2019年迅速抢占市场并跻身市占率第四和第五名。行业集中度较高,但是老牌企业也面临着新人的挑战,行业CR5由2018年的87.2%下降至2020年4月的80.5%。充电桩的建设很大程度上也会影响车主的购买意愿,想要更好地引导大众使用纯电动汽车,需要政府与企业的共同努力,完善省内充电站及充电桩布局,探索发展模式,提供更好的充电体验。

2. 汽车后市场服务

汽车后市场是指汽车销售以后,围绕汽车使用过程中的各种服务,它涵盖了消费者买车后所需要的一切服务,主要包括汽车养护、汽车金融、汽车租赁、二手车交易、汽车维修等。据统计,汽车金融市场占比为29%,为汽车后市场最大细分市场;汽车保险作为汽车五大后市场之一,占比为16%。

1)新能源汽车与燃油汽车维保客单价对比

据统计,2020年传统燃油车和新能源汽车维修保险客单价分别为1032元、1373元,其中新能源汽车细分市场中,增程式电动汽车维保客单价最高,为2047元;其次从高到低排列，分别是纯电动汽车1455元，油电混合汽车1150元，插电式混合动力汽车1053元。

2）新能源汽车与燃油汽车维修情况对比

新能源汽车维保主要集中在"三电"。按F6汽车科技统计，传统燃油汽车故障主要集中在发动机、变速箱、进排气系统、燃油系统和驱动桥等部位，发动机和变速箱故障类型较多，而由于动力结构差异，新能源汽车故障主要在动力电池、驱动电机与电控系统（俗称"三电"）上，且较为集中。

动力电池成本占比高，且易出现故障。根据电子发烧友的数据，电池占新能源整车成本比例达40%。同时，由于电池过度使用、电池运行环境恶劣等原因，电池容易出现故障。此外，管理系统、电控系统电子元件的故障等也会连锁引发电池故障。从汽车之家调研结果看，还未遇到车辆故障的新能源汽车车主未来最担心的就是动力电池故障。

3）新能源汽车与传统燃油汽车维修情况对比

新能源汽车行业技术还处于尚未完全成熟的阶段，因此新能源汽车故障率高于传统燃油车故障率。据统计，新能源车故障率为36.7%，而传统燃油车故障率为26.3%，新能源汽车比传统燃油车高10.4%。从不同车型的维修次数来看，价格越高、级别越高的豪华车年均维修次数越高，这个数据可能表明，越豪华的车，车主对车子就越爱惜，维修次数就高一些，而相对价格较低的车型，车主可能对车辆的状况比较随意。

4）新能源汽车与燃油汽车养护对比

不同级别车辆的保养次数存在差异。据统计，豪华车型年均保养次数为3.18次，舒适车型年均保养次数为3.1次，分居第一名及第二名；高档车型年均保养次数，为2.95次；而经济车型年均保养次数最低，为2.73次。

5）新能源汽车与传统燃油车续航成本对比

相较于传统燃油车，纯电动汽车的使用价格更为便宜，因此促进了新能源汽车渗透率的提升。按传统燃油车每百公里油耗为7~8 L，92号汽油7元/L来计算，传统燃油车每百公里油耗价格在49~56元，加98号汽油的车型价格会更高，而纯电动汽车的耗电以商用电价0.88元/度计算，每百公里电耗在13元左右；按民用电0.48元/度计算，则纯电动汽车每百公里电耗在6.24元左右。因此，众多追求实惠的车主纷纷将自己的燃油车换成更加经济实惠的新能源汽车，以降低使用成本，在一定程度上促进我国新能源汽车渗透率的提升。

3. 动力电池回收

国内新能源汽车特别是电动汽车的高速发展，预示着新能源汽车的动力电池报废也将呈现高速发展态势。新能源汽车动力电池使用年限为5~8年，纯电动汽车高速增长趋势下，新能源汽车的动力电池回收将成为十分广阔的市场。

从回收电池应用领域来看，锂电池回收再利用主要分为两个方面：①对符合能量衰减程度的退役电池进行梯次利用；②对无法进行梯次利用的电池进行再生利用，回收其中的镍、钴、锰、锂等材料，或对再生后的电池材料进行修复，进而提升回收价值。

动力电池回收（图6-58）全生命周期框架初步建立，政策趋严促进产业结构升级。我国动力电池回收利用体系发展历史较短，2012年6月，国务院发布《节能与新能源汽车产业发展规划（2012—2020）》提出制定动力电池回收利用管理办法，建立动力电池梯次利用和回收管理体系，标志着我国动力电池回收政策的开端，国务院和中华人民共和国工业和信息化部分别于2017年、2018年发布《生产者责任延伸制度推行方案》及《新能源汽车动力蓄电池回收利用管理暂行办法》，明确汽车生产企业承担动力电池回收利用的主体责任，同时将生产者责任延伸到产品整体生命周期，将生产与回收紧密结合以提升回收利用率。

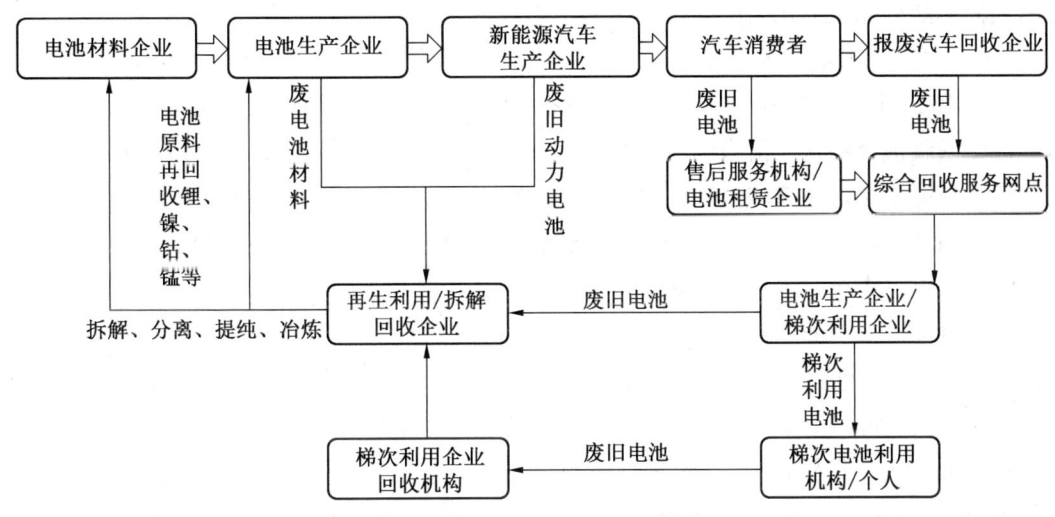

图6-58 动力电池回收示意图

五、中国汽车市场新趋势：理性需求与家用型消费

2015年以来，伴随着国家经济和社会基本面的一些变化，汽车市场的需求也逐渐调整。其中两个重要的变化为：一是汽车消费趋于理性，入门级产品更受市场欢迎；二是满足多家庭成员需求的车型有着更大的市场需求。这两个变化的背后，是中国总体经济增长趋势和人口结构的变化。

（一）消费行为趋于理性

一些业内人士近几年观察到的现象是，中国的汽车消费市场上，高端车的行情正在走下坡。汽车业迎来了一个增长放缓的阶段，而作为一个与经济发展高度关联的指标性消费品，汽车业的这种变化基本与中国经济增速放缓的新常态相互呼应。与此同时，消费者不再追求昂贵，清楚什么样的产品才是自己真正需要的，购车行为逐渐趋于理性，用户的认知建立和消费的迭代，人们对待车的看法变了，未来很多年，高端车的用户群体也会被理性看待，因为会有很大一部分实力很强的用户可能会选择一台普通的家用车，把买豪华车的预算用来改善生活和预防风险。因此，适合消费者的入门级产品和高性价比的产品现在更加符合市场需求。

(二) 人口结构变化

首先，随着城镇人口的扩张，一些区域中心城市通过交通、资本、文化和资源逐渐向周边城市进行辐射，一些具有相当经济基础和扩大的中产阶级的城市成为中国的新一线城市。据统计，到 2022 年，新一线城市的中产阶级占比将从 2002 年的 13% 提升到将近 40%，随之而来的，同样是整体收入和消费行为的迭代。随着三胎政策的开放以及人口老龄化趋势的持续，中国人口结构中的家庭成员数量逐渐增加，这意味着家庭中的各类需求都会相应出现变化，其中很重要的就是对家庭用车需求的转变，尤其是在广大县域市场上，人们对能够满足商用又能兼顾家用的 7 座以上全能型 MPV 的需求不断上涨。

(三) 汽车消费新"密码"

2022 年 5 月，我国汽车产销量增进 60%。6 月，力度空前的利好政策接踵而至，汽车消费市场回暖愈加明显。活力绽放的夏天，汽车消费趋势悄然变化，新生代消费者占比越来越高，新能源车加速攻城略地，"轻品牌、重配置"的务实购车观更加深入人心。

汽车消费回暖，新能源车产销两旺。随着疫情得到有效控制，各类刺激消费政策不断出台，记者近日走访多家汽车销售门店发现，经营状况趋于正常。

2022 年以来，新能源汽车上牌量突增。一家 4S 店业务员协助客户上牌十年，发现买燃油车的消费者逐年减少。目前，新能源汽车仍然畅销，很多用户家里停车位有充电桩。由此可见，新能源汽车成为目前汽车市场的主流消费产品。

1. 新能源+年轻人，汽车消费新"密码"

2022 年 6 月 14 日 24 时，国内油价迎来年内"十连涨"，多地 95 号汽油进入"10 元时代"。油价波动刺激新能源汽车畅销，购买主流品牌新能源汽车预定等待时间通常是两三个月起步。

拥有百万粉丝的微博评车人"百车全说三刀"对记者表示，近两年选择国产新能源微型车的消费者比例逐步上升，"五菱宏光 MINI EV 的销量已经排在中国普通家用车总榜单的前两名，和之前卖得最好的车型日产轩逸可以一较高下。""年轻人买车预算主要在 15 万元以下，国产车恰好在这个价格区间里，特别有优势。""百车全说三刀"认为，国产新能源汽车销量迈上新台阶的根本原因是他们把握住了年轻人群体对价格敏感的心理。记者采访发现，年轻车主更愿意通过网络选车。很多年轻人喜欢通过网络平台了解汽车功能，在一些豪华车型的销售中，年轻消费者通常会定制选装音响、全景影像、座椅加热等功能。

"如今，消费者购车更加注重质量、外观、特色、智能化配置、后期升级服务等，不再单纯看品牌、追求合资车型。"汽车行业协会分析认为，90 后、00 后正成为购车主力，新生代消费者占比超 30%。同时，新能源汽车消费意愿快速提升，市场选购率由 2021 年的 15% 提升至 2022 年的 26%。由于成长环境差异，年轻人购车并不受传统观念束缚，对买什么样的车有自己的见解，对造车新势力、新晋车企等认同感更强，并愿意参与体验。他们也更加注重汽车的个性化设计、智能化配置、数字化升值服务等。

极狐汽车总裁王秋凤认为，汽车行业消费理念的变化有两大驱动因素：一是用户自身认知出现变化，用户对电动车、对国产品牌的接受程度远高于10年前；二是汽车企业通过对新技术的集成应用，为市场创造了超乎客户期待的全新产品，实现对消费的引领，如智能网联电动车。

2. 理性消费，购车理念更趋务实

无论买哪种车型，人们的购车理念更加趋于务实。国产品牌、新能源车、年轻人等正成为汽车消费新趋势的关键词。民族品牌情结被持续唤醒，自主品牌汽车"向上"建设成效显著，以高性能、高性价比、契合中国消费体验和习惯为导向的自主车型在不断引导消费者购车理念的转变；同时，三四线城市交通工具升级，使得小型化、低价位车型市场迅速增长。加之新能源汽车政策、舆论引导效应显现，充电基础设施便利性持续提升，油价连续上涨，助推新能源汽车采购比例增加。年轻人对新能源汽车、加持智能化功能的车型更加青睐。

【任务习题】

1. 纯电动汽车的定义是什么？它由哪几个子系统构成？
2. 按照动力驱动系统的不同，纯电动汽车可分为哪几种典型结构？
3. 纯电动汽车亟须解决的关键技术有哪些？
4. 我国纯电动汽车的发展目标是什么？
5. 在电动汽车发展初期，具有里程碑意义的电动汽车是由谁发明的？特点是什么？
6. 纯电动汽车首次商业化尝试的车型是什么？其主要的特点是什么？
7. 汽车轻量化的途径有哪些？
8. 请列举出市场上所能见到的使用不同燃料的汽车。
9. 智能网联汽车的定义是什么？
10. 燃气汽车作为清洁燃料汽车，其主要的优点有哪些？
11. 目前市场上技术比较成熟的醇类燃料分为哪两类？其各自的特点是什么？
12. 简要概述新能源汽车成本结构。

参 考 文 献

[1] 余志生. 汽车理论 [M]. 4版. 北京:机械工业出版社,2006.
[2] 陈焕江. 汽车运用基础 [M]. 北京:机械工业出版社,2008.
[3] 陈家瑞. 汽车构造:上册 [M]. 2版. 北京:机械工业出版社,2005.
[4] 郭彬. 汽车使用性能与检测技术 [M]. 西安:西安电子科技大学出版社,2007.
[5] 洪水,郭玲. 汽车理论 [M]. 北京:北京交通大学出版社,2009.
[6] 冯健璋. 汽车发动机原理与汽车理论 [M]. 2版. 北京:机械工业出版社,2005.
[7] 张文春. 汽车理论 [M]. 北京:机械工业出版社,2005.
[8] 谢永东. 汽车文化 [M]. 武汉:华中科技大学出版社,2008.
[9] 郎全栋,曹晓光. 汽车文化 [M]. 北京:高等教育出版社,2005.
[10] 蔡兴旺. 汽车概论 [M]. 北京:机械工业出版社,2008.
[11] 任恒山. 现代汽车概论 [M]. 北京:人民交通出版社,2005.
[12] 宋景芬. 汽车文化 [M]. 北京:电子工业出版社,2007.
[13] 李升全. 汽车文化 [M]. 北京:北京理工大学出版社,2011.
[14] 李青,刘新江. 汽车文化 [M]. 2版. 北京:人民交通出版社,2013.
[15] 郎全栋. 汽车文化 [M]. 北京:人民交通出版社,2009.
[16] 屠卫星. 汽车文化 [M]. 2版. 北京:人民交通出版社,2010.
[17] 张文华,王明辉. 汽车文化 [M]. 北京:高等教育出版社,2007.
[18] 周兵,麦尔斯. 汽车百年 [M]. 北京:金城出版社,2012.
[19] 林平. 车志:世界著名汽车公司 [M]. 北京:化学工业出版社,2013.
[20] 林平. 车魂:世界著名汽车人物 [M]. 北京:化学工业出版社,2013.